파이어족
강환국의 **하면 된다!**
퀀트 투자

파이어족 강환국의 하면 된다! 퀀트 투자

부와 자유를 꿈꾸는 직장인을 위한 주식투자의 정석

강환국 지음 | 문병로 추천 | 신진오 감수

에프엔미디어

차례

1부   투자의 큰 그림

3부   새로운 투자 팩터

4부   새로운 투자 전략

강환국, 한국 퀀트 투자를 꽃피운 사나이

기쁜 마음으로 추천사를 쓸 수 있는 책이 또 나왔다.

얼마 전에 강환국의 《할 수 있다! 퀀트 투자》 추천사를 쓴 것 같은데 2편이 나왔다고 추천사 요청이 왔다. 그러고 보니 4년이나 지났다. 아니, 4년밖에 지나지 않았는데 벌써 2편이다. 7년 전에 《메트릭 스튜디오》라는 책을 써놓고 개정판은 손도 못 대고 있는 나와는 에너지가 다른 사람이다. 개정판인 줄 알았는데 책을 보니 완전히 새로 쓴 책이다.

강환국은 독특한 사람이다. 잠은 언제 자나 싶을 정도로 부지런하다. 체격도 지치지 않게 두툼하다. 직장 생활을 하면서 끊임없이 투자 관련 영상을 만들고 원고를 쓰고 비즈니스를 만들어냈다. 강환국은 한국의 대표적인 퀀트 투자 전문가다. 첫 책을 낸 후 4년 동안에 큰 변화가 있었다. 그동안 유튜브를 통해 열정적으로 강의해왔다. 이번 책에서는 그동안 강의한 내용과 관계된 부분에 영상 링크를 달아놓아 입체적인 책이 되었다. 올해는 신의 직장이라 불리는 곳을

던져버리고 나왔다. 변동이 큰 투자 분야에서 고정 소득이 발생하는 직장을 던지고 독립하는 것은 보통 용기가 아니다. 강환국이면 그럴 수 있을 것 같다. 아마도 거기서 얻는 고정 소득보다 그 시간에 투자 관련 활동에 집중하는 것이 더 효율적이라 생각한 모양이다.

주식 투자 관련 글들은 크게 투자 에세이와 계량 투자문으로 나눌 수 있다. 투자 에세이 중에는 검증되지 않은 시중의 주장을 옮겨놓았거나 자신의 주장을 적은 책이 많고 전설적인 구루들의 명문도 있다. 제레미 그랜덤과 워런 버핏의 칼럼, 앙드레 코스톨라니의 책들을 들 수 있다. 이런 관점에서 보면 시중에 나온 대부분의 투자서와 차트 투자 책들은 계량적 근거가 부족한 투자 에세이에 속한다.

우리나라에 소개된 계량 투자서들은 주로 번역된 외국 서적에서 시작되었다. 대표적인 것으로 제임스 오쇼너시, 데이비드 드레먼, 제러미 시겔의 책들을 들 수 있다. 이건이라는 탁월한 번역가의 역할이 크다. 엄밀하고 지혜가 넘치는 책들이지만 외국 시장 데이터(주로 미국)를 사용해 분석한 것들이라 우리나라 시장에서는 유효하지 않은 부분도 있다. 강환국은 우리나라의 데이터와 글로벌 데이터를 사용해 방대한 분석과 비교를 해놓았다. 이 책에는 글로벌 23개국 데이터로 한 실험도 있다.

이 책의 전편 《할 수 있다! 퀀트 투자》부터 대단한 퀀트 투자서였다. 이번 2편은 깊이와 높이가 다 커졌다. 전편에서 설명한 팩터들을 최근 데이터로 검증한 내용과, 본인이 생각하는 새로운 팩터들을 검증한 결과가 더해졌다. 장기적으로 수익을 내는 것은 어렵지 않지만 단기적으로는 고통스러운 부침을 겪을 수밖에 없고, 이를 견뎌내야 한다는 사실을 잘 설득하고 있다. 내가 항상 주식 시장은 "확률에 몸을 맡기고 시간의 횡포를 견디는 곳"이라 말하는데, 이 생각과도 정말 잘 어울리는 책이다. 이런 재미있는 문장도 있다. "우리 두뇌는 투자하면 망하도록 최적화되어 있다." 투자에서 망하는 대표적인 행동과 마음가짐 10가지를 해학적으로 정리해놓았다. 이 중 절반 이상을 피할 수 있는 독자는 드물 것이다.

지난 1편《할 수 있다! 퀀트 투자》추천사를 쓰면서 강환국은 앞으로 우리나라 주식 투자 분야에서 점점 더 중요한 역할을 할 것이라 말한 적이 있다. 4년이 지난 지금 그는 이미 명사가 되었다. 그냥 이름이 널리 알려져서 유명한 명사가 아니라, 투자자들에게 지식과 통찰을 주는 다양한 콘텐츠 생산자이자 성공적인 투자자로 SNS의 명사가 되었다. 얼마 전에는 투자 입문 1년쯤 된 우리 집 둘째 아들이 강환국의 강의 영상을 재미있게 보았는데 그 사람 아느냐고 물었다. 우리나라의 투자 문화가 동물적 기상을 바탕으로 한 후진국형 투자에서 수치에 기반한 선진국형 투자로 진화하고 있는 시기에 좋은 징검다리 역할을 하고 있다. 지금까지도 잘했지만 앞으로가 더 기대되는 부러운 후배다.

이 책《하면 된다! 퀀트 투자》를 진지하고 꼼꼼하게 읽고 강환국처럼 성공해서 젊은 나이에 은퇴하고 자유 가득한 생활을 할 수 있는 독자가 여럿 나올 것 같다. 감정에 휘둘리지 않고 차분하게 그의 전략을 따라 해보면 장기적인 승자가 될 수 있을 것이다.

강환국이 한국의 퀀트 투자에 꽃을 활짝 피우고 있다.

문병로
서울대 컴퓨터공학부 교수
㈜옵투스자산운용 대표

머리말

올해 만 38살, 입사 12년 만에 나는 퀀트 투자로 'FIRE'를 달성했다.

대부분 직장인이 그렇듯이 나도 오래전부터 경제적 자유, 노동으로부터의 해방을 소망했다. 그렇지만 이렇다 할 창업 아이디어가 없었고 용기도 내지 못했다. 직장인으로서 직장 생활 테두리 안에서 투자를 통해 종잣돈을 불리는 방법을 찾아야 했다.

나처럼 직장과 투자를 병행하는 사람에게는 퀀트 투자가 '가성비'가 제일 높은 방법이라고 단언한다. 처음에 공부를 제대로 해놓으면 6개월에 한 번 10분만 들여 매매해도 연 15~20%, 또는 그 이상의 수익을 맛볼 수 있다. 게다가 최대 손실이 20%를 넘어가지 않으면서 말이다!

처음에는 보잘것없는 금액이었지만 월급 받아서 아낀 돈을 적립식으로 계속 투자해서 꾸준히 복리의 효과를 누리니 어느새 투자 수익이 월급을 훨씬 능가했다. 회사 업무에 집중하면서 자투리 시간에만 투자 공부를 해도 경제적 자유를 이룰 수 있다는 것을 내가 증명한 것이다!

퀀트 투자를 하려면 아주 어려운 전문 지식이 필요하다고 여겨 지레 겁먹는 개인 투자자가 많다. 나는 이 책에서 이런 인식이 완전히 오해라는 것을 밝히겠다. 나를 '30대 파이어족'으로 만들어준, 누구나 따라 할 수 있는 투자 전략들을 공개하겠다. 나도 파이썬, R 같은 코딩을 전혀 할 줄 모른다. 이전에는 엑셀로 퀀트 전략을 짰지만, 요즘은 좋은 도구들이 개발되어서 그조차도 필요 없어졌다. 전략을 알고 필요하면 조금 개선해서 실전에 투입해 꾸준히 버티면 어느새 '부자'가 될 수 있다.

FIRE가 아니어도 생존을 위해 투자는 필수다!

머지않아 100세 시대가 현실화된다고 한다. 사실 100세까지 살 수 있다는 것은 매우 행복한 일이다. 그러나 직장인 대부분은 50~60대가 되면 직업을 유지할 수 없는 처지에 놓이게 된다. 문제는 100세 시대에는 은퇴 후에도 30~40년이라는 긴 세월 동안 생활해야 한다는 것이다!

대기업에서 임원이 되거나, 유능한 전문직이거나, 뛰어난 사업 수완으로 부를 축적한 사람은 투자 실력이 부족해도 죽을 때까지 먹고사는 데 지장 없을 것이다. 그들은 은퇴 후 모아놓은 자산을 소비하며 살면 된다.

문제는 '별로 잘나가지 못하는', 상위 5%에 들어가지 못하는 대다수 중생이다. 50세가 넘은 그들을 받아주고 제 대접을 해줄 곳은 거의 없다. 그렇다면 그들이 은퇴 후 30~40년 할 수 있는 것이 무엇일까? 직장 생활을 하는 동안 축적한 자산으로 투자해서 그 수익으로 먹고사는 수밖에 없다. 퇴직금으로 치킨집을 한다지만 체력이 부치거나 장사가 안돼서 접는 사례도 많다. 게다가 퇴직 후 자신의 전문이 아닌 분야의 사업을 하면 망할 가능성이 높다.

벌써 미국에서 은퇴하는 베이비부머의 가장 큰 두려움은 죽음 자체가 아니라 '모아놓은 돈보다 더 오래 사는 것'이라고 한다. 이제 투자는 투자에 관심 있는 사람의 취미가 아니라 노후 대비를 위해 필요한 핵심 능력이며, 선택이 아니라 생존이 된 것이다. 은퇴자의 90% 이상은 30~40년 동안 '전업 투자자'로 살아남아야 한다!

나는 지난 2016년 말, 신진오 밸류리더스 회장님의 연락을 받았다. 당시 가치 투자 커뮤니티에 '내가 존경하는 투자자들'이라는 글을 올렸는데 그중 유일한 한국인이 신 회장님이었다. 그때 신 회장님의 제안으로 탄생한 것이 나의 첫 책 《할 수 있다! 퀀트 투자》. 무명이던 내가 투자 분야에서도 비인기 종목인 퀀트 투자에 대해 쓴 책이 지금까지 3만 명 가까운 독자가 읽을 거라고는 상상도 못 했다.

이 책은 내 인생을 송두리째 바꿨다. 강의 요청이 이어졌고, 독일 주재원 생활을 헛되이 보내면 안 되겠다는 생각에 시작한 유튜브 채널 '할 수 있다! 알고 투자'는 구독자가 7만 명에 이르렀다. 나는 전업 투자자가 되어서 좋아하는 집필과 강의, 유튜브를 하면서 평생 먹고살 수 있다는 확신이 들었다. 그래서 남들이 '신의 직장'이라고 부르는 회사에 사표를 던질 수 있었다.

그런데 첫 책 《할 수 있다! 퀀트 투자》를 다시 읽어보니 아쉬운 부분이 많았다. 이 책은 '방어적 전략'과 '공격적 전략'으로 나누었는데, 《하면 된다! 퀀트 투자》는 그중 인기가 좋았던 공격형 전략, 즉 종목 선정 분야의 후속편이다. 첫 책에 나온 주요 공격형 전략을 구간을 넓혀서 다시 백테스트하고 재해석했다. 첫 책을 낸 후 4년 동안 공부한 새로운 팩터와 투자 전략들의 백테스트 결과와 논리도 공개한다. 첫 책보다 더 막강한 전략들을 제시하는 것은 물론 어떻게 하면 공격형 전략을 사용하면서도 MDD를 20% 이하로 유지할 수 있는지도 알려준다. 또 《하면 된다! 퀀트 투자》는 국내 투자서 처음으로 본문에 80여 개의 관련 유튜브 영상 QR 코드를 넣어 책의 내용을 복습할 수 있도록 했다! 첫 책의 방어형 투자 전략을 업그레이드한 책은 향후 펴낼 계획이다.

이 책이 나오기까지 여러 분의 도움을 받았다. 정신적 지원을 아끼지 않은 부모님께 먼저 감사드린다. 이번 책도 기꺼이 출판해준 에프엔미디어, 추천사를 써주신 문병로 교수님, 감수를 맡아주신 신진오 회장님께도 머리 숙여 인사를 드린다. 책 집필 과정에서 피드백을 아끼지 않은 '염창동퀀트' 님, 전수연 차장님, 이예나 과장님, 전준형 과장님, 조아라 대리님께도 고마운 마음을 전한다. 또한 유튜브 '할 수 있다! 알고 투자'에서 애정 어린 피드백을 보내주신 구독자님들에게도 깊은 감사의 말씀을 드린다.

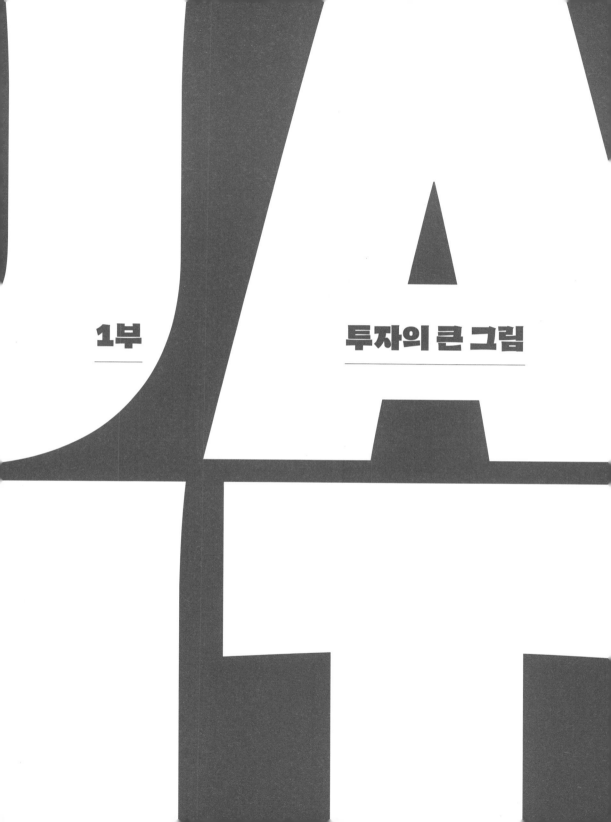

1부　　　투자의 큰 그림

Quantitative Investment

1장 준비 운동

01 책의 목적과 구조

투자를 통해 돈을 벌고 싶다면 알아야 할 기술이 세 가지 있다. 자산 배분, 마켓 타이밍, 종목 선정이다.

자산 배분은 기대수익률과 위험 수준이 다른 자산군(주식, 채권, 금, 원자재, 부동산, 암호화폐 등)에 투자 자금을 배분하는 작업을 의미한다. 주목적은 높은 수익이 아니라 적절한 수익을 유지하면서 리스크를 최소화하는 것이다. 마켓 타이밍은 단기적으로 높은 수익이 기대되는 자산군의 비중을 늘리고 단기적으로 낮은 수익이 기대되는 자산군의 비중을 낮춰서, 리스크는 자산 배분과 같은 수준으로 유지하되 수익을 높이려는 전략이다. 종목 선정은 자산군 내에서 가장 유망하다고 판단하는 종목에 자금을 투자해서 수익 극대화를 추구하는 행위다.

이 책에서는 종목 선정 내용만 다루고, 자산 배분과 마켓 타이밍은 다음 책에서 설명하겠다.

돈 버는 3가지 방법

구분	주목적	수익 극대화	리스크 관리
자산 배분	상관성 낮은 자산군에 투자 자금 배분 – 자산군: 주식, 채권, 금, 원자재, 부동산 등	×	○
마켓 타이밍	기대수익이 높은 자산군의 비중을 확대하는 동시에 자산 배분과 비슷한 수준의 리스크 유지 – 가격, 계절성, 경제지표, 밸류에이션 활용	△	○
종목 선정	자산군 내 유망한 종목 선정을 통해 수익 극대화 – 밸류, 모멘텀, 퀄리티, 저변동성, 계절성 등	○	×

이 책은 두 가지 면에서 다른 투자 책들과 다르다.

첫째, 이 책에 나오는 거의 모든 내용은 내 유튜브 채널 '할 수 있다! 알고 투자(https://www.youtube.com/할수있다알고투자)'에서 찾아볼 수 있다. 책이라는 매체의 특성과 지면 관계상 내가 전달하고 싶은 내용을 모두 담을 수 없어서, 관련 내용을 유튜브에 소개해 독자의 이해를 돕고자 했다. 내 유튜브 채널의 모든 영상은 번호가 있고 책 내용에 맞는 영상 번호를 기재했으니, 책 내용을 이해하는 데 도움이 필요하거나 추가 정보가 필요한 경우 유튜브 채널에서 관련 영상을 찾아보기를 권한다. 또한 유튜브 댓글을 통해 궁금한 내용을 직접 질문할 수도 있다. 오래된 영상은 댓글을 잘 확인하지 않으니 최신 영상에 댓글로 질문하면 내가 답변하겠다.

둘째, 독자들이 구체적으로 따라 할 수 있고 철저히 계량화된 전략만 제시한다. 언제 어떤 논리로 어떤 종목을 사고팔아야 하는지 정확히 설명한다. 또 과거에 실제로 이렇게 투자했다면 어느 정도의 수익을 벌고 어느 정도 수준의 리스크를 감당했어야 하는지도 명확히 제시해 독자들의 투자 전략 선택에 이바지하려 한다.

이 책은 초보자들도 쉽게 따라갈 수 있도록 전문 용어를 최대한 배제했다. 그렇지만 모두 피할 수는 없어서 1장에서 전문 용어를 설명하고, 우리가 배울 모든 전략의 기반이 되는 '퀀트 투자'가 무엇인지, 왜 특히 초보 투자자에게 퀀트 투자가 유리한지 설명한다. 투자하기 전에 알아야 하는 것은, 투자 성공은 기술이나 전략보다는 투자자의 심리에 좌우될 가능성이 높다는 점이다. 따라서 나는 투자 심리를 다루지 않은 투자 책은 불완전하다고 본다. 2장은 바로 이 투자 심리를 다룰 것이다. 왜 우리 두뇌는 투자에서 망하도록 최적화되어 있는지, 우리 투자를 망치는 편향들을 어떻게 극복할 수 있는지 분석한다. 본격적인 투자를 하기 전 알아야 할 것이 아직 남았다. 어떤 일을 하든지 목표가 중요하다. 3장에서는 투자의 최종 목표인 경제적 자유에 도달하기 위한 금액을 계산하는 법을 배운다.

여기까지가 준비 운동이고 2부에서 본격적으로 종목 선정 전략을 소개한다. 4장에서 종목 선정의 큰 그림과 기초적인 회계 지식을 전달한다. 전 세계 주식 시장은 11~4월 수익이 높고 5~10월이 저조한데 5장에서 이 현상을 상세히 다룬다. 6장부터 10장까지 《할 수 있다! 퀀트 투자》에 나온 대표 전략인 벤저민 그레이엄의 NCAV 전략, 유진 파마의 소형주와 PBR 효과, 강환국 슈퍼 가치 전략, 그린블라트와 노비 마르크스의 마법공식과 신마법공식, 피오트로스키의 F-스코어, 제가디시와 티트먼의 상대 모멘텀 전략 등을 복습하며 백테스트 구간을 2000년에서 2020년으로 확대했다. 이뿐만 아니라 밸류 주식(가치주)과 모멘텀 주식의 수익이 높은 원인을 검토하고 기존 전략을 개선하는 몇 가지 방법도 제시한다.

3부에는 《할 수 있다! 퀀트 투자》에 언급하지 않았거나, 언급했어도 간단하게 넘어간 투자 팩터들을 소개한다. 우리는 투자 팩터들을 조합해서 투자 전략을 만드니 팩터를 많이 알수록 유리하다. 11장에서 밸류(가치) 팩터, 12장에서 퀄리티(우량주) 팩터, 13장에서 모멘텀 팩터들을 분석하며 퀄리티 주식, 즉 우량주가 수익률이 높은 이유도 짚어본다.

4부가 이 책의 핵심으로, 기존에 알던 팩터와 이번에 새로 배운 팩터 등을 조합해서 투자 전략들을 만들었다. 14장은 초저평가주를 찾는 전략들로서 NCAV 전략을 개선하고 강환국 슈퍼 가치 전략을 업그레이드한다. 15장에는 퀄리티 전략, 밸류와 퀄리티를 결합한 전략들을 소개한다. 《할 수 있다! 퀀트 투자》에 강환국 슈퍼 퀄리티 전략이 나오는데 좀 더 파워업해서 다시 등장한다. 또한 파마 교수가 최근 밀고 있는 팩터들을 조합해 전략을 만들어봤다. 배당주를 사랑하는 이들을 위한 전략도 있다. 강환국 슈퍼 가치 전략을 만들고 슈퍼 퀄리티 전략도 만들었더니 두 전략을 합쳐보고 싶었다. 그래서 강환국 슈퍼 가치+퀄리티 전략이 탄생했다. 16장 펀더멘털 모멘텀에서는 영업이익과 순이익이 증가하는 주식을 분석하고 밸류와 퀄리티 지표도 붙여보았다. 마지막으로 밸류, 퀄리티, 모멘텀을 결합한 '강환국 울트라 전략'이 등장한다. 이때까지는 주로 전체 주식에서 통하는 전략과 소형주 중심 전략을 소개했는데 16장 마지막에는 대형주 전략을 소개한다. 소형주가 수익률이 훨씬 높아 보이는데 굳이 대형주 전략이 필요한 이유도 밝힌다.

투자 전략을 몇 개 안다고 해서 투자를 잘하게 되는 것은 아니다. 5부는 실전에서 투자하는 방법을 구체적으로 살펴본다. 17장은 실전 투자의 큰 그림을 분석해서 어떤 전략을 채택해야 하는지, 18장은 투자자의 가장 큰 적인 최대 손실을 어떻게 줄일 수 있는지 설명한다. 거래량이 수익에 얼마나 영향을 주는지,

퀀트 전략으로 뽑아낸 전략을 실제로 수행해야 할지 아니면 어느 정도의 변경이 필요한지도 살펴본다. 19장은 이 책에 나온 팩터와 전략들이 미래에도 유효할지 의견을 밝히고, 퀀트 투자에서는 빠질 수 없는 과최적화 논란을 분석한 후 이렇게 훌륭한 전략이 많은데도 왜 장기적으로 돈을 버는 투자자가 극소수인지, 어떻게 이 운명을 피하고 부자가 될 수 있는지 분석하며 책을 마치겠다.

나는 이 책에 나오는 전문 용어를 최소화하려고 노력하고, 필요할 경우 본문에서 박스를 통해 설명하겠다. 그래도 아예 피할 방법은 없으니 계속 등장하는 핵심 용어와 개념 몇 가지는 익혀두는 것이 좋겠다.

연복리수익률

투자의 첫 번째 주요 목적은 '연복리수익률(compound annual growth rate, CAGR)의 극대화'다. 이 책에 나오는 모든 수익률은 연복리수익률 기준으로 표기한다. 연복리수익률의 개념을 잘 이해하지 못하는 경우가 의외로 많은데 '원금이 2배가 되는 데 걸리는 시간'으로 이해하면 편하다. 이를 계산하기 좋은 것이 '72의 법칙'으로, 72를 연복리수익률로 나누면 원금이 2배 걸리는 시간을 어림잡을 수 있다.

연복리수익률 12%로 예를 들어보자. 72의 법칙으로 계산하면 원금이 2배가

연복리수익률별 원금이 2배가 되는 데 걸리는 시간

연복리수익률	원금 2배 기간(년)	
	72의 법칙	실제
3%	24.0	23.5
4%	18.0	17.7
5%	14.4	14.2
6%	12.0	11.9
7%	10.3	10.3
8%	9.0	9.0
9%	8.0	8.1
10%	7.2	7.3
12%	6.0	6.1
14%	5.1	5.3
17%	4.2	4.4
20%	3.6	3.8

되는 데 72/12 = 6년이 걸린다. 그런데 복리의 놀라운 점은 원금 2배가 4배, 4배가 8배, 8배가 16배, 16배가 32배 되는 기간도 같은 6년이라는 점이다! 자산은 복리를 통해 기하급수적으로 증가한다.

　이 간단한 사례만 봐도 아인슈타인Albert Einstein이 세계 8번째 기적이라고 강조한 '복리의 마법'을 깨달을 수 있다. 처음에는 자산이 천천히 증가하지만 시간이 지날수록 증가 속도가 점점 더 빨라진다. 이 책에는 연복리수익률 40%, 50% 되는 전략들이 있는데, 40%라면 20년 만에 원금이 836배, 50%라면 3,325배로 늘어난다!

최대 낙폭

나중에 자세하게 살펴보겠지만 투자의 두 번째 주요 목적은 '최대 낙폭(maximum drawdown, MDD)의 최소화'다. MDD는 말 그대로 특정 투자 기간 중 겪을 수 있는 가장 큰 손실을 의미한다. 계산식은 다음과 같다.

MDD = (최저점/전고점) − 1

예를 들어 코스피지수(KOSPI, 한국종합주가지수)의 1980~2020년 구간을 보면 1994년에 1,145.66포인트로 최고점을 찍은 후 1998년 277.37포인트까지 하락했다. 따라서 이 구간 코스피지수의 MDD는 (277.37/1,145.66) − 1 = 75.79%다.

코스피지수에 1980년부터 2020년까지 계속 투자한 사람은 최악의 순간 75.79%의 손실을 경험했다. 세상에서 가장 불운한 사람은 1994년 코스피지수에 투자해서 1998년 75.79% 손해를 보고 판 사람이다. 아쉽게도 우리가 그렇게 되지 않으리라는 보장이 없다. 따라서 MDD가 너무 큰 투자 전략은 피해야 한다.

MDD는 정말 중요한 개념이라서 나중에 더 자세히 살펴보겠지만 여기서는 MDD가 커지면 원금 복구가 어렵고 투자자의 심리적 충격이 너무 커져서 정상적인 투자를 지속하기 어렵다는 정도만 알아두자.

샤프지수(Sharpe Ratio)

투자자들은 되도록 높은 연복리수익률을 추구한다.

여기에 10년간 연복리수익률 10%를 달성한 투자자가 두 명 있다. 철수는 10% 이자를 주는 예금에 가입해서 매년 이자를 받고 그를 곧바로 재투자해서 연복리수익률 10%를 달성하는 데 성공했고, 영희는 주식시장에 투자해서 잘 나갈 때는 1년에 70% 벌었지만 하락장에서는 40%씩 깨지기도 하면서 10년 투자해서 연복리수익률 10%를 달성했다. 원금이 $1.1^{10} = 2.59$배 증가한 것이다.

여러분은 이 두 방법 중 어떤 방법을 선호하는가? 나라면 스트레스 안 받고 그냥 10% 예금에 가입한 철수의 전략을 선택할 것이다. 사람들 대부분은 리스크를 회피하는 경향이 높기 때문에 나와 같은 선택을 한다.

그런데 특정 주식 또는 포트폴리오의 리스크를 어떻게 측정할까? 보통 금융계에서는 '수익률의 변동성'을 리스크와 동일시한다. 주식시장의 수익률은 플러스 수십 퍼센트에서 마이너스 수십 퍼센트를 왔다 갔다 하고 하루에 몇 퍼센트씩 움직이기도 하니 변동성이 매우 높다. 투자자 대부분은 높은 변동성, 특히 하향 변동성을 경험하면서 스트레스를 호소한다. 예금은 은행이 망하지 않는다고 가정하면 가입하는 순간에 이후 받을 이자와 원금이 확정되니 변동성이 제로다. 참고로 변동성은 일별, 주별 또는 월별 각 수익률을 나열한 후 이 수익률의 표준편차를 계산한다(엑셀의 STDEV 함수).

샤프지수 = (연복리수익률 − 현금 수익)/변동성

샤프지수의 공식은 위와 같다. 특정 주식이나 포트폴리오의 연복리수익률에서 리스크 없이도 확보할 수 있는 현금 수익을 뺀 다음 변동성(리스크)으로 나눈다. 그래서 샤프지수를 '리스크 조정 수익'으로 부르는 경우도 많다. 투자자 대부분은 전략의 연복리수익률이 같을 경우 샤프지수가 높은 전략을 선호한다. 그리고 연복리수익률을 일부 포기하더라도 샤프지수가 높은, 즉 리스크가 작고 스트레스를 덜 받는 전략을 선호한다.

초과수익

초과수익은 두 가지로 구분할 수 있는데, 하나는 리스크 없는 안전 수익 대비 초과수익이고, 다른 하나는 벤치마크(비교 대상) 대비 초과수익이다. 주식에 투자해서 최근 1년간 10% 수익을 냈다면 초과수익을 다음과 같이 계산한다.

만약 1년 예금 이자가 2%라면 우리는 리스크를 부담하지 않고도 2% 수익을 낼 수 있다. 이 경우 안전 수익 대비 초과수익은 10% − 2% = 8%다.

한국 대형주에 투자해서 10%를 벌었다고 치자. 그럼 우리 수익이 코스피지수 수익보다 높은지 비교할 것이다. 이 구간에 코스피지수가 7% 상승했다면 우리의 벤치마크 대비 초과수익은 10% − 7% = 3%다.

이 책에서 사용하는 초과수익은 대부분 후자다.

리밸런싱(▶ 영상 381)

리밸런싱rebalancing이란 주기적으로 실제 투자 비중을 목표 비중과 맞추는 작업을 의미한다. 여기에는 자산 배분 차원의 리밸런싱과 개별 종목 차원의 리밸런싱이 있다.

자산을 20개 종목에 분산 투자하고 싶다고 가정하겠다. 그럼 각 종목에 자산의 5%를 투자하게 되는데, 시간이 지나면 어떤 종목은 많이 오르고 어떤 종목은 떨어져서 우리가 원했던 비중과 많이 달라진다. 예를 들어 20개 종목 중 한 종목이 대박을 쳐서 100배 오른다고 치면 그 종목의 비중이 전체 포트폴리오의 90% 이상을 차지할 수도 있다. 그렇게 되면 분산 투자 효과가 사라진다. 다시 종목별로 5% 비중을 맞추는 작업을 리밸런싱이라고 한다.

리밸런싱의 장점은 실제 투자 비중이 목표 비중과 같아지는 것이고, 단점은 이때 수수료 등 거래 비용이 발생하는 것이다. 따라서 리밸런싱을 너무 자주 하는 것은 좋지 않고, 이 책에는 6개월 또는 1년에 한 번 리밸런싱하는 전략들이 주로 나온다.

개별 종목은 표로 설명하는 것이 가장 빠르다. 어떤 퀀트 전략을 통해 총 20개 종목에 500만 원씩 총 1억 원을 투자하고 6개월에 한 번 리밸런싱한다고 가정해보겠다.

모든 종목에 똑같이 500만 원씩 투자해서 6개월 동안 몇 종목이 오르고 몇 종목이 하락했고 포트폴리오 전체는 1억 2,000만 원으로 증가해서 수익률

개별 종목 리밸런싱 예시

종목명	최초 투자액 (만 원)	6개월 후 금액 (만 원)	종목명	최초 투자액 (만 원)	6개월 후 금액 (만 원)
A	500	673	K	500	610
B	500	332	L	500	509
C	500	807	M	500	688
D	500	789	N	500	709
E	500	472	O	500	417
F	500	380	P	500	441
G	500	750	Q	500	541
H	500	665	R	500	550
I	500	352	S	500	860
J	500	640	T	500	815
			총금액	10,000	12,000

▲ 영상 381

20%를 달성했다. 6개월 후 투자할 종목을 다시 뽑아보니 C, H, L 종목만 남고 나머지 종목은 교체하게 되었다. 그렇다면 이제 각 주식의 금액을 12,000/20 = 600만 원으로 맞추는 것이 목표이므로 C 주식은 207만 원어치를 팔고, H 주식은 65만 원어치를 팔고, L 주식은 91만 원 매수한다. 나머지 17개 주식은 모두 매도하고 교체 종목 17개를 각각 600만 원 매수하면 된다. 금액을 정확히 맞추기는 쉽지 않을 텐데 정확히 맞추지 않고 595만 원, 605만 원으로 해도 대세에는 지장이 전혀 없다.

투자 팩터 – 밸류(가치), 퀄리티(우량주), 모멘텀

장기적으로 주가지수 대비 초과수익을 낼 수 있게 하는 요인을 투자 팩터factor라고 부른다. 퀀트 투자의 목적은 팩터들을 발굴하고 조합해서 주식을 사고파는 명확한 규칙을 포함한 투자 전략을 만드는 것이다. 많은 교수와 투자자가 팩터 수백 개를 연구하고 분석했는데, 나는 이 책에서 3개 팩터 그룹에 집중하려 한다.

밸류(가치) 팩터: 기업의 가격(시가총액 또는 주가)을 펀더멘털 지표(이익, 순자산, 현금흐름, 매출 등)와 비교하는 팩터다. 펀더멘털 대비 가격이 상대적으로 낮으면 주식이 '저평가', 높으면 '고평가'라고 가정한다. 이 책은 저평가 기업에 투자해 수익을 극대화하는 방법을 소개한다.

퀄리티(우량주) 팩터: 워런 버핏Warren Buffett은 우량주를 사서 장기 보유하는 대표적인 투자자로 알려져 있는데, 이 '우량함'을 계량화하기가 의외로 만만치 않다. 이 책에서는 기업의 수익성, 안전성, 변동성, 자본 활용 능력 등을 계량화해서 '우량주'와 '비우량주'를 구분하는 방법을 배우고, 우량주에 투자한다면 어느 정도의 수익을 기대할 수 있는지 배운다.

　모멘텀 팩터: 세계 주식시장 대부분에서는 최근 가격이 오른 주식이 계속 오르는 '모멘텀' 경향이 있다. 한국 시장은 이 경향이 약한 편이고 그 대신 펀더멘털 지표, 특히 영업이익과 순이익이 증가하는 기업의 주식 수익률이 매우 높은 편이다.

03

퀀트 투자란 무엇인가?

 100세 시대에 투자는 선택이 아니라 생존을 위한 필수 기술이다. 그러나 정작 투자를 시작하려면 막막한 경우가 많다. 왜냐하면 인생에서 돈을 버는 방법이 많은 것처럼 투자도 방법이 많기 때문이다. 투자자는 시장에서 매번 돈을 벌 수 있는 절대적인 필승법을 찾지만 그런 비법은 존재하지 않고 '꽤 괜찮은' 방법들만 존재한다. 문제는 이 방법들이 비슷하지 않고 완전히 상반되는 내용을 포함할 때도 많다는 것이다. 사업을 해서 성공한 사람과 대기업에 사원으로 들어가 임원이 된 사람은 성공 방법이 완전 다르고 성공 공식과 인생 조언도 완전히 다를 것이다. 투자도 비슷하다. 어떤 성공 투자자는 가격이 최고점을 돌파할 때 매수하라고 하고, 다른 성공 투자자는 가격이 많이 내려가서 저평가되어 있을 때 매수하라고 한다. 또 다른 투자자는 개별 종목이 아니라 주가지수 ETF를 매수하라고 추천한다. 초보자가 갈피를 잡지 못하는 것이 당연한다.

 문제는 특정 방법으로 성공한 투자자와 그 신봉자들은 그것이 가장 우수하다고 포장하는 정도에 그치지 않고 종교처럼 믿으며 나머지 방법을 무시하는 경향이 강하다는 점이다.

이 혼란스러운 투자 세계에 어떤 주요 '종교'가 존재하는지 간략하게 설명하겠다. 이 외 '군소 종교'도 많지만 대표적인 것만 소개한다.

가치투자 종교

가치투자 신봉자들은 주식이 기업의 일부이고 주가는 대부분 기업의 가치를 반영하지만 가끔 시장이 비이성적인 판단을 내려서 특정 주식이 저평가 또는 고평가되는 경우가 있다고 믿는다. 가치투자자는 일시적으로 저평가된 주식을 사서 정상 가격 또는 고평가된 가격으로 상승하면 매도한다.

가치투자 종교의 교주는 투자계에서 가장 유명한 '워런 버핏'이다. 그는 가치투자가 유일한 투자의 진리라고 강조하며 다른 투자 종교의 이론, 특히 기술적 투자 종교의 가치를 무시하는 경향이 있다. 짐 로저스Jim Rogers라는 가치투자자는 심지어 "나는 돈을 번 기술적 투자자를 본 적이 없다"라고 주장하기까지 했다.

기술적 투자 종교

주식 관련 기사나 책을 읽으면 차트 패턴이 이렇고 추세가 저렇고 저항선과 지지선은 그렇고 하는 내용이 나온다. 이런 내용을 중요시하는 투자자는 기술적 투자 종교의 신도들이다. 그들은 투자 자산을 사고파는 투자자는 인간이고,

영상 364 ▲

인간의 심리는 일정한 패턴을 따르며, 그 패턴이 자산의 차트 또는 가격과 거래량에 반영된다고 믿는다. 인간 심리 패턴은 몇 년, 아니 몇천 년이 지나도 크게 변하지 않기 때문에 차트 또는 가격과 거래량에 반영되는 패턴도 비슷하고, 따라서 이 패턴의 과거를 분석하면 초과수익을 낼 수 있다고 믿는다. 특히 가격의 '추세'를 믿는 경향이 강해서, 최근 많이 오른 자산은 계속 오르고 최근 많이 하락한 자산은 계속 하락한다고 생각한다.

가치투자자들은 기술적 투자로 돈을 벌 수 없다고 주장하지만 이는 사실과 매우 다르다. 워런 버핏보다는 덜 알려졌지만 기술적 투자를 통해 부자가 된 전설적인 투자자도 많다. 제시 리버모어Jesse Livermore, 리처드 데니스Richard Dennis, 폴 튜더 존스Paul Tudor Jones 등이 떠오른다.

기술적 투자자 중에는 주식을 발행한 기업이 어떤 일을 하는지도 모르고 가격 패턴만 보고 거래하는 사람도 많다. 기술적 투자 신봉자 대부분은 기업을 연구하고 기업의 가치를 평가하는 가치투자자의 노고가 쓸데없는 행위라고 무시한다. 그런 내용은 이미 가격에 반영되어 있으므로 과거 가격, 거래량 및 차트 패턴을 중시하는 자신들의 방법이 최고라고 주장한다.

매크로 투자 종교

경제 성장, 금리, 환율, 실업률 등 거시경제 지표를 언급하며 주식, 채권, 금 등 투자 자산의 가격 변동을 설명하는 기사들을 보았을 것이다. 매크로 투자 종교 신봉자들은 투자 자산의 수익은 경제와 밀접한 관련이 있다고 생각하며, 저런 지표 또는 경제의 흐름과 동향(?)을 분석해서 어떤 자산이 잘나가고 못나 갈지 예측하고 다음 투자처를 찾아낸다. 대표적 교주는 조지 소로스George Soros 와 레이 달리오Ray Dalio다.

매크로 투자자는 대부분 경제의 큰 그림을 보기 때문에 개별 기업의 재무제표를 살펴보지 않는다. 가격 추세 등 기술적 투자 지표를 찾는 경우는 간혹 있다. 이 책에서는 매크로 투자 지표는 분석하지 않는다.

정보 투자 종교

투자자 대부분은 뉴스나 전문가들에게서 어떤 주식이 오를지 팁을 얻으려 한다. 기업의 분기 수익률, 주요 경제 지표 발표, 정부 발표 등에 촉각을 세우는 사람도 많은데, 이들은 '정보가 생명'이라고 믿는다. 유튜브에서도 '시황'을 설명하는 채널들이 잘나가는 것을 보면 특히 개미 투자자가 정보 투자 종교를 신봉하는 경우가 많다. 그들은 시장이 모든 정보를 즉각 가격에 반영할 수 없다고 믿고, 정보 발표 후에도 자산이 계속 움직이거나 자신이 기존 정보를 더 우수하게 해석할 수 있다고 믿는다. 가끔 같은 정보가 한 자산에는 크게 반영되고 다른 자산에는 덜 반영되는 때도 있는데 이때 덜 반영된 자산을 사고팔아서 차익을 챙기기도 한다. 나는 이 방법이 주식시장에서 돈을 버는 데 가장 어렵다고 보고 이 책에서는 다루지 않는다.

패시브 투자 종교

사실 위의 어떤 방법을 써도 투자자 대부분은 주가지수 대비 초과수익을 내기 어렵다. 패시브 투자 추종자들은 투자 전문 지식이 많은 펀드매니저 중에서도 10년 넘게 장기 투자할 경우 시장보다 높은 수익을 낸 사람들이 매우 드물다는 팩트 폭격을 한다. 따라서 이런저런 노력을 해서 고수익을 내려고 시도하기보다는 ETF나 인덱스펀드 등을 매수해 저렴한 수수료로 시장 수익 자체를 추종하는 것이 현명하다고 생각한다.

지금까지 소개한 다른 종교들은 이런저런 기법을 통해 시장 초과수익을 낼 수 있다고 믿으므로 '액티브 투자'를 하며, 시장 초과수익을 낼 수 없다고 믿는 패시브 종교의 허무주의 철학을 강력히 부정한다. 패시브 투자 종교를 따르는 이들은 액티브 종교 신봉자들의 노력이 가상하지만 결국 쓸모없는 시간 낭비라고 폄하한다. 패시브 투자 종교의 창시자는 몇 년 전 작고한 존 보글John Bogle이다(▶영상 15, 16).

결론적으로 어떤 종교가 투자 세계에서 가장 우월할까? 사실 그런 건 존재하지 않는다. 이는 '기독교, 불교, 이슬람, 힌두교 중 어떤 종교가 가장 우월한가?'와 비슷한, 답이 없는 우매한 질문이다.

투자도 인생의 축소판이니 위 5가지 대종교 중 어떤 종교에 속해도 성공적으로 투자하고 경제적 자유에 도달할 수 있다. 대신 '잘'해야 한다. 어떤 투자 종교도 수익률이 높은 구간이 있고 수익률이 낮거나 손실이 발생하는 구간이 있는데, 고수들은 손실 발생 구간에 손실을 최소화하는 동시에 전략을 포기하지 않고 꾸준히 버텨서, 전략이 다시 높은 수익률을 벌어주는 구간에 인내심의 보상을 받는다. 반대로 하수 대부분은 손실이 발생하는 구간에 큰 손실을 보고 '이 전략은 안 먹히나 봐!' 하면서 다른 전략으로 갈아탄다. 그 후 기존 전략의 수익률이 급상승한다.

수많은 공무원 중 장·차관이 되는 사람은 극소수이고 대기업 신입사원 중 임원이 되는 사람이 극소수인 것처럼, 각 투자 종교의 신봉자는 많지만 '잘' 투자해서 성공한 투자자는 극소수인 것이 현실이다.

이 모든 것이 퀀트 투자랑 무슨 상관이냐고? 갑자기 투자에 무슨 종교가 나오느냐고?

나는 위에 설명한 5개 종교 모두에 투자에 활용할 수 있는 포인트가 있다고 본다. 각 종교에 한평생을 바친 교주들의 노하우를 100% 이해하기는 어렵겠지만 그들의 투자 전략 중 상당 부분은 계량화가 가능하다.

퀀트 투자는 구체적인 매수와 매도, 보유 규칙을 따르는 '규칙 기반(rule-based)' 투자다. 퀀트 투자의 규칙은 기업의 재무 데이터, 자산의 가격 등 계량화가 가능한 '수치'만 사용한다.

예를 들면 기술적 투자자의 '상승 추세에 있는 주식을 사라'라는 조언은 '최근 1년간 가격이 가장 많이 오른 50개 종목을 사서 한 달 보유하고 매도, 한 달 후 위의 규칙을 반복' 등 구체적이고 계량화가 가능한 전략으로 바꿀 수 있다. 전자는 애매모호하지만 후자는 규칙이 명확하다. 후자는 '이런 식으로 과거에 실제로 투자했다면 어느 정도의 수익을 낼 수 있었을까? 최악의 순간에는 어느 정도 잃었을까?'에 답변할 수 있다. 이 과거 시뮬레이션을 '백테스트(backtest)'라고 한다.

퀀트 투자자는 위에 설명한 가치투자, 기술적 투자, 매크로 투자, 정보 투자, 패시브 투자 종교의 교주들이 주장하는 내용을 열심히 분석해서 최대한 계량화가 가능한 전략으로 바꾸고, 이 전략을 과거에 적용했으면 어느 정도의 수익을 벌었는지, 잘 안 풀리는 구간에는 어느 정도 잃었는지 등을 분석하는 백테스트를 진행한다. 백테스트 결과가 좋고 미래에도 과거와 비슷한 결과가 기대된다면 그 전략을 투자에 활용한다. 각 종교의 장점을 섞은 혼합 전략을 만들기도 한다.

▲ 영상 15

▲ 영상 16

04 왜 퀀트 투자인가?

나는 5대 투자 종교보다 퀀트 투자가 특히 투자 초보자가 실행하기가 훨씬 쉽다고 본다. 성공한 증권맨도 안정성 높으며 충분한 투자 수익률을 추구하기 위해 퀀트 투자에 정착하는 사례들을 보면 모든 투자자가 퀀트 투자에 관심을 가져볼 만하다고 생각한다.

퀀트 투자의 계량화와 규칙 기반 투자는 장점이 여럿 있다. 구체적인 규칙을 따르기 때문에, 데이터만 있으면 어제 투자를 시작한 초보자도 당장 따라 할 수 있다. 이렇게 객관화가 가능하다는 점이 가장 큰 장점이다. 식당 레시피가 있으면 주방장이 바뀌어도 후임이 곧바로 따라 만들 수 있듯이, 퀀트 투자는 전략 규칙만 확보하면 누구든 따라 할 수 있다.

장점 또 하나는 매수와 매도 전략이 명확하므로 백테스트를 통해 과거 수익, MDD, 손실 만회 기간, 보유 종목을 확인할 수 있다는 점이다(▶영상 47, 51, 75, 92, 128, 131 등). 물론 과거에 만족스러운 성과를 냈다고 해서 미래 성과도 뛰어나리라는 보장은 어디에도 없지만, 수십 년 또는 수백 년간 여러 나라, 나아가서 여러 자산군에서 뛰어난 성과를 보인 전략의 유효성이 갑자기 사라질 확률은 얼마나 될까? 19장에서 자세히 살펴보겠지만 그런 전략들은 초과수익을 유지할 가능성이 매우 높다.

마지막으로 대부분 분야에서는 인간이 경험치를 축적하면 실력이 쌓인다. 그러나 아쉽게도 투자는 '경험=실력'이라는 원칙이 잘 통하지 않는다. 바둑과 체스처럼 운과 우연이 개입할 가능성이 매우 작은 게임은 대국에서 지면 자신이 실수한 것이 명백하다. 진 대국을 복기해서 실수 원인을 알아내고 개선 방법을 찾는 것이 중요하다는 점은 바둑이나 체스를 두는 사람 누구나 동의할 것이다. 그러나 투자는 우연의 요소가 커서, 확률이 낮은 '멍청한' 방법으로 투자해도 돈을 벌 수 있고, 반대로 확률이 높은 '스마트'한 방법으로 투자해도 돈을 잃을 수 있다. 수익을 낼 확률이 100%인 투자 전략은 존재하지 않고, 손실을 완전히 피하기는 불가능하기 때문이다. 따라서 투자에는 과정과 결과의 피드백이 일치하지 않는다. 그래서 돈을 벌면 내가 잘해서 벌었다고 생각하고, 잃으면 운이 없었다고 하거나 남을 탓하기 쉽다. 뒤에서 좀 더 설명하겠지만 사람 심리가 그

▲ 영상 13   ▲ 영상 44   ▲ 영상 47

▲ 영상 51   ▲ 영상 75   ▲ 영상 92

렇게 설계되어 있다. 이런 자세라면 아무리 오래 투자해도 배우는 게 별로 없으니 경험이 축적되어도 실력이 늘기 힘들다.

이 짧은 문단에서도 우리 심리가 투자에 개입할 수 있다는 사실을 배웠다. 사실 퀀트 투자의 가장 큰 장점은 투자를 망치는 심리에서 최대한 벗어난다는 점이 아닐까 싶다. '이게 무슨 말이지?' 할 텐데 다음 장에서 투자 심리가 무엇이고 어떻게 투자에 영향을 미치는지 살펴보자.

▲ 영상 128

▲ 영상 131

Quantitative Investment

2장 투자 심리

05 우리의 투자 뇌는 원숭이보다 못하다

　이 책의 독자 대부분은 구체적인 투자 전략을 배우고 싶고 무엇을 어떻게 사고파는지 너무 알고 싶을 것이다. 그런 전략들을 충분히 소개하겠다. 지금 도저히 기다리지 못하겠다면 2장을 건너뛰고 구체적인 투자 전략이 나오는 4장부터 공부해도 된다.

　그러나 전략을 습득한 후에는 투자 심리를 설명하는 2장으로 꼭 돌아와서 정독해야 한다! 그리고 투자하면서 한 달에 한 번 정도 다시 읽고 복습하기를 강력히 추천한다. 사실 초보자는 이 장의 내용을 잘 이해할 수 없겠지만, 투자 경험이 늘면 투자 심리에 관한 내용이 얼마나 중요한지 깨달을 것이다.

　주식 책에서 심리 얘기를 보면 '자다가 봉창 두드리는 소리'라고 생각할 수 있다. 내가 예전에 그랬으니까. 문제는 투자 전략이 성공 투자에 미치는 영향이 그렇게 높지 않다는 것이다. 전략의 영향은 20% 정도로 추정되고, 80%는 바로 이 투자 심리가 결정한다! 사실 투자에 성공하는 방법은 간단해서, 좋은 투자 전략을 만들고 장기적으로 실행하는 것이다. 그러나 우리 심리가 그렇게 하도록 내버려 두지 않는다. 투자자가 좋은 전략을 유지하지 못하고 중간에 그만둘 확률이 내 경험상 99%가 넘는다.

이 장에서 배워야 할 핵심 중 핵심은 이것이다(▶ 영상 30, 31, 58, 162, 190, 191 참조).

- 우리 두뇌는 투자하면 망하도록 최적화되어 있다.
- 사람의 주관이 투자 과정에 개입하는 것이 모든 불행의 시작이다.

투자에 관심 있는 사람은 투자 전문가가 찍은 주식과 원숭이가 무작위로 뽑은 주식의 수익률을 비교해보니 원숭이가 이겼다는 실험 결과를 들어보았을 것이다. 이와 관련해서 인덱스펀드의 창시자이자 패시브 투자 종교의 교주인 존 보글은 미국에서 1970년부터 2016년까지 존재한 모든 뮤추얼펀드의 수익 규모를 조사했다.[1] 결과는 44쪽 그림과 같다(▶ 영상 15, 16).

'설마 인간이 원숭이 따위에게 졌겠어?' 하고 생각할 수 있겠지만 결과는 생각보다 더 처참했다. 지식과 경험이 풍부한 고학력 펀드매니저들이 자금을 운

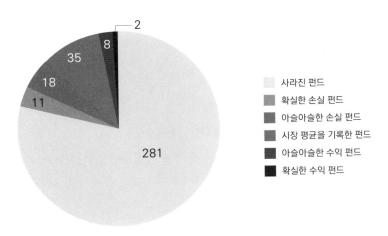

미국 뮤추얼펀드의 장기 수익 규모(1970~2016)

- 사라진 펀드
- 확실한 손실 펀드
- 아슬아슬한 손실 펀드
- 시장 평균을 기록한 펀드
- 아슬아슬한 수익 펀드
- 확실한 수익 펀드

용한 경우가 대다수였지만 1970년 존재한 355개 펀드 중 2016년까지 281개 (79.1%)가 사라졌다. 수익률이 매우 높아서 사라지지는 않았을 것이다. 수익률 이 부진하고 고객들이 돈을 빼니 운용사가 운용할 의미가 없다고 판단해 사라진 것이다. 살아남은 74개 펀드 중 주가지수를 능가하는 수익을 낸 펀드는 10개 뿐이고, '확실한 수익을 낸', 즉 주가지수보다 연복리수익률이 연 2% 이상 높은 펀드는 2개에 불과했다. 355개 펀드 중 주가지수를 확실히 능가하는 펀드를 선택할 가능성은 2/355 = 0.5%밖에 안 되었다!

한국에서도 상황은 별반 다르지 않다. 2020년 12월 기준으로 주식형 공모펀드들의 최근 5년 수익률을 분석하면서 한국의 대표적 주가지수 ETF인 Tiger 200 ETF를 벤치마크로 했다(▶영상 389).[2]

2020년 12월 기준 한국 공모펀드 205개 중에서 5년 수익률이 주가지수보다 높은 펀드가 겨우 8개였다. 그중 주가지수보다 연복리 2% 이상의 초과수익을 달성한 펀드는 1개에 불과했다! 고학력 고연봉 펀드매니저들이 이렇게 투자를

한국 공모펀드와 주가지수 비교(2015/12~2020/12)

펀드 구분	펀드 수	코스피 인덱스펀드 수익을 능가한 펀드 수	비율
주식형 펀드(일반)	133	8	6.0%
중소형주 펀드	22	0	0%
배당주 펀드	28	0	0%
테마 주식	22	0	0%
전체	205	8	3.9%

못한다는 것은 매우 놀랍다. 심지어 이 데이터베이스에는 미국 데이터와 다르게, 실적이 너무 안 좋아서 사라진 펀드가 빠져 있다. 일단 이 데이터를 보고 '내 돈을 펀드매니저에게 맡기면 절대 안 되겠다'라고 생각하게 되었다면 정말 다행이다. 이 책을 쓴 보람이 있다. 투자는 직접 해야 하는 것이다.

다음 질문은 "펀드매니저들은 나름대로 주식 전문가인데 투자를 왜 이렇게 못할까?"와 "전문가들도 못하는데 우리라고 좋은 수익이 나겠어? 패시브 투자가 최고 아닌가?"이다. 짧게 답변하면 "펀드매니저의 두뇌도 투자에 망하도록 최적화되어 있고, 우리는 퀀트 투자를 통해 두뇌의 굴레를 벗어날 수 있다"이다. 액티브 투자를 이렇게 빨리 포기할 필요는 없다!

다시 한번 강조하지만 모든 인간의 두뇌는 투자하면 망하도록 최적화되어 있다. 과학 기술이 발달하고 예술과 사상의 세계에서도 발전을 거듭해 놀라운 경

▲ 영상 15

▲ 영상 16

▲ 영상 389

지에 올랐으나 아쉽게도 투자 두뇌는 진화하지 않았다. 오히려 투자에서 잃게 최적화되었다고 해도 과언이 아니다. 우리는 인간이 합리적이고 논리적인 동물이라고 착각하고, 실제로 두뇌를 가동해서 열심히 노력하면 이성적이고 합리적인 판단을 내리는 경우도 가끔 있다. 그러나 이런 경우는 예외적이라고 강조한다. 우리 두뇌는 합리적인 판단에 전혀 익숙하지 않다.

행동경제학에 기여한 공로를 인정받아 노벨 경제학상을 받은 대니얼 카너먼 Daniel Kahneman 교수는 책 《생각에 관한 생각(Thinking, Fast and Slow)》에서, 우리 두뇌에는 두 가지 시스템, 즉 본능적인 능력을 관리하는 시스템 1, 그리고 사고적·논리적 능력을 관리하는 시스템 2가 공존한다고 정리했다.

시스템 1은 다른 동물과 마찬가지로 본능적인 기능을 관리한다. 소리가 나면 그쪽으로 고개를 돌리고, 불에 데면 손을 빼고, 공이 날아오면 피하고, 상대방의 적대감을 직감하는 행위는 시스템 1이 담당한다. 복잡한 계산, 논리적 사고, 합리적 추측 등 정신적 노동이 필요한 경우에는 시스템 2를 사용한다. 예를 들면 2+2 정도의 간단한 계산은 시스템 1이 할 수 있으나 17×23 등 복잡한 계산은 시스템 2를 가동해야 한다.

우리 두뇌에서 시스템 1을 담당하는 편도체는 시스템 2를 담당하는 신피질보다 수백만 년 먼저 만들어졌고 훨씬 강하다. 시스템 1은 단 한 순간도 끌 수 없으며, 본능적인 빠른 반응으로 나타난다. 불에 데면 손을 떼기까지 1초도 걸리지 않는다. 반대로 논리와 합리적 판단에 꼭 필요한 시스템 2는 생긴 지가 얼마 안 되어서 그런지, 의지 없이는 작동하지 않는다. 그리고 작동하면 시스템 1과 비교할 수 없이 많은 에너지를 소모한다. 긴 수학 시험을 보면 피곤한 이유가 있다.

일상생활에서는 대부분 감각적이고 본능적인 시스템 1의 지배를 받고, 아주

가끔 필요한 경우에만 논리적 사고에 필요한 시스템 2를 활용한다. 사람들 대부분은 자신이 95%는 시스템 2로, 나머지 5%는 시스템 1로 움직인다고 착각하지만 현실은 정확히 반대다. 시스템 2 가동률이 계속 그렇게 높으면 에너지 소모가 너무 많아서 죽을 수도 있다. 특히 피곤하고 배고프고 바쁘고 주의가 분산되어 시스템 2를 가동할 에너지가 부족하면 인간은 100% 시스템 1로만 움직인다. 물론 나는 배고프고 피곤하지 않은데도 평생 시스템 2를 사용하지 않는 사람도 꽤 많이 봤다.

일상생활을 하는 데는 시스템 1의 비중이 매우 높아도 큰 문제가 없다. 우리가 모두 그렇게 살고 있고, 간단한 상황에서는 시스템 1에 몸을 맡겨도 안전하고, 오히려 예상치 못한 위험에서 본능적으로 구해주기도 한다. 문제는 투자인데, 투자는 논리적이고 합리적인 판단이 필수다. 주식시장은 직관과 본능으로만 대처하기에는 너무 복잡하다. 수준 높은 합리적 추론과 논리적 사고가 필요할 경우 시스템 1이 내리는 결론은 체계적인 오류, 즉 '편향'을 보인다. 이 '사소한', 일상생활에는 큰 불편함을 주지 않는 편향이 투자를 완전 말아먹는 데 이바지한다. 편향이 어떻게 투자에 개입하는지 곧 살펴보겠지만, 일단 시스템 1에 근거한 편향이 매우 높은 확률로 포트폴리오를 구제 불능 상태로 만든다는 것만 기억하자. 이는 고학력 펀드매니저도 예외가 아니어서 실적이 전반적으로 별로 좋지 않다.

정리하면 투자는 합리적 사고가 필요하므로 시스템 2로 하는 것이 맞는데, 우리 두뇌 구조상 시스템 1의 개입을 절대 피할 수 없다. 그러나 시스템 1을 투자에 접목하면 심각한 오류와 편향이 발생해서 비극적인 결과를 피하기 어렵다.

▶ 영상 514

06

투자를 망치는
심리적 편향 1~10위

투자에 악영향을 미치는 심리적 편향이 무엇이며 이 편향의 지배를 받는 상황을 어떻게 피할 수 있는지 분석하기 전에 중요한 내용을 하나 추가하겠다.

- 우리는 투자 전, 즉 실제로 돈을 투입하기 전에는 시스템 2를 가동해서 어느 정도 합리적인 투자 전략을 만들 수 있다.
- 매수가 시작되어 내 돈이 들어가는 순간, 시스템 2의 비중이 빠르게 줄어들고 시스템 1의 지배를 받게 된다.

조금 더 적나라하게 표현하면, 투자 전에는 인간의 지능을 사용할 수 있지만

▲ 영상 514

▲ 영상 63

▲ 영상 285

투자 후에는 급속도로 원숭이 수준의 두뇌로 퇴화한다. 투자 전 IQ가 200이었든 100이었든 50이었든, 경험이 풍부한 펀드매니저든 큰 상관 없다. 모두 사이좋게 원숭이가 되는 것이다. 나도 마찬가지다(▶영상 63). 일단 돈을 넣는 순간 모두가 원숭이 가족이다.

그러나 반대로 말하면 우리는 원숭이와 경쟁하는 것이기 때문에 조금만 인간답게(?) 투자한다면 다른 투자자들을 어렵지 않게 이길 수 있다. 그 방법을 알아보기 전, 투자 계좌를 깡통으로 만드는 편향부터 알아보겠다.

나는 직간접적인 경험을 통해 투자 심리가 수익에 미치는 영향이 약 80%라는 것을 깨닫고 시스템 1로 생겨나는 편향을 조사한 바 있다. 놀랍게도 투자에 악영향을 미치는 편향이 자그마치 40개가 넘는다! 정말 총알이 날아다니는 전쟁터가 연상된다. 총알 39개를 잘 피하더라도 40번째 총알이 몸을 관통하면 즉사한다. 물론 투자하다가 즉사하지는 않겠지만 자산이 큰 타격을 입을 순 있다. 나중에 자세히 살펴보겠지만 손실이 너무 커지면 회복이 거의 불가능하다. 책에서는 지면 관계상 투자자에게 가장 심각한 편향 10개만 살펴보겠다. 나머지 편향은 내 유튜브 채널에 '투자를 망치는 40여 개의 편향 총정리'라는 4개 영상으로 정리했다(▶영상 285, 290, 292, 299 참조. 영상 318은 내 경험).

암울한 결론부터 말하면 투자를 망치는 심리적 편향 40개의 내용과 원인, 효과를 잘 알더라도 모두 피하기는 상당히 어렵다. 심리적 편향은 두뇌가 수십만 년 진화(?)해서 만들어진 것이므로 그 존재를 인지한다고 해서 사라지지는 않는다. 그래도 편향이 존재한다는 사실 자체를 받아들이고 가끔이나마 "내가

영상 290

영상 292

영상 299

지금 A 편향에 빠졌구나!"라고 자아성찰을 하면 조금 더 현명한 투자 결정을 내릴 수 있을 것이다. 아는 것이 모르는 것보다 낫다.

이 수많은 심리적 편향은 크게 '인지 오류'와 '감정적 편향'으로 나눠진다.

인지 오류

본능적인 시스템 1은 정보를 매우 빨리 분석해서 빛의 속도로 결론을 내놓는데, 우리 두뇌는 정보를 컴퓨터처럼 정확히 논리적으로 분석할 수 없으므로 지름길(heuristics)을 찾게 된다. 단순한 상황에서는 그 지름길이 맞을 가능성이 높지만(예를 들어 공이 갑자기 얼굴 쪽으로 날아오면 피하고 본다), 복잡한 상황에서는 틀리는 경우가 많다는 점이 문제다. 시스템 1은 불완전한 존재여서 확률 계산이 불가능하고 정보를 체계적으로 해석하지 못한다.

감정적 편향

모든 사람은 자존심이 강하고 마음의 고통을 피하고 싶어 한다. 맞다고 인정받는 것을 좋아하고, 실수를 인정하는 것을 극도로 싫어한다. 바보짓을 했다고 인정하기가 상당히 뼈아프고 자신감에 상처를 입기 때문이다. 이미 사람은 자존심을 유지하기 위해, 자기 합리화를 위해 매우 멍청한 짓도 할 수 있다는 점은 알 것이다. 이 현상을 전문 용어로 풀어주겠다.

1위: 손실 회피 편향 + 처분 효과 편향(▶영상 30)

손실 회피 편향은 내가 '주식시장의 히틀러'라고 부르는, 주식시장에서 수십 조 달러 규모의 손실을 안겨준 아주 무서운 편향이다. 일반적으로 사람은 1억 원을 버는 기쁨보다 1억 원을 잃는 슬픔이 2.5~3배 더 강하다. 그래서 손실 확정을 피하려는 것을 손실 회피 편향이라고 한다.

이 책에 소개하는 전략은 대부분 분산 투자를 하고 주기적으로 종목을 교체하고 비중을 맞추는 리밸런싱을 한다. 리밸런싱할 때 손실을 확정 짓는 주식도 많을 것이다. 이런 주식을 팔면 우선 돈을 잃은 것이 매우 분하고 아픈 데다 매수 자체가 실수였다는, 바보짓이었다는 점을 인정하게 되어 자존심에 상처를 입는다. 그래서 대부분은 별의별 합리화를 하면서 손실이 난 주식을 매도하지 않는다. 투자한 기업이 박살 나고 신상품이 망하고 대표이사가 횡령으로 잡혀 들어가고 주가가 계속 내려가는데도 '그래도 5만 원에 샀는데 어떻게 2만 원에 팔아? 본전은 지켜야지!'라고 버티고, 이 기업의 주가가 돌아올 수 있다는 실낱 같은 희망을 버리지 않다. 그렇게 기다리는 것이 매도해서 손실을 확정하는 것보다 덜 고통스러우니까.

'처분 효과'는 손실 회피 편향의 형제라고 보면 된다. 손실 회피 편향 때문에 손실을 확정하는 것이 너무 고통스러우니, 매수한 자산이 조금이라도 오르면 빨리 매도해 수익을 확정하려는 경향이다. 조금이라도 수익을 내면 일단 손실이 아니니까! 그래서 20개 종목에 6개월 동안 투자할 계획이었는데 3주 만에 한 종목이 20% 오르면 잽싸게 팔고 수익을 확정하는 투자자가 허다하다.

"수익을 냈는데 뭐가 문제야?"라며 납득하지 못하는 독자도 있을 거다. 이 책은 최소 20개 기업에 분산 투자하고 주기적으로 리밸런싱하는 포트폴리오 투자를 권장한다. 그렇게 20개 이상 기업에 투자하면 모든 기업이 상승할 가능성은 거의 제로라고 보면 된다. 일부 주식은 오르고 일부 주식은 떨어져도 평균

▲ 영상 318

▲ 영상 30

수익률이 주가지수보다 높으면 된다. 오른 주식들의 평균 수익률이 떨어진 주식들의 평균 손실률보다 높아서 초과수익이 발생하는 것이다. **투자 전략을 통해 초과수익을 달성하려면 오른 주식이든 떨어진 주식이든 리밸런싱 기간까지 보유하고 수익률과 무관하게 팔아야 한다. 그 룰을 철저히 따라야만 초과수익이 나온다.** 수백 퍼센트 오를 주식을 20% 정도 올랐다고 팔아버리고, 40% 손실을 기록한 주식을 본전 심리 때문에 리밸런싱 구간에 팔지 않고 계속 보유하면 전략이 망가지고 초과수익을 달성할 수 없다. 그런데 투자자 다수가 '작은 이익이 나면 팔고, 손실이 나면 절대 안 파는' 방식을 고수한다. 이제 투자자 대부분이 돈을 못 버는 이유를 알 것이다.

2위: 과잉 확신 편향(▶ 영상 31)

이 편향도 인간의 자존심에 근거하는데, 자신이 잘났다고 생각해서 실력과 판단 능력을 과대평가하는 것이다. "당신의 운전 실력을 남들과 비교하면 어느 정도입니까?"라고 질문하면 80%가 '평균 이상'이라고 답한다. 물론 평균 이상의 경력을 갖춘 운전사는 전체 운전사의 50%를 넘을 수 없다.

이 편향은 원시 시대에 생존하는 데 꼭 필요했다. 사냥 실력이 한참 모자란 사냥꾼이 사슴을 못 잡고 집에 왔다고 상상해보자. 객관적인 근거는 없어도 "오늘은 운이 나빠서 못 잡았지만 내일은 잡을 수 있어! 나는 뛰어난 사냥꾼!" 이라고 정신승리를 하고 다음 날 다시 숲으로 뛰어나가는 것이, 사슴을 못 잡았다고 자신의 실력을 책망하고 우울증에 빠져서 동굴에 처박히는 것보다 생존 확률이 훨씬 높았다. 실력은 낮아도 시도해보는 도전 정신이 중요하다!

그러나 투자에서는 과잉 확신 편향이 매우 위험하다. 이 편향에 빠지면 내가 심혈을 기울여 산 주식이 올라가는 것은 '당연'하므로 분산 투자를 할 필요를

느끼지 않는다. 실제로 2020년 말 기준 한국 주식 투자자 33.8%는 1개 종목만 보유하고 61.4%는 1~3개 종목을 보유한다![3] 한국 투자자의 근거 없는 자신감 또는 과잉 확신 편향을 보여주는 통계다.

그런데 현실 세계에서 자산을 한두 종목에 몰빵하면 어떻게 되나? 처음에는 조금씩 벌 수도 있다. 그런데 조금 전 설명한 처분 효과 때문에 큰 수익을 보지 못하고 조금만 벌고 팔 가능성이 크다. 반대로 손실이 나면 손실 회피 편향 때문에 팔지 못하고 미적거리다가 손실이 커진다. 여기에 과잉 확신 편향도 개입한다. 내가 사는 주식은 '당연히' 올라야 하는데 떨어지면 받아들이기가 매우 힘들다. 그래서 더더욱 내가 틀렸다고 인정하기보다는 허황된 본전 만회 꿈을 잡고 버티게 된다. 이렇게 몇 번 반복하면 포트폴리오가 거덜 난다.

3위: 확증 편향

사람은 자신의 생각이나 이론을 뒷받침하는 정보만 받아들이고 나머지 정보를 무시하는 경향이 있다. 즉, 보고 싶은 것만 보고 듣고 싶은 것만 듣는다. 심지어 자신의 생각과 맞지 않는 정보는 아주 빨리 망각해버리는 능력까지 있다. 이 현상을 '확증 편향'이라고 한다. 직장 생활을 하는 사람은 사장이나 임원이 어떤 프로젝트에 꽂히면, 조직원 모두가 알 정도로 쓸모 없는 사업이라도 밀어붙이는 것을 보았을 것이다. 이것이 확증 편향의 대표적인 사례다.

투자에서 확증 편향은 매우 위험하다. 굉장히 멍청한 투자 전략을 사용하거나 매우 이상한 근거로 투자해도 매일 돈을 잃는 경우는 드물다. 대부분 따고

영상 31 ▲

잃기를 되풀이하다가 계좌가 깡통이 되는데, 이상한 근거로 투자한다면 따는 날에는 자신의 논리가 맞아서 올랐다고 생각하고, 잃는 날에는 운이 없어서 깨졌다고 생각하게 된다. 언론 등에서 정보를 얻을 때에도 모든 정보를 자신의 근거 없는 투자를 뒷받침하는 방향으로 해석하고 부정적인 정보(매출 폭락, 적자 전환 등)는 완전히 무시하거나 일시적인 정보라고 과소평가한다.

확증 편향은 객관적인 사실 판단에 전혀 도움이 되지 않는다. 보고 싶은 것만 본다면 투자에서 빨리 망할 가능성이 높다.

4위: 투자 중독

투자는 매우 재미있을 수 있다! 내가 산 종목이 신나게 오르면 세상이 내 것 같다. '그래, 역시 나는 투자의 신이야!' 그러다가 폭락하면 느껴지는 좌절감이란. 주식 앱에서 가격이 오르락내리락할 때 느끼는 전율. 나를 버린 것 같던 주식이 화려하게 컴백해서 수익을 낼 때 느껴지는 짜릿함. 이를 위해 투자 중독자들은 매일매일 불나방처럼 주식시장에 뛰어든다.

원래 게임도 이기기만 하면 시시해서 중독되기 어렵고, 지기만 하면 짜증 나서 중독되기 어렵다. 이기고 지는 것을 반복해야 전율과 자극이 주어져서 중독되기 쉽다. 안타깝게도 '주식 거래'라고 불리는 게임도 여기에 포함된다.

지금까지의 내용을 보면 우리 두뇌의 판단은 심각한 오류와 편향에 사로잡혀 있어서 투자에 주관적인 판단을 자주 적용할수록 구렁텅이에 빠진다. 게다가 거래할 때마다 수수료 등 거래 비용이 생긴다. 그런데 투자 중독자들은 매일매일 사고팔아야 스릴과 만족감을 느낀다.

이 책에 소개하는 전략들은 보통 6개월 단위로 리밸런싱하고 1년에 한 번 리밸런싱하는 전략도 있다. 6개월에 한 번 리밸런싱한다는 것은 중간에는 아무것도 안 한다는 의미다. 나처럼 주식을 직접 사고파는 행위를 귀찮게 여기는 사람에게는 거래가 적으면 적을수록 좋지만, 개별 종목을 사고팔면서 돈을 벌고 잃는 스릴에 익숙한 투자자는 한 달 동안 가만히 앉아서 아무것도 안 하는 것을 참기 어려워한다. 그래서 처음에는 퀀트 전략을 실천하지만 지루하고 재미없어서(?) 개별주 거래로 돌아갔다가 망하는 투자자를 종종 봤다.

5위: 전망 망상 편향(▶ 영상 263)

사람 대부분은 미래를 전망할 수 있다고 믿고, 실제로 투자자 대부분이 끊임없이 미래를 전망한다. 투자는 미래의 가격 변동으로 수익이 결정되니 더 많은 전망을 하게 된다.

앞에서 설명한 것처럼 사람은 과잉 확신 편향과 확증 편향이 심해서, 자신의 전망이 '당연히 맞다'고 믿은 후 여기에 근거해서 투자한다. 조금 더 겸손한 투자자는 자신은 지식이 모자라서 미래를 전망하기 어렵지만 투자 전문가들은 가능하다고 믿는다. 아쉽지만 전문가가 전망을 잘한다는 근거는 어디에도 없다.

필립 테틀록Philip Tetlock 교수는 정치 전문가 284명의 예측 28,000개를 분석한 결과 예측이 맞을 확률이 주사위 던지는 것보다도 못하다고 증명했다.[4] 투자도 크게 다르지 않다. CXO 어드바이저리 그룹은 1998~2012년 투자계의 저명한 전문가 68명의 예측 6,582개를 분석했는데, 50% 이상 맞힌 전문가는 24명에 불과했고, 60% 이상은 8명, 70% 이상은 단 한 명도 없었다.[5]

나는 늘 강의할 때 "우리는 다음 주 수요일 저녁에 무엇을 먹을지도 전망하지

영상 263

못하는데 수천 개 요소로 움직이는 글로벌 경제나 주가를 어떻게 감히 전망한 다는 겁니까?"라고 말한다. 다행히 이 책에는 미래 전망을 전혀 하지 않고도 고수익을 내는 방법들만 담았다.

6위: 통제 환상 편향

사람은 스스로 상황에 개입하면 결과가 더 좋아진다고 믿는다. 물론 금융시장은 거대해서 내가 사고파는 것이 대세에 전혀 영향을 미치지 않는다. 투자에서 성공하는 가장 쉬운 방법은 좋은 전략을 만든 후 그대로 따르는 것인데, 주관적 판단을 배제하고 단순한 전략을 기계처럼 따라 하는 것을 힘들어하는 투자자가 많다. 이성적으로는 이 전략이 좋다는 것을 이해하지만 왠지 내가 조금 개입해서 바꾸면 결과가 더 나아질 것 같다. 그래서 조금씩 전략에 개입하다가 나중에는 전략을 완전히 버리고 즉흥적으로 투자해서 망하는 사람들이 나온다. 매일, 매시간 HTS나 MTS를 지켜보는 행위도 통제 환상 편향에 포함된다. 보유한 종목의 가격을 바라보는 것으로 주가가 오른다면 나도 하루 종일 주가만 바라볼 자신 있다. 안타깝게도 내 시력과 영혼, 감정이 개입된다고 해서 내려가는 주식이 오르지는 않는다.

7위: 사후 편향

인생도 그렇지만 투자는 과정이 결과보다 중요하다. 그러나 사람들 대부분은 의사결정의 질을 과정보다는 결과로 평가하는데 이를 사후 편향이라고 한다.

운의 개입이 적은 바둑 같은 게임에서는 과정과 결과의 상관관계가 높다. 바둑에서 졌다면 실수한 것이 분명하니 실수를 분석해서 실력을 향상시킬 수 있다. 그러나 투자는 특히 단기적으로는 운의 비중이 매우 높다. 지라시에서 본

잡주에 자산을 몰빵하는 멍청한 투자를 해도 돈을 벌 수 있고, 돈을 벌 확률이 매우 높은 전략을 통해 투자해도 돈을 잃을 수 있다. 따라서 과정과 결과가 일치하지 않는 경우가 많다.

이 경우 멍청한 투자를 해서 돈을 따면 결과가 좋았으니 그 방법을 고수할 가능성이 높고, 훌륭한 전략에 투자해서 돈을 잃으면 결과가 안 좋았으니 그 전략을 접는 가슴 아픈 상황이 발생한다. 그래서 다른 전략을 시도하고 그 전략도 언젠가 안 먹히면 접고 또 다른 전략을 찾게 된다.

8위: 통계 감각 결여+스토리텔링의 폐해

시스템 1은 통계에 대한 감각이 전혀 없고 통계를 다루는 방법을 제대로 공부한 사람도 많지 않기 때문에 시스템 2를 가동해도 통계 분석이 불가능한 투자자가 대다수다.

지인이 와서 "내가 매월 두 번째 목요일에 코스피지수 ETF를 사서 세 번째 화요일에 팔았는데 매번 돈을 벌었어. 네 번 연속 통해서 총 1억 벌었다!"라고 하면 합리적인 사람은 "음, 흥미로운 전략이야. 코스피지수 ETF의 일별 데이터를 다운받아서 매월 두 번째 목요일에 사서 세 번째 화요일에 파는 전략을 분석해봐야겠네. 코스피지수 데이터는 40년 정도 쌓여 있으니 해당하는 사례가 480번 정도 있겠군. 기대수익률과 MDD를 분석하고 승률, 벌 때 수익, 깨질 때 손실 등을 분석해봐야겠어"라고 전략을 짜고 백테스트를 한다. 그럼 저 논리가 실전에서 지속적으로 통했는지 가늠할 수 있다.

물론 이렇게 하는 사람은 거의 보지 못했을 것이다. "와, 네 번 연속? 엄청나네! 다음 달 두 번째 목요일에는 꼭 코스피 ETF를 사야지!"라고 다짐한다. 네 번이라는 표본이 턱없이 부족하다는, 통계적으로 무의미하다는 사실을 완전히 간과한다.

인간은 통계에 매우 약한 대신 그럴듯한 스토리텔링에 혹하는 경우가 많다. '최근 1년 동안 오른 주식이 계속 오를 가능성은 X%, 평균 수익률은 Y%, 표준편차는 Z%' 같은 통계보다는 '이 기업은 코로나 백신을 만드는데 거의 완성 단계야. 완성만 되면 이 세상 돈을 다 싹쓸이한대. 지금 안 사면 늦어!' 등의 멋진 스토리에 혹하는 것이 사람의 마음이다. 특히 그럴듯한 스토리가 나와서 자신의 생각이나 이론과 맞아떨어지면(확증 편향!) 최소한의 팩트 체크도 안 하고 그대로 믿어버리는 경향도 매우 높다.

9위: 권위 편향+호감 편향

사람은 권위에 약하다. 똑같은 말이어도 높은 직위, 고학력, 자격증 등 권위가 있는 전문가의 말을 더 신뢰한다. 이게 대부분 분야에서는 상당히 합리적인 선택이다. 건강 문제가 생기면 옆집 아저씨보다는 의사의 말을 믿는 것이 합리적이고, 법 문제가 생기면 변호사에게 가는 것이 유리하다.

그러나 투자는 앞에서 보았듯이 전문가라고 불리는 이들의 수준이 놀라울 정도로 낮은 경우가 많다. 투자는 전망하게 되는데, 아무리 많이 배우고 자격증이 많더라도 미래 전망에 도움이 된다는 근거는 어디에도 없다. 나중에 검증해보면 그들의 예측이 맞는 경우가 매우 적다. 주가지수를 능가하는 수익을 낸 펀드매니저가 드물다는 사실도 벌써 배웠다.

투자자 상당수는 이런 자칭 전문가들의 의견을 그대로 받아들여서 투자에 활용(?)한다. 비슷한 맥락에서 '호감 편향'도 있는데, 똑같은 말이라도 좋아하는 사람에게 들으면 더 잘 믿고 싫어하는 사람에게 들으면 불신하는 경향이다. 또한 투자자 대부분은 자신이 좋아하는 산업이나 종목, 자산군 또는 자신이 사는 나라에 자산 대부분을 투자한다. 이렇게 자기 취향을 지나치게 중요시하는 호감 편향은 객관적인 투자 전략을 수립하는 데 전혀 도움이 되지 않다.

10위: 일관성 결여

일관성 결여는 심리적 편향으로 볼 수 없지만 투자에서는 일관성이 매우 중요하다. 투자에 성공하려면 높은 IQ가 필요 없다. 이 책에 나온 전략 중 맘에 드는 것을 선택해서 수십 년간 따라 하면 된다. 그럼 투자에 실패하기 어렵다.

문제는 사람은 일관성이 부족한 동물이라는 것이다. 똑같은 결과물을 가져가도 상사의 기분에 따라 칭찬받을 수도 있고 된통 깨질 수도 있다는 사실은 직장인 모두가 공감할 것이다. "저놈(주로 상사)은 도대체 왜 저런 거야?"라고 욕하지만 사실 나를 포함한 우리 모두가 '저놈' 못지않게 오락가락한다.

현실에서는 객관적 사실보다 기분, 건강, 배고픔, 피로도, 날씨 등이 의사결정 과정에 지대한 영향을 미치고, 투자에도 예외가 아니다. 물론 기분과 날씨에 기반한 투자 결정이 현명하지 않을 경우가 많다는 것은 눈치챘을 것이다.

카너먼의 《생각에 대한 생각》에 유명한 사례가 나온다. 이스라엘 가석방 판사들은 사건 하나당 평균 6분 검토해서 가석방 여부를 결정하는데, 식사 직후에는 가석방 허용 비율이 65%이고 그 후 계속 하락해서 다음 식사 바로 전에는 0%에 가까웠다. '배고픔' 하나만으로 일관성이 얼마나 망가질 수 있는지 보여주는 흥미로운 사례였다.

지금까지 공부한 내용을 복습해보겠다. 투자자 대부분은 이렇다.

- 일관성 없이 우왕좌왕 그날그날 기분이 내키는 대로 투자한다(일관성 결여).
- 그러면서도 자신이 최고의 투자자이고 정말 투자를 잘한다고 믿는다(과잉 확신).
- 남의 말을 듣지만 자기 견해와 일치하는 말만 듣거나 믿고 나머지 말은 깡 그리 무시한다(확증 편향).
- 그렇게 매수한 주식의 가격이 떨어지면 본전을 회복하기 전에 팔지 않고(손실 회피 편향), 조금 오르면 잽싸게 팔아서 기뻐한다(처분 효과). 따라서 '손실은 짧게, 수익은 길게'라는 투자 격언과 정확히 반대로 투자한다.
- 미래 전망을 할 수 있다는 근거가 없지만 계속 전망한다(전망 망상 편향).
- 통계적인 근거는 찾지 않고 스토리만 그럴듯하면 혹해서 이를 근거로 매매

한다(통계 감각 결여, 스토리텔링의 폐해).

- 돈을 따면 자기가 잘했고 돈을 잃으면 운이 나빴다고 생각하므로 투자하면서 배우는 것이 없고, 과정의 중요성이 아니라 결과만 본다(사후 편향).
- 내가 가장 잘났지만 나보다 투자를 잘 알 것 같은, 권위가 있다고 생각하는 사람의 말을 철석같이 믿거나(권위 편향) 좋아하는 사람 말을 믿거나 내가 좋아하는 자산군, 산업, 기업이나 내가 사는 국가가 늘 좋은 투자처가 아닌데도 집착하는 경향이 있다(호감 편향).
- 하루도 못 참고 HTS를 바라보고 손가락이 늘 근질근질하다. 사고팔면서 느끼는 스릴이 필요한데 다음 리밸런싱까지 한 달, 일 년을 기다리라고? 너무 지루해서 도저히 못 할 것 같다(투자 중독).
- 기적적으로 투자 전략이라는 것을 수립해도 처음에는 좀 따라 하다가 왠지 조금 바꾸면 더 높은 수익이 나올 거 같아서 전략에 개입한다. 조금씩 더 개입하다가 결국 전략을 포기하고 임의로 투자하게 된다(통제 환상 편향).

이런 식으로 투자하면 돈을 따는 것이 오히려 기적이다. 처음에 아래의 두 줄로 요약한 이유를 대충 이해했을 것이다.

- 우리 두뇌는 투자하면 망하도록 최적화되어 있다.
- 사람의 주관이 투자 과정에 개입하는 것이 모든 불행의 시작이다.

이래도 "남들은 저럴지 몰라도 나는 안 그래. 나는 지능이 높거든. 멍청한 놈들!"이라고 과잉 확신 편향을 보이는 투자자가 많다. 이 편향을 설명하는 나도 나만큼은 저 멍청한 투자자 무리에 속하지 않는다고 굳게 믿으면서 살고 있다!

2018년 1월경, 지인이 암호화폐에 입문하는 것을 옆에서 지켜볼 기회가 있었다. 그녀는 지적 수준이 나보다 높고 베스트셀러도 펴냈다. 투자하기 전에 제대로 공부하겠다며 내 책 《가상화폐 투자 마법공식》을 읽고 내 강의도 여러 번 들었으니 사전 준비는 암호화폐 투자자 대부분보다 잘했다고 볼 수 있다. 그런데 나는 그녀가 투자를 시작한 후 보인 행동에 놀라움을 금하지 못했다.

그녀는 1월 20일 주요 암호화폐 거래소들이 신규 계좌를 여니 암호화폐를 사고 싶은 사람들이 몰려와서 가격이 올라갈 것이라는 소문을 듣고(스토리텔링의 폐해+전망 망상 편향), 1월 6일 180만 원을 암호화폐 10개에 분산 투자했다. 1월 20일 이후 암호화폐 가격이 크게 오를 거라는 자신의 판단을 굳게 믿었고, 그 판단이 틀릴 거라는 생각 자체를 하지 않았다(과잉 확신). 내가 옆에서 "그렇게 현명한 전략 같지 않은데요"라고 조언했으나 들은 척도 하지 않았다(확증 편향).

그녀가 수립한 전략은 1월 20일 이후 암호화폐 가격이 '당연히' 올랐다가 5일 이동평균선 아래로 하락하면 매도하는 것이었다. 1월 11일, 그녀의 포트폴리오는 −20%를 기록했고, 그녀는 본전만 회복하면 싹 팔아버리고 암호화폐시장을 떠나겠다고 선언했다(손실 회피 편향+일관성 결여). 그런데 이날 포트폴리오를 보니 10개 암호화폐 중 1개가 사라지고 9개만 남아 있었다. 이유를 물어보니 그 화폐를 통해 1만 원 수익이 나서 잽싸게 팔았다는 답이 돌아왔다(처분 효과). 1월 13일, 다행히 포트폴리오가 본전을 회복했고 그녀는 싹 팔고 암호화폐시장을 영원히 떠났다. 1월 6일부터 13일까지 그녀와 정상적인 대화를 할 수 없었다. 계속 핸드폰으로 암호화폐 시세를 확인했기 때문이다(투자 중독, 통제 환상 편향).

나는 이 1주일 동안 높은 지성과 지능을 겸비한 정상인이 내가 앞에서 설명한 10대 편향을 모두 드러낸 것에 경악했다. 아, 내 말을 제대로 듣지 않았으니 권위 편향+호감 편향은 없었다. 그런데 이 사람을 비웃기 전에 여러분은 이런 편향을 보이지 않았는지 한번 생각해보기 바란다.

이제 우리는 아름답지 않은 현실을 알게 되었다. 우리 두뇌는 오류와 편향에 오염된 시스템 1의 지배를 받는다. 내키는 대로 투자하면 이 편향들이 틀림없이 포트폴리오를 잡아먹는다. 도대체 어떻게 해야 할까?

08 두뇌 편향을 극복하는 방법

성공 투자를 막는 최대의 적은 시장이 아니고 정부도 아니고 세력도 아니다. 앞서 본 두뇌 편향이 투자를 망치고 계좌를 깡통으로 만드는 것이다! 게다가 두뇌가 어떻게 돌아가는지 파악했다고 해서 그 편향들이 사라지는 것은 아니다. 수십만 년의 진화를 거듭해서 생겨난 편향이 우리가 인지하는 순간 사라지지는 않는다.

이런 핸디캡을 극복할 방법 몇 가지를 알려주겠다.

나는 원숭이다! 내가 따면 운, 내가 잃으면 당연한 것!(▶영상 76)

투자 심리 편향을 살펴보면 근거 없는 자신감이 투자를 얼마나 망치는지 느꼈을 것이다. 투자자 대부분은 따면 자기 실력이라고 생각하고, 깨지면 운이 안 좋았다고 생각하거나 남 탓을 한다(자기 본위 편향). 사실 나도 그런 경향이 조금 있다. 아니, 사실 많이 있다.

투자는 마인드가 중요한다. 반대로 생각해보자. 시장에는 보이지 않지만 엄청난 실력과 정보, 지식을 갖춘 괴물 같은 투자자들도 있고, 천재 수백 명을 모아서 시장에서 수익을 극대화하는 방법을 밤낮 연구하는 헤지펀드들도 있다. 그 앞에서 끝없이 겸손해지면서 "나는 원숭이다!"라고 외쳐보고 '내가 따면 운, 잃으면 당연한 것!'이라고 생각해보라. 그리고 이 과정을 매주 반복하라. 처음에는 어렵지만 여러 번 하면 습관이 되어서 쉬워짐과 동시에 과잉 확신 편향을 피할 수 있다.

그리고 돈을 베팅하기 전 '나는 이번 투자에서 틀림없이 잃을 거야. 나는 원숭이니까!'라고 다짐해보라. 근거 없는 자만심에서 다소 벗어날 수 있을 것이다. 원숭이가 돈을 잃는 것은 당연하지 않은가.

그렇게 투자해서 실제로 돈을 잃고 리밸런싱이나 매도를 할 시기가 오면 '그렇지! 역시 나는 원숭이였어! 내가 시장에서 돈을 번다는 게 말이 돼?'라고 생각하면서 자연스럽게 매도 버튼을 누르면 된다. 이렇게 해서 본전을 아까워하는 손실 회피 편향을 피한다.

반대로 돈을 벌었을 때는 '어라? 내가? 내가 돈을 벌었다고? 참 운이 좋았네. 어떻게 이럴 수 있지? 에이, 조금만 지나면 틀림없이 돈을 잃을 거야!' 하면서 리밸런싱 시기까지 기다리자. 이렇게 해서 조급하게 이익을 실현하는 처분 효과 편향을 피한다.

이렇게 잃는 것을 당연히 여기고 버는 것을 운으로 생각하는 자세를 유지하면 투자가 매우 편해진다. 그러면 아이러니하게도 높은 확률로 기대 이상의 수

영상 76 ▲

익을 낼 수 있다!

안타깝게도 투자자 대부분은 반대로 투자한다는 점은 이미 배웠다. "벌면 내가 잘해서, 깨지면 남들 때문에"가 기본 자세인데, 이렇게 투자하면 심리적으로 피폐해지는 것은 물론이고 자신의 실수를 인정하기 싫어서 손실 회피 편향과 처분 효과 편향에 빠지기 쉽다. 우리는 정반대로 투자해보자. 손실 회피 편향, 처분 효과 편향, 과잉 확신 편향만 피해도 가장 위험한 편향은 피한 거다.

직접 백테스트는 필수!(▶ 영상 74)

퀸트 전략은 매수와 매도 규칙이 명확하므로, 이 전략을 과거에 시행했으면 수익이 어느 정도인지, 안 풀릴 때는 손실이 어느 정도인지, 손실을 만회하는 데 얼마나 소요되었는지 분석할 수 있다. 이 시뮬레이션이 백테스트인데, 어떤 투자 전략을 쓰든지 백테스트를 꼭 직접 해보기를 권한다. 물론 내가 이 책에서 한 백테스트를 그대로 믿고 투자해도 된다. 그러나 백테스트를 직접 해봐야 전략을 깊이 이해하게 된다.

어느 시뮬레이션도 현실을 완벽히 반영하지는 못해서 백테스트를 하는 사람의 가정이 어느 정도 포함되는데, 그걸 아느냐 모르느냐가 실전에서 큰 차이를 낳는다. 투자를 깊게 연구하는 사람은 백테스트에 들어간 가정이나 조건 몇 가지를 바꿔보고 싶다는 생각, 그렇게 하면 결과가 어떻게 변할까 하는 궁금증이 늘 생기는데, 이런 것은 직접 백테스트를 해야만 알아낼 수 있다. 이 책에 나오는 내용을 참고하고 몇 가지 조건을 변경해서 더 우수한 전략을 만들 가능성이 매우 크다. 실제로 내가 《할 수 있다! 퀸트 투자》에 소개한 전략을 변형해서 더 높은 수익을 냈다는 감사 인사를 받은 적도 많다. 예를 들면 기존 전략에 몇 가지 자산을 추가하거나 제거할 수 있고, 투자 기간을 변경할 수도 있고, 전략 일부에서 과최적화 가능성이 보이면 그 부분을 바꿔서 다시 백테스트할 수도 있다.

데이터 소스와 백테스트 참고 사이트

데이터 소스		
개별 종목 주가, 주가지수	Investing.com	www.investing.com
	Stooq	www.stooq.com
	MSCI 지수	www.msci.com/real-time-index-data-search
투자 팩터	Kenneth French Data Library	mba.tuck.dartmouth.edu/pages/faculty/ken.french/data_library.html
백테스트		
자산 배분 (정적, 동적)	Portfolio Visualizer (부분 유료)	www.portfoliovisualizer.com
개별 종목	퀀트킹(유료)	cafe.naver.com/quantking
	젠포트(유료)	genport.newsystock.com
정리된 백테스트 데이터	Allocate Smartly(유료)	www.allocatesmartly.com
	Portfoliocharts(무료)	www.portfoliocharts.com

이번 책에서는 다음 두 소스를 통해 백테스트를 진행했다.

에프앤가이드의 데이터+엑셀

《할 수 있다! 퀀트 투자》를 쓸 때부터 사용한 방법으로, 에프앤가이드FN Guide의 재무제표와 가격 데이터를 받아서 분석했다.

영상 74 ▲

이 방법의 장점은 내가 모든 계산을 직접 하니 백테스트 결과를 가장 확신할 수 있고, 2000~2020년 데이터를 확보해서 상대적으로 백테스트 구간이 길며, 생존 편향이 없다는 것이다.

용어 설명

생존 편향이란?

생존 편향이 있는 데이터는 현재 상장된 기업의 데이터만 활용하고, 생존 편향이 없는 데이터는 과거에 상장되었으나 지금은 사라진 기업까지 포함한다.

주식시장에 상장한 기업은 영원한 것이 아니다. 기업 실적이 안 좋아서 파산하거나 합병당하거나 이런저런 이유로 상장을 포기하고 비상장기업이 되는 경우가 상당히 많다. 2005~2014년 구간에 상장되어 있다가 2014년 상장폐지된 기업이 있다고 가정해보자. 내가 2010년에 투자했다면 분명히 잠재 투자 대상인데, 이 기업은 생존 편향이 있는 데이터에는 포함되지 않고 생존 편향이 없는 데이터에는 포함된다.

과거에는 상장되었지만 이제는 사라진 기업들의 수익률은 그다지 높지 않다. 훌륭한 기업이면 합병되지 않는 이상 상장폐지될 가능성이 낮으니까. 따라서 생존 편향이 없는 데이터를 사용한 백테스트 수익률이 가장 현실적이다. 퀀트킹 데이터의 가장 큰 약점이 이 생존 편향이 있다는 점이다.

단, 내가 두 데이터로 백테스트해서 비교해보니 '생존 편향이 전략의 유효성 자체를 바꾸진 않는다'라는 결론을 내렸다. 즉, 생존 편향이 있는 데이터를 사용하면 백테스트 수익률이 어느 정도 부풀려지는 것이 사실이지만, 그 정도로 별 볼 일 없는 전략은 좋은 전략이 아니다.

이 방법의 단점은 우선 오래 걸린다는 것이다. 나는 파이썬, R 등 코딩 기술이 없어서 엑셀로 백테스트하는데 1회에 짧으면 15분, 복잡하면 한 시간 이상 걸리는 경우도 많았다. 또 내가 수행하면서 실수할 가능성도 있다. 계산을 잘못하고서 나중에 알아차리는 경우도 많은데, 꼼꼼하게 점검했지만 알아차리지 못한 경우도 분명 있을 것이다.

퀀트킹 소프트웨어(▶ 영상 433)

한국에서 백테스트할 수 있는 도구는 두 가지다. 뉴지스탁의 젠포트와, 내가 주로 사용하는 퀀트킹의 소프트웨어다. 이 책은 외국에서 썼는데, 현지 인터넷 사정 때문에 젠포트는 다소 오래 걸려서 좀 더 빠른 퀀트킹을 선택했다.

이 방법의 장점은 이렇다. 우선 백테스트 한 번이 40초에 끝나니 한 시간에 수십 번 확인할 수 있다. 이 장점이 모든 단점을 만회하고도 남는다. 또 매월 데이터가 업데이트된다. 월간 수익률, 연복리수익률, MDD와 수익 차트 등이 자동으로 생성된다. 전략을 만들면 그에 적합한 종목들을 손쉽게 찾을 수 있다.

단점은 2007~2021년 데이터를 사용해서 상대적으로 백테스트 구간이 짧다는 점, 생존 편향이 있는 데이터를 사용한다는 점이다.

초보자는 퀀트킹 소프트웨어를 사용하기를 강력 추천한다. 프로그램 지식이 전혀 없어도 되고, 팩터 수백 개를 조합해서 손쉽게 전략을 만들고 관련 종목을 찾아볼 수 있다.

퀀트킹 백테스트 화면은 70쪽 위의 그림과 같다. 코스피+코스닥 모든 종목에서 중국 기업, 스팩(SPAC) 기업, 금융사, 지주사를 제외하고 분기 1회 리밸런싱하는 조건으로 백테스트했다. 이 전략은 9장에 나오는 '신마법공식'으로서 PBR과 GP/A 순위가 가장 높은 20개 기업에 투자하는 조건이다. 백테스트 버튼을 누르면 40초 만에 70쪽 아래의 결과가 나온다. 이처럼 전략의 누적 수익률, 연평균 수익률, MDD, 승률 등 상세한 통계가 제공된다.

▲ 영상 433

퀀트킹 백테스트 샘플 화면

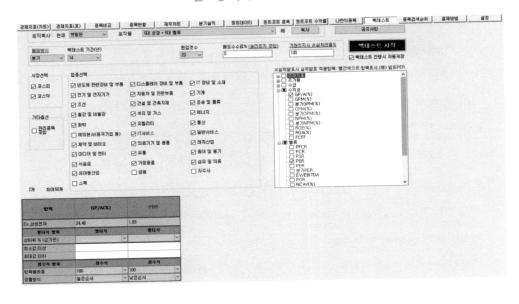

백테스트 결과

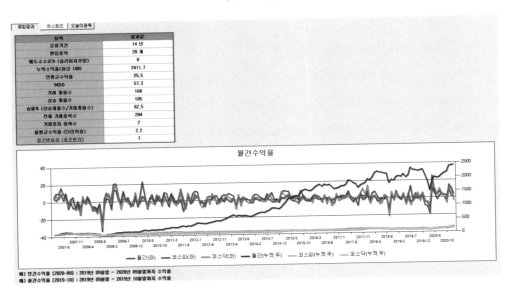

예) 연간수익률 [2020-09] : 2019년 09월말 ~ 2020년 09월말까지 수익률
예) 월간수익률 [2019-10] : 2019년 09월말 ~ 2019년 10월말까지 수익률

백테스트 결과, 월별 및 연간 수치

월별 통계	1월	2월	3월	4월	5월	6월	7월	8월	9월	10월	11월	12월
월평균 수익률	2.8	3.4	5.1	7.5	2	-0.1	5.2	-1.4	1	-2.3	-0.1	2.7
거래 개월수	14	14	14	14	14	14	14	14	14	14	14	14
상승 개월수	10	12	9	12	9	6	11	5	8	7	6	10
승률(상승개월/거래개월)	71.4	85.7	64.3	85.7	64.3	42.9	78.6	35.7	57.1	50	42.9	71.4

연간수익률	2008-1	2009-1	2010-1	2011-1	2012-1	2013-1	2014-1	2015-1	2016-1	2017-1	2018-1	2019-1	2020-1
수익률	36.3	-32.0	71.4	74.9	48.2	37.8	19.1	45.4	57.1	6.3	18.1	3.2	2.9
코스피	19.3	-28.5	38.0	29.3	-5.6	0.3	-1.0	0.4	-1.9	8.0	23.9	-14.1	-4.1
코스닥	5.7	-40.1	36.4	5.0	-1.3	-2.3	2.0	14.9	15.5	-9.7	48.5	-21.5	-10.4

연간누적수익률	2008-1	2009-1	2010-1	2011-1	2012-1	2013-1	2014-1	2015-1	2016-1	2017-1	2018-1	2019-1	2020-1
수익률(원금 100)	136.3	92.7	158.7	277.3	410.5	566.4	675.2	982.4	1,544.9	1,644.9	1,943.9	2,006.3	2,063.9
코스피(원금 100)	119.3	85.4	117.8	152.3	143.8	144.2	142.7	143.3	140.6	151.9	188.3	161.6	155.1
코스닥(원금 100)	105.7	63.3	86.4	90.7	89.5	87.5	89.2	102.5	118.4	106.9	158.8	124.7	111.7

월간수익률	2007-2	2007-3	2007-4	2007-5	2007-6	2007-7	2007-8	2007-9	2007-10	2007-11	2007-12	2008-1	2008-2
수익률	5.6	10.6	9.7	16.9	9.5	8.3	-7.3	0.0	-6.9	-6.6	1.6	-6.3	3.0
코스피	4.2	2.5	6.1	10.3	2.5	10.8	-3.1	3.9	6.1	-7.7	-7.7	-14.3	5.4
코스닥	4.3	8.0	4.2	10.7	4.1	4.2	-4.6	2.6	1.9	-8.4	-5.1	-13.5	7.7

월간누적수익률	2007-2	2007-3	2007-4	2007-5	2007-6	2007-7	2007-8	2007-9	2007-10	2007-11	2007-12	2008-1	2008-2
수익률	105.6	116.8	128.2	149.9	164.1	177.7	164.8	164.7	153.4	143.3	145.5	136.3	140.5
코스피(원금 100)	104.2	106.8	113.3	125.0	128.1	142.0	137.6	142.9	151.6	140.0	139.3	119.3	125.8
코스닥(원금 100)	104.3	112.6	117.4	129.9	135.3	140.9	134.5	138.0	140.6	128.8	122.2	105.7	113.8

전략에 알맞은 종목 제시

종합결과 | 히스토리 | 오늘의종목

오늘의 매수 종목

파일로 내려받기

보유종목	코드번호	종목명	주가	업종(소)	순위
종목보기	084870	TBH글로벌	1,735	의류	1
종목보기	030200	KT	24,200	통신서비스	2
종목보기	069640	한세엠케이	3,410	의류	3
종목보기	058860	KTIS	2,715	통신서비스	4
종목보기	016090	대현	2,150	의류	5
종목보기	053210	스카이라이프	8,550	미디어	6
종목보기	058850	KTCS	2,355	컨택센터	7
종목보기	093050	LF	15,050	의류	8
종목보기	100220	비상교육	6,460	교육	9
종목보기	095570	AJ네트웍스	4,050	운송인프라	10
종목보기	037560	LG헬로비전	4,660	미디어	10
종목보기	005800	신영와코루	97,500	의류	12
종목보기	032640	LG유플러스	12,500	통신서비스	13
종목보기	057050	현대홈쇼핑	81,600	홈쇼핑	14
종목보기	028150	GS홈쇼핑	139,900	홈쇼핑	15
종목보기	071840	롯데하이마트	39,150	유통	16
종목보기	204020	그리티	2,955	의류	17
종목보기	084110	휴온스글로벌	27,400	제약	18
종목보기	007540	샘표	48,400	식료품	19
종목보기	009270	신원	1,470	의류	20

월별과 연간 수치도 볼 수 있고, 마지막으로 오늘 이 전략에 맞는 종목도 알려준다.

직접 데이터를 굴려서 전략을 개발하고 이런저런 시나리오를 분석해봐야 전략에 대한 믿음이 강해진다. 투자해보면 알게 되듯이 강한 믿음이 있어야만 편향을 이기고 전략을 지속할 힘이 생긴다. 여기서 바로 다음 포인트로 넘어간다.

한번 정한 전략은 끝까지 밀고 간다!(▶영상 63, 74, 192)

이 책에는 수익률이 만족스럽고 MDD도 낮은 전략이 나온다. 어떤 종목을 어떤 논리로 매수하고 언제 리밸런싱해야 하는지도 나온다. 여러분이 내 조언을 따라 백테스트도 직접 철저히 했으면 금상첨화다.

그런데 정작 실전에 들어가면 오만 가지 상황을 경험할 것이다. 전략에 맞추어 종목을 샀는데 바로 다음 날부터 모든 종목이 사이좋게 박살 나는 경우도 있다. 분명 몇 종목은 손실이 날 텐데 본전을 강조하는 손실 회피 편향 때문에 팔기가 너무 싫다. 반대로 전략을 실행하는 동안 특정 주식이 엄청나게 올랐다. 지금 안 팔면 조만간 다시 추락할 것 같아서 수익을 확정하고 싶다(처분 효과). 또 전략을 믿고 주식을 샀는데 TV에서는 주식시장이 하락할 수밖에 없다고 주장하는 전문가들이 판친다. 이들의 말이 왠지 그럴듯해 보인다. 전문가잖아(권위 편향). 투자한 금액이 커질수록 사람은 약해지고 흔들린다. 많이 흔들린다. 이러면 선택한 전략을 끝까지 밀고 나가지 않고 중간에 수정하고 싶은 강한 유혹에 빠진다. 그러나 그 유혹에 굴복하면 절대 안 된다.

인간은 위에 설명한 각종 편향에 노출되어 있다. 그래도 매수 전, 즉 내 돈을 직접 투입하기 전까지는 어느 정도 시스템 2를 사용해 합리적인 생각을 할 수 있다. 문제는 돈이 투입되는 그 순간 인간은 모든 이성을 잃고 100% 시스템 1로 움직이는 원숭이가 된다는 점이다. 여러분이 깊은 고민 끝에 송파구에 집을 샀다고 상상해보자. 사기 전에는 나름대로 다른 지역 집도 보고 여러 정보를 비교했을 것이다. 그러나 집을 산 후에는? '당연히' 송파구 관련 좋은 정보는 '개념 있는 정보', 그렇지 않은 정보는 '가짜뉴스'가 된다. 돈을 투자한 후에는 확증 편향의 노예가 된다.

　그래서 우리는 아직 시스템 2를 쓸 수 있을 때, 즉 인간으로 남아 있는 동안 언제 매도할지 결정해야 한다. 좀 더 적나라하게 말하면, 선택한 전략을 임의로 수정하는 것은 인간의 고귀한 작품에 감히 원숭이가 손을 대는 것이다. 절대로 이성의 작품에 편향과 망상이 개입하게 하면 안 된다. 투자 전략 중에서 완벽한 것은 어디에도 없다. 물론 내가 매수한 모든 종목이 하루도 멈추지 않고 우상향하면 좋겠지만 그럴 일은 절대 없을 것이다. 이 책은 100점 만점에 80~90점 수준의 전략을 소개하는 것이 목적이다. 그러나 전략을 끝까지 실행해야만 80~90점이라도 받을 수 있다. 투자자 대부분은 80~90점 전략에 자신이 개입하면 95점으로 올릴 수 있다고 착각하는데(과잉 확신+통제 환상 편향) 결과는 대부분 처참하다. 우리는 각종 편향에 노출되어 있기 때문에 80점 유지도 못하고 30점짜리 결과를 얻을 가능성이 훨씬 높다는 점을 명심하라.

　그렇다면 전략을 선택하면 영원히 고수해야 하나? 그렇지는 않다. 나는 매수 전에 전략을 선택하고 이를 유지하는 기간을 정한다. 보통 6개월 단위로 투자하는데, 매수 후 6개월 동안은 전략을 절대 바꾸지 않고 전략의 규칙을 노예처럼 따른다. 매수 전 만든 전략은 100점 만점에 80점이지만 내가 개입하는 순간 그보다 훨씬 못한 결과가 나온다는 사실을 경험으로 안다. 나도 두뇌의 편향에서 전혀 자유롭지 못하니까.

▲ 영상 63

▲ 영상 74

▲ 영상 192

그럼 그 6개월 동안은 무엇을 하느냐고? 새로운 전략을 연구하거나 기존 전략을 업데이트할 방법을 생각해보고 그 내용을 백테스트한다. 투자한 것이 아니니 어느 정도 객관적으로 바라볼 수 있다. 2월 1일부터 7월 31일까지 어떤 전략에 투자한다고 가정했을 때, 이 기간 동안 새로 연구한 전략이 조금 더 우수하다고 판단하면 8월 1일에 새로운 전략으로 갈아탄다. 더 좋은 전략을 찾지 못했다면 기존 전략을 유지한다. 이 신규 전략에 8월 1일부터 내년 1월 31일까지 투자한다고 결심했으면 그 6개월 동안은 **절대 개입하지 않는다.** 다시 한번 강조하고 싶다. 성공 투자에 가장 중요한 습관은 자신이 설정한 기간 동안 자신이 정한 전략을 그대로 실천하는 것이다. 어떠한 상황에서도 그 전략에서 어긋난 행동을 하지 않는 것이 중요하다. 이것만 지키면 당신은 부자가 될 수 있다.

이렇게 실전 투자와 다음 전략 연구를 반복하다가 언젠가 자신에게 딱 맞는 전략 또는 전략들을 찾을 수도 있다. 또는 '연구하면 더 좋은 전략들이 나오겠지만 나는 이 정도로 만족하겠다'에 도달할 수도 있다. 그럼 죽을 때까지 그 전략으로 투자하면 된다. 나는 아직 그 경지에 도달하지 못했다. 아마 평생 도달하기 어려울 것이다. 기발한 신규 투자 기법을 소개하는 논문과 자료가 거의 매일 쏟아지고, 나는 그런 자료를 연구하는 게 정말 즐거우니까!

Quantitative Investment

3장 투자의 목표

▶ 영상 138

09 경제적 자유를 이루려면 얼마나 필요할까?

1장에서 우리는 좋든 싫든 언젠가는 일할 수 없는 나이가 되고 이후 모아놓은 자산을 투자하면서 먹고사는 '전업 투자자'로 살아야 한다고 배웠다. 무서운 점은 100세 시대에는 노동 수익 없이 전업 투자자로 사는 기간이 30~40년, 또는 그보다 더 길어질 수도 있다는 것이다.

투자의 목표는 무엇일까? 아마 금전적 걱정에서 해방되는 것이 가장 중요할 것이다. 은퇴할 때까지 자산을 충분히 축적해야만 죽을 때까지 굴려서 먹고살 수 있다. 그런데 구체적으로 얼마를 모아야 은퇴하는 시기에 경제적 자유를 누리고 풍족한 노후를 보낼 수 있을까? 이 금액이 최소 투자 목표다. 그런데 어느 정도인지 아는가?

기업 대부분은 매년 직원들에게 연간 목표를 주고 달성 여부에 따라 보너스를 지급한다. 목표가 있어야 직원들의 에너지를 집중할 수 있으니까. 투자도 예외가 아니다. 무작정 투자를 시작하기 전 도대체 얼마를 벌어야 하는지, 최소 목표는 무엇인지 생각하는 것이 첫 번째 관문이다. 이 질문에 답하면 매월 저축할 금액이 얼마인지, 어느 정도의 투자 수익을 달성해야 하는지 등에도 답할 수 있다. 매우 안타까운 점은 직장인들은 회사 목표는 어떻게든 달성하는데 정작 개인적인 목표에는 소홀하거나 아예 그런 목표가 없는 경우가 대부분이라는 것이다!

강의하다가 "자산이 어느 정도면 안전하게 은퇴할 수 있을 것 같습니까?"라고 물으면 "20억 원"이라는 대답이 가장 많았고 대담한 사람은 "100억 원"이라고 대답했다. 그 금액이 적절한 이유를 구체적으로 설명한 사람은 아쉽게도 아직 없었다.

사실 경제적 자유를 얻는 데 필요한 금액은 사람마다 천차만별이다. 지출 금액과 투자 실력이 천차만별이기 때문이다. 지출이 적은 사람은 필요한 자산이 적으니 상대적으로 빨리 경제적 자유에 도달할 수 있고, 투자 실력이 뛰어난 사람은 만족할 만한 수입을 얻는 데 필요한 자산이 적으니 상대적으로 적은 금액으로 도달할 수 있다.

이 금액을 쉽게 계산하는 방법이 있다. 내 유튜브 구독자 한 분이 '낙원 계산기'라는 도구를 만들었는데, 구글에서 '낙원 계산기'로 검색하면 쉽게 찾을 수 있다. 사이트(https://keep-ones.me/#/paradise-calculator)에 가면 다음과 같이 나온다(▶ 영상 138).

이 책에 있는 투자 기법을 사용하지 않아도 좋다. 한 번만이라도 낙원 계산기를 통해 경제적 자유 도달에 필요한 금액이 얼마인지, 어느 정도 돈을 모으면

▲ 영상 138

걱정 없는 은퇴가 가능한지 계산해보기를 강력히 추천한다.

당신의 자산 목표 금액은?

현재의 자산과 저축금액을 입력해서 은퇴시점의 자산이 어느정도 수준인지 계산해보세요.
그리고 자산/저축/은퇴시점/수익율을 수지를 조절 하면서 재정 목표치를 정해보세요.

자산:2억 저축:1200 은퇴:10년후 수익:10% 매제 ☑

		저축금액(연)	
보유 자산			
은퇴기간 동안 자본소득을 발생 시키는 자산 금액입니다	만원	한해 동안 저축 가능한 금액입니다	만원
은퇴시기	명목 수익율		저축 증가율
은퇴까지 남은 기간을 입력해주세요	년 후	목표 명목수익율 (숫자만 입력)	% 2 %
은퇴 후 자산	근접 낙원 월 금액		

자산 * 수익율 * 은퇴시기 * 저축금액 * (수익율 * 은퇴시기 - 저축증가율 * 은퇴시기) / (실질수익 은퇴 후 자산과 가장 근접한 낙원금액은 월 금액과 실질 수익율

여기서 '낙원'이란 일하지 않고도 평생 원하는 생활을 할 수 있는 재정 상태를 의미한다. 만족스럽게 사는 데 월 500만 원이 필요한 경우, 정기적인 자본소득이 월 500만 원 이상이면 낙원 또는 경제적 자유에 도달한 것이다.

낙원 계산기에 아래 항목을 입력해보자.

낙원 계산기 인풋 항목

■ 보유 자산: 현재 보유한 순자산(자산−부채)(단위: 만 원)

■ 저축 금액: 1년간 저축하는 금액(단위: 만 원)

■ 은퇴 시기: 희망하는 또는 강제적으로 은퇴해야 하는 시기(단위: 지금부터X년 후)

■ (투자) 명목 수익률: 은퇴 시기까지 달성할 수 있는 연복리수익률(단위: %)

■ 저축 증가율: 인플레이션율과 동일(단위: %, 저축하는 금액도 매년 인플레이션과 동일하게 증가한다고 가정)

기본 시나리오로 28세에 사회생활을 시작하는 김철수를 가정해보겠다. 보유 자산은 0, 저축 금액은 연 1,200만 원(월 100만 원), 은퇴 시기는 30년 후, 명목 수익률은 연 8%, 저축 증가율(인플레이션율)은 2%라고 가정하자.

그러면 위와 같은 결과가 나온다. '은퇴 후 자산'을 보면 김철수는 지금 당장 돈이 한 푼도 없어도 월 100만 원씩 꼬박꼬박 저축하고, 저축액을 매년 2% 늘리고, 저축액을 투자해서 연 8% 수익을 내면 30년 후 16억 5천만 원 정도의 순자산을 소유하게 된다. 옆에 있는 '근접 낙원 월 금액'은 은퇴 후 이 금액을 연복리수익률 8%로 투자할 경우, 원금을 건드리지 않으면서도 죽을 때까지 현재 가치로 월 450만 원 정도 지출할 수 있다는 뜻이다.

Q. 16억 5천만 원을 8%로 투자하면 매년 수익이 1억 3,200만 원인데 왜 월 450만 원만 쓸 수 있는가?

A. 연 물가 상승률 2%를 고려하면 현재 450만 원은 30년 후 815만 원과 같다. 투자수익 1억 3,200만 원, 월 1,100만 원을 쓸 수 있을 것처럼 보이지만 다 쓰면 인플레이션 때문에 원금 가치가 훼손되므로 수익 일부는 저축해 원금을 불려나가야 한다.

김철수가 월 450만 원으로 풍족한 노후를 즐길 수 있다고 생각한다면 이렇게 하면 된다. 지금 당장 한 푼도 없어도 첫해에 매달 100만 원 저축하고, 저축액을 연 2% 늘리고, 그 종잣돈을 투자해서 30년 동안 8% 수익을 내는 것이다. 이 정도는 직장인이 감당할 만할 테니, 젊을 때부터 착실히 돈을 모으고 투자하면 누구나 경제적 자유에 도달할 수 있다.

그런데 이 시나리오에는 가정이 몇 개 들어가 있다. 나머지를 기본으로 유지하면서 항목 하나를 조금씩 조정하면 경제적 자유에 도달하는 데 중요한 요소들을 파악하게 된다.

■ **보유 자산**: 사회생활을 시작할 때 부모님의 지원금 등 자산이 있을 경우 은퇴 후 자산과 지출 가능 금액이 상당히 증가한다.

보유 자산(만 원)	은퇴 후 자산(억 원)	은퇴 후 월 지출 가능 금액(만 원)
0(기존 시나리오)	16.50	450
5,000	21.53	600
10,000	26.57	750
20,000	36.63	1,000

위 표에는 포함하지 않았지만 보유 자산 2억 원을 연 8%로 투자할 경우, 저축을 한 푼도 하지 않아도 30년 후 자산이 20억 1,300만 원이 되어 월 550만 원씩 지출할 수 있다. 젊은 나이에 재산을 축적하는 것이 이렇게 중요하다.

■ **저축 금액**: 저축 금액을 바꾸어보면 은퇴 후 자산이 저축액과 비례하는 사실을 확인하게 된다. 저축을 많이 할수록 자산이 더 빨리 증가해 은퇴 후 더

많은 지출을 할 수 있다.

연 저축 금액(만 원)	은퇴 후 자산(억 원)	은퇴 후 월 지출 가능 금액(만 원)
600	8.25	250
1,200(기존)	16.50	450
1,800	24.75	700
2,400	33.01	900

■ 은퇴 시기: 은퇴 시기도 은퇴 후 자산에 큰 영향을 준다. 투자 기간이 길어질수록 복리 효과 때문에 저축액이 불어나는 속도가 점점 빨라지기 때문이다.

은퇴 시기(년)	은퇴 후 자산(억 원)	은퇴 후 월 지출 가능 금액(만 원)
20	6.35	200
25	10.42	300
30(기존)	16.50	450
35	25.57	650

■ 명목 투자 수익률: 경제적 자유 달성과 은퇴 후 지출 금액에 가장 많은 영향을 미친다.

투자 수익률(%)	은퇴 후 자산(억 원)	은퇴 후 월 지출 가능 금액(만 원)
4	8.59	100
6	11.80	200
8(기존)	16.50	450
10	23.46	850
12	33.78	1,550

투자 수익률 차이에 비해 은퇴 후 자산과 은퇴 후 지출 가능 금액의 차이가 매우 커서 놀랐을 것이다. 특히 '연복리수익률 8%로 자산을 불리면 월 450만 원 지출할 수 있는데, 연복리수익률 10%면 거의 2배인 850만 원을 지출할 수 있어? 어떻게 그럴 수 있지?'라고 생각하는 사람이 많을 것이다.

첫째, 투자 수익률이 연복리 8%에서 10%로 2% 높아져 30년 지속되면 은퇴 후 자산이 7억 원 정도 증가한다. 연복리수익률 10%일 때 23억 4,600만 원, 8%일 때 16억 5,000만 원이 된다. 둘째, 은퇴 후 수익도 현저하게 다르다. 23억 4,600만 원을 10%로 투자하면 첫해 수익이 2억 3,400만 원이지만, 16억 5,000만 원을 8%로 투자하면 첫해 수익이 1억 3,200만 원에 불과하다.

위 결과들이 투자가 우리 인생에 큰 영향을 미치는 이유를 가장 잘 설명한다. 여러분이 투자를 잘해서 장기적으로 연복리수익률 12% 정도를 벌 수 있다면 은퇴 후 월 1,550만 원을 지출해도 원금이 줄어들지 않지만, 투자에 담을 쌓고 연복리수익률 4% 정도밖에 못 번다면 매월 100만 원만 지출해도 원금이 서서히 고갈된다. 정말 중요한 내용이어서 다시 한번 강조한다. 30년 동안 뼈 빠지게 일하고 똑같은 금액을 저축해도 **연복리수익률 12% 투자자는 4% 투자자에 비해 은퇴 후 15배 이상의 금액을 지출할 수 있다!** 여러분은 연복리수익률 4% 정도에 머물 것인가, 12% 투자에 도전할 것인가?

"요즘 시대에 어떻게 연복리 12%를 벌어?"라고 외치며 자포자기하는 경우도 있을 것이다. 그러나 이 책에서 누구나 규칙에 기반한 퀀트 투자를 통해 리스크를 상당 부분 통제한 후에도 두 자리 수익을 내는 것이 가능하다는 점을 배울 것이다. 연복리 10% 이상의 수익률, 그렇게 어렵지 않다!

평범한 헛똑똑이 직장인의 퀀트 투자기

40대 초반이고 자녀 둘 둔 직장인입니다. 회사 다닌 지는 15년 되었고 다행히 맞벌이를 하고 있습니다. 맞벌이 버프로 아이들을 키우며 필요한 소비를 하고 사는 편이지만 자산 증식의 삶과는 거리가 있었습니다. 신혼 초 빚을 내어 사둔 아파트가 조금 오른 게 요행이었고 나머지 투자는 거의 빛을 못 보다가, 직장인의 금융 자산 형성은 퀀트 투자가 답인 것 같다는 현재까지의 결론으로 잔잔하게 실행에 옮기고 있습니다.

주식 투자는 사회생활을 시작한 2000년대 중후반에 남들 이야기 듣고 개별주를 사는 것으로 시작했습니다. 무슨 주식이 좋다더라 해서 저금해서 모은 천만 원을 투자했는데 상장폐지당하고 아내에게 갈굼(?)당하는 등 소위 이야기하는 실수는 적당한 수준에서 다 해본 것 같습니다. 물론 암호화폐가 처음으로 대중에게 많이 알려진 2017년에도 암호화폐에 손을 대 적당히 또 까먹었습니다.

일반적으로 다들 관심 갖는 KOSPI 대형주 중에 관심을 안 가져본 것이 없었습니다. 그러다 보니 2020, 2021년 불장 때 '내가 그동안 손댄 것들 중 안 오른 게 없구나. 역시 내 눈은 틀림이 없어. 다만 타이밍이 문제지'라는 바보 같은 생각을 다시금 하며 흑우의 삶을 쉽게 놓지 않는 제 자신을 바라봅니다.

한국 직장인의 평균적인 헛똑똑이가 제 모습인 듯합니다. 손대는 것마다 익절은 별로 없고 거의 손절이었으니까요. 다행인 것은 직장 생활을 하며 강환국 님을 알게 되었고 강환국 님 저서를 꼼꼼하게 보고 퀀트킹 프로그램을 2018년부터 사용하면서 퀀트 투자를 하게 된 것입니다. 2021년 초부터는 뉴지스탁의 젠포트를 이용해 퀀트로직 중 백테스팅을 직접 돌리고 있고, 결과가 만족스러운 것들은 일부 실전 투자를 하고 있습니다.

짧은 흑우 스타일의 투자 경험과 긴 투자 관련 유튜브 열람 결과, 제가 그동안 주식 투자에서 성공하지 못한 것은 투자의 룰이 없었기 때문이라는 결론에 도달했습니다. 퀀트 투자는 투자할 수 있는 룰을 주기 때문에 처음으로 익절을 해냈고 상대적으로 마음이 편합니다.

2018년 퀀트킹 프로그램을 처음 돌려서 국내 소형주 20종목을 살 때는 '이렇게 이름도 못 들어본 회사의 주식을 사게 될 줄이야'라는 생각이 들고 '괜히 돈 날리는 거 아니야?' 하면서 매수를 미루기도 했습니다. 그러다가 용기 내서 회사 점심 시간에 모바일로 매수를 쭉 하고서 '이게 과연 될까?'라는 생각을 많이 했습니다. 그렇게 3개월마다 포트를 교체하는 퀀트 투자를 한 이후로 퀀트 투자로는 손해를 본 적이 없고 꽤 괜찮은 수익을 얻었습니다.

제가 퀀트로 수익을 얻을 수 있었던 이유는 룰에 입각해서 손익절을 할 수 있다는 점이었던 것 같습니다. 심리적으로는 무슨 주식을 샀는지도 잘 기억이 안 난다는 점이 좋았습니다. 그래서 언론에서 무슨 소식이 들려오든 내가 산 주식과는 별로 관련이 없어서(종목 이름이 기억이 안 나고 워낙 소형주이니 언론에 나올 이유도 없어서) 멘털 지키기가 상대적으로 쉬웠습니다.

퀀트를 제대로 하시는 분들은 억대 이상으로 굴리실 테지만 저는 아직 퀀트 투자 종잣돈이 1억이 안 됩니다. 많은 직장인이 그렇듯이 빚을 갚느라 금융 자산이 변변치 않기 때문입니다. 다만 시간이 걸리더라도 크게 잃지 않으며 연평균 성장률 30% 정도를 목표로 장기적으로 꾸준히 굴려가려고 합니다.

소형주 퀀트 투자를 막상 해보려고 하면 매수 버튼에 손이 잘 안 나갑니다. 그러나 1년, 2년 관심을 갖고 잔잔하게 실행에 옮겨보면 마음이 편하면서 알파도 있다는 생각을 자연히 갖게 됩니다. 부자가 되는 데는 오래 걸린다는 일반적인 진리를 잊지 않고 차근차근 성장시키는 스타일을 원하신다면 퀀트 투자가 좋은 대안이 될 수 있을 것입니다.

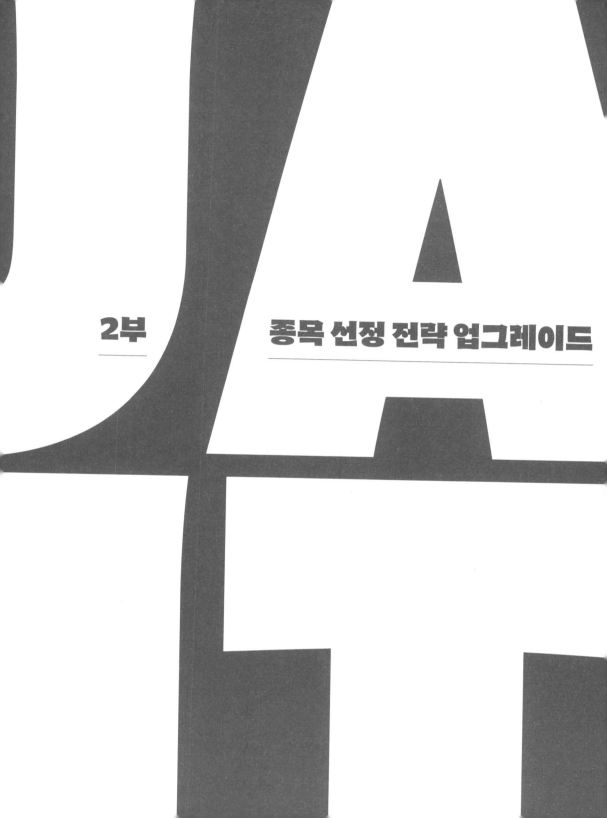

2부

종목 선정 전략 업그레이드

Quantitative Investment

4장 투자의 큰 그림

▶ 영상 12, 34, 218

10
투자로 돈을 버는 3가지 방법

지금까지 투자에서 가장 중요한 원칙을 확인했으니 드디어 구체적인 투자 전략을 제시할 때가 왔다.

투자를 통해 돈을 버는 방법은 딱 3가지다.

자산 배분

자산을 주식, 채권, 부동산, 원자재 등 서로 성격이 다른 자산군에 배분하는 행위다. 높은 수익을 추구하는 것보다 손실을 낮게 유지해 포트폴리오 가치를 유지하겠다는 경향이 강하다. 자산 배분을 하면 연복리수익률이 높은 한

▲ 영상 12

▲ 영상 34

▲ 영상 218

자릿수가 되는 동시에 변동성을 획기적으로 줄일 수 있다. 주가지수의 MDD가 50~70%인 반면 올웨더, 영구 포트폴리오 등 주요 자산 배분 전략의 MDD는 최근 50년간 15% 미만이다.

마켓 타이밍

조만간 오를 가능성이 큰 자산을 사고, 조만간 하락할 가능성이 큰 자산을 파는 행위다. 이 책에서는 과거의 가격 변동(모멘텀), 계절성, 경제 지표 등을 보고 매수와 매도 타이밍을 결정한다. 듀얼 모멘텀, VAA, DAA 등 마켓 타이밍 전략들은 연복리수익률이 10~15% 정도이며 MDD도 자산 배분 전략보다 다소 낮은 10~15% 정도 수준이다.

종목 선정

전체 시장보다 수익이 높거나 리스크가 낮을 것이라고 기대되는 종목을 사고 그렇지 않은 종목을 파는 것이다. 이 책은 자산 배분과 마켓 타이밍을 거의 다루지 않고 주가지수보다 더 높은 수익이 기대되는 개별 종목에 투자하는 방법만 가르칠 것이다.

종목 선정 전략은 연복리수익률 20% 이상인 경우도 있으나 변동성도 상당히 높다. MDD가 50% 이상인 경우도 자주 있다. 종목 선정 전략을 쓰면서 MDD를 20% 이하로 낮추는 방법은 18장에서 자세히 설명한다.

돈 버는 방법 3가지 간단 정리

돈 버는 방법	기대 연복리수익률	기대 MDD	사례
자산 배분	7~10%	15% 미만	자산을 아래 자산군에 적절히 배분 ■ 주식 ■ 채권 ■ 실물 자산(금, 원자재 등) ■ 기타 자산군(부동산, 암호화폐 등)
마켓 타이밍	10~15%	10~15%	아래 지표를 활용해 수익 향상+손실 축소 ■ 가격 변동 지표(모멘텀) ■ 계절성 기법 ■ 경제 지표 ■ 기타 지표
종목 선정	20% 이상	50% 이상	아래 지표를 활용해 수익 향상 ■ 저평가 지표(밸류) ■ 우량주 지표(퀄리티) ■ 모멘텀 지표 ■ 기타 지표

종목 선정의 큰 그림

투자에는 분명 정석이 있다. 기계적으로 규칙에 기반해 투자하는 전략은 상당히 많은데, 그중 수백 년 전부터 세계 거의 모든 주가지수보다 높은 수익을 내는 전략들이 엄연히 존재한다. 여기서 하는 말을 잘 이해하지 못해도 크게 걱정할 필요 없다. 나중에 찬찬히 설명할 것이다. 일단 고수익이 기대되는 투자지표를 찾는데, 이 책에서는 밸류, 퀄리티, 모멘텀이라는 큰 그룹에 속한 지표들을 주로 분석할 것이다.

밸류(가치) 지표

밸류 지표는 기업 활동에 중요한 재무제표 지표와 시가총액, 즉 시장이 평가하는 기업 가치를 비교한다. 주요 재무제표 지표 대비 시가총액이 낮으면 그 기업은 저평가, 반대면 고평가되었다고 가정할 수 있다.

- 수익성 지표: 가장 유명한 지표는 순이익과 시가총액을 비교하는 PER이

다. 시가총액과 영업현금흐름을 비교하는 PCR, 잉여현금흐름과 비교하는 PFCR, M&A 실무에 많이 쓰는 EV/EBIT 또는 EV/EBITDA 등도 있다.

- 기타 지표: 시가총액과 기업의 자본총계(순자산)를 비교하는 PBR이 가장 널리 알려져 있고, 시가총액과 매출을 비교하는 PSR도 있다.

한국 시장에서 밸류 지표가 우수한 기업은 수익률이 매우 높다.

퀄리티(우량주) 지표

밸류 지표는 이해하기 쉽다. 기업이 가격(시가총액) 대비 비싼지(고평가) 또는 싼지(저평가) 보여주기 때문이다. 그런데 '우량주'가 무엇이고 이를 어떻게 계량화하는지는 논란의 소지가 있다. 퀄리티 지표는 전통적인 '우량주' 판단 지표다.

- 수익성 지표: 기업이 자산, 순자산, 매출액 등과 비교해 어느 정도의 이익을 내는지 계산하는 지표다. GP/A, ROE, ROA 등 수익성 지표가 높은 주식의 수익률이 낮은 주식보다 높다. 단, 세계적으로 주가지수 수익률보다 뚜렷하게 높은 지표는 GP/A가 유일하다.

- 재무 건전성 지표: 부채, 특히 이자를 지불하는 부채인 차입금이 줄어들거나 차입금 대비 수익성이 개선되는 기업의 주식 수익률(시세 차익+배당)이 높다.

- 변동성 지표: 대체로 가격과 수익의 변동성이 낮은, 즉 주가가 안정적으로 움직이고 수익을 고르게 내는 기업의 주식 수익률이 그렇지 않은 기업보다 높다.

- 주식을 발행하거나 부채를 일으켜서 자산을 불리는 기업은 주식 수익률이

▲ 영상 217

▲ 영상 218

전반적으로 낮았고, 자산성장률이 낮은 기업은 주식 수익률이 높았다.
- 기타: 여러 재무제표 지표를 종합적으로 고려하는 지표(F-스코어) 등이 있고, 여기서 언급하지 않은 지표들을 분석한 연구자도 많다.

한국 시장에서 퀄리티 지표가 우수한 기업도 수익률이 매우 높다.

모멘텀, 역추세 지표

모멘텀 투자는 최근 가격이 많이 올랐거나 주요 재무제표 지표(매출, 영업이익, 순이익 등)가 많이 개선된 주식을 사는 전략이다. 역추세 투자는 반대로 가격이나 지표가 악화된 주식을 사는 전략이다.
- 상대 모멘텀: 최근 3~12개월 동안 상대적으로 수익률이 높았던 주식이 향후 3~12개월에도 상대적으로 수익률이 높다. 예를 들면 최근 12개월 수익률이 상위 10%에 속하는 주식이다. 그런데 공교롭게도 한국 시장에서는 특히 중소형주에서 잘 통하지 않는다.
- 단기 역추세: 반대로 최근 1개월 미만에 상대적으로 수익률이 높았던 주식은 향후 1개월 동안 상대적으로 수익률이 낮다. 예를 들면 최근 5일 수익률이 상위 10%에 속하는 주식이다. 한국에서도 잘 통하지만 이 책은 몇 개월에 한 번 리밸런싱하는 중장기 전략을 주로 다루므로 자세히 설명하지 않는다.
- 장기 역추세: 최근 13~60개월에 상대적으로 수익률이 높았던 주식은 향후 3~12개월 동안 상대적으로 수익률이 낮다. 이 책에서는 특별히 분석하지 않는다.
- 이익 모멘텀: 최근 영업이익, 순이익 등 이익 지표가 개선된 주식의 수익률이 주가지수의 수익률보다 높다. 예를 들면 최근 분기 영업이익 상승률이

상위 10%에 속하는 주식이다. 한국 시장에서는 가격이 최근 많이 오른 주식이 계속 오르는 전략은 통하지 않는데 이익 지표가 급성장한 기업의 수익률은 매우 높다.

대형주와 소형주 여부

시가총액이 작은 소형주의 수익률이 시가총액이 큰 대형주의 수익률보다 높다. 그런데 선진국 등 글로벌 시장에서는 최근 소형주의 초과수익이 크게 감소했는데, 한국에서는 아직도 소형주의 수익률이 월등히 높다. 중요한 것은 이 책에 나온 모든 전략은 대형주보다는 소형주에서 더 효과가 좋다는 점이다. 이유는 나중에 설명하겠다.

기타 지표

주식시장에서 큰돈을 벌겠다는 사람이 많아서 정말 별의별 기상천외한 지표를 연구했다. 그 모든 지표를 언급할 수는 없고 몇 가지만 설명하겠다.

- 계절성 지표: 특정 시간, 일, 요일, 월, 연도의 수익률이 크게 다르면 이상할 것이다. 그런데 주식시장은 이상한 곳이어서 어떤 구간에는 수익률이 높고 어떤 구간에는 수익률이 낮다. 특히 11~4월의 수익률이 수백 년에 걸쳐서 5~10월보다 높은 것이 신기하다. 또한 특정 월에 수익률이 높았던 기업은 다음 해에도 그 월에 수익률이 평균적으로 높다는 것을 밝힌 논문도 있다. 특히 11~4월 투자는 글로벌 시장뿐만 아니라 한국에서도 매우 잘 통한다.
- 수급 지표: 기관투자가와 외국인이 많이 사는 주식은 특히 단기적으로 수익률이 높다. 한국에서도 잘 먹히지만 데이터가 없어서 이 책에서는 다루지 않는다.

- **기대 지표:** 애널리스트들이 목표 주가나 영업이익 또는 순이익 예상치를 올리는 주식, 또는 실적이 그 기대치를 뛰어넘는 주식의 수익률이 좋다. 한국에서도 잘 먹히지만 역시 데이터가 없어서 다루지 않는다.

투자 전략 만들기

어떤 종목들이 수익률이 높은지는 정해져 있다. 기업의 주요 재무제표 지표 대비 저평가된 기업, 우량주 기업, 가격이나 수익성 지표가 급격히 상승하는 기업 등이 많이 오르고, 또한 11~4월에 더 많이 오른다. 이것으로 벌써 무궁무진한 투자 전략을 만들 수 있다.

예 1. 기본 전략(저평가된 우량주): 밸류 지표 PBR이 낮고 수익성 지표 GP/A가 높은 기업

그런데 우리는 대부분 전략이 소형주에서 수익률이 더 높고 11~4월에 수익률이 높은 사실을 안다. 그렇다면 기본 전략을 아래와 같이 변형한 전략을 만들 수도 있다.

예 2. 변형 전략(저평가된 소형 우량주 계절성 반영): 시가총액 하위 20% 기업 중에서 밸류 지표 PBR이 낮고 수익성 지표 GP/A가 높은 기업을 10월 말 매수, 4월 말 매도

이런 식으로 전략을 무궁무진하게 만들어낼 수 있다. 그중 유력하다고 판단하는 전략을 소개하기 전에, 이 책을 읽는 데 필요한 '회계의 기초'와 '11~4월 투자의 기적'을 설명하겠다.

▶ 영상 29, 478

회계의 기초

투자에 성공하려면 회계사처럼 회계 지식에 정통할 필요는 없다고 생각한다. 그러나 책에서 설명하는 전략은 재무제표에 나오는 지표를 자주 사용하니 기본 지식이 필요하다. 회계 항목 각각을 설명하면서 우리 수익과 직결되는 지표가 있으면 같이 설명하겠다.

재무제표는 손익계산서, 재무상태표, 현금흐름표로 나뉜다.

결혼을 고민한다면 우선 상대방의 외모와 성격 등을 보겠지만 결혼은 현실이니 경제적 측면도 매우 중요하다. 대충 "얼마 버는가? 씀씀이가 어떤가? 가진 것이 많은가? 혹시 빚이 많은가? 현금흐름도 괜찮은 편인가?" 정도가 되겠다(부동산 자산이 많을 경우 자산은 많지만 현금흐름은 적은 경우가 꽤 있다!).

▲ 영상 29

▲ 영상 478

기업도 크게 다르지 않다. 여기서 **"얼마 버는가?"**와 **"쏨쏨이가 어떤가?"**를 손익계산서에서, **"가진 것이 많은가?"**와 **"빚이 많은가?"**를 재무상태표에서, **"현금흐름도 괜찮은 편인가?"**는 현금흐름표에서 찾아볼 수 있다!

손익계산서

아래 표는 삼성전자의 손익계산서다.

① 맨 위에 **'매출액'**이 보인다. 삼성전자는 반도체, 핸드폰 등을 팔아서 2012년 매출이 201.1조 원이었는데 2020년에는 236.8조 원으로 증가했다. 직장인에

삼성전자 손익계산서(2012~2022)

연간 손익계산서	2012	2013	2014	2015	2016	2017
매출액	2,011,036	2,286,927	2,062,060	2,006,535	2,018,668	2,395,754
− 매출원가	1,266,519	1,376,963	1,282,788	1,234,821	1,202,777	1,292,907
= 매출총이익	744,517	909,964	779,272	771,714	815,890	1,102,847
− 판매비와관리비	454,023	542,113	529,021	207,579	523,484	566,397
= 영업이익	290,493	−367,850	250,251	264,134	292,407	536,450
± 비영업손익	8,657	15,793	28,500	−4,524	14,730	25,509
(금융손익)	−979	2,597	9,658	4,831	6,790	7,585
(관계기업손익)	9,866	5,041	3,425	11,019	195	2,014
(외환손익)	−1,439	−3,301	−2,501	−5,098	−1,798	94
= 세전순익	299,150	383,643	278,750	259,610	307,137	561,960
− 법인세	60,697	78,895	44,807	69,009	79,876	140,092
= 순이익	238,453	304,748	233,944	190,601	227,261	421,868
지배주주순익	231,854	298,212	230,825	186,946	224,157	413,446
비지배주주순익	6,599	6,535	3,119	3,655	3,104	8,422

게는 '급여'라고 보면 된다. 매출이 모든 기업의 뿌리이므로 재무제표를 분석할 때 가장 중요하게 여기는 지표 중 하나다.

■ 돈 되는 지표: 시가총액(Price)을 매출액(Sales)으로 나눈 PSR이 낮은 기업의 주식이 수익률이 높다.

② 다음 항목은 '매출원가'다. 치킨을 만들려면 닭고기를 사야 하고 반도체를 만들려면 원자재를 사야 한다. 이렇게 직접적으로 상품에 들어가는 재료를 구매하는 데 쓴 비용이 매출원가다. 매출이 늘어났으니 매출원가도 자연스럽게 2012년 126.7조 원에서 2020년 144.5조 원으로 증가했다.

■ 돈 되는 지표: 매출액에서 매출원가를 뺀 매출총이익은 영어로 Gross Profits(GP)다.

(단위: 억 원)

연간 손익계산서	2018	2019	2020	2021(E)	2022(E)
매출액	2,437,714	2,304,009	2,368,070	2,674,061	2,954,244
− 매출원가	1,323,944	1,472,396	1,444,883	0	0
= 매출총이익	1,113,770	831,613	923,187	0	0
− 판매비와관리비	524,903	553,928	563,248	0	0
= 영업이익	588,867	277,685	359,939	483,736	631,483
± 비영업손익	22,733	26,637	3,512	0	0
(금융손익)	13,904	18,868	9,495	0	0
(관계기업손익)	5,398	4,130	5,065	0	0
(외환손익)	−4,541	−834	−5,986	0	0
= 세전순익	611,600	304,322	363,451	0	0
− 법인세	168,151	86,933	99,373	0	0
= 순이익	443,449	217,389	264,078	0	0
지배주주순익	438,909	215,051	260,909	361,048	470,191
비지배주주순익	4,540	2,338	3,170	0	0

출처: 퀀트킹

투자자 대부분은 이 지표에 관심이 없었는데 2013년 노비 마르크스 교수가 GP를 총자산(Assets, A)으로 나눈 GP/A가 높은 기업의 주식이 수익률이 높다고 발표한 후 주목받게 되었다.

③ 기업은 이 밖에도 수많은 지출이 있다. 직원 월급을 주고 광고도 하고 용역을 주고 소모품도 사고 고객 접대도 해야 하니 돈 나갈 곳이 많다. 이렇게 정기적으로 기업 영업에 필요한 지출을 '판매비와 관리비'라고 한다. 매출액에서 매출원가와 판매비와 관리비를 빼면 **영업이익**에 도달한다. 삼성전자의 2020년 영업이익은 약 36조 원이다. 정상적인 영업을 통해 얼마 벌었나 보여주기 때문에 재무제표를 분석할 때 가장 중요하게 여기는 지표 중 하나다.

■ 돈 되는 지표: 시가총액(Price)을 영업이익(Operating Earnings)으로 나눈 POR 지표가 낮은 기업, 분기 영업이익이 전년 동기 대비 또는 전 분기 대비 크게 성장한 기업, 마지막으로 기업 가치(Enterprise Value, EV)를 영업이익으로 나눈 EV/EBIT 지표가 낮은 기업의 주식이 수익률이 높다.

> EV(Enterprise Value) = 시가총액 + 차입금 − 현금성 자산
>
> EBIT(Earnings before Interest and Taxes) = 영업이익과 동일

④ 기업은 영업과 무관한 소득과 지출이 발생할 수 있다. 갑자기 창고에서 불이 나서 재고가 다 타버리면 비영업손실이 발생한 것이고, 사장님이 법인 계좌에 남는 돈으로 비트코인을 좀 사놓고 10년 동안 까먹고 있었는데 갑자기 비트코인이 100배 상승했으면 비영업소득이 발생한 것이다. 금융손익(은행에 빌린 차입금에 대한 이자, 기업이 다른 기업에게 빌려준 자금에 대한 이자 등), 외환손익 등도 비영업손실로 친다. 기업 영업과 별로 상관없으니 보통은 참고만 한다.

⑤ 영업이익에서 비영업손익을 공제하면 세전 순이익이 나오고 이 금액에서 법인세를 내면 드디어 **'순이익(Net Profits 또는 Earnings)'**에 도달한다! 삼성전자

의 2020년 순이익은 26.4조 원이었다. 직장인은 매출액(월급)을 구경하기도 전에 세금을 떼어 가고, 법인은 지출할 거 다 하고 남은 돈에서 세금을 가져간다. 인생 참 불공평하다. 순이익도 재무제표 분석에서 가장 중요하게 여기는 지표 중 하나다.

- 돈 되는 지표: 시가총액(Price)을 순이익(Earnings)으로 나눈 PER이 낮은 기업의 주식이 수익률이 높다. 또한 순이익을 자본총계(순자산)로 나눈 ROE도 있는데 이 지표의 효능에 대해서는 의견이 분분하다. 마지막으로 분기 순이익이 전년 동기 대비 또는 전 분기 대비 크게 성장한 기업의 주식이 수익률이 높다.

⑥ 2021~2022년 수치는 무엇일까? 세상에는 기업의 미래 매출, 영업이익, 순이익을 예측하려고 노력하는 사람이 꽤 많다. 잘 맞히면 주식을 사서 돈을 버는 데 도움이 많이 되기 때문이다. 아예 직업으로 하는 사람들도 있다. '애널리스트'라고 불리는 이들은 보통 증권사에서 일한다. 2021~2022년 수치는 삼성전자를 분석하는 애널리스트 수십 명이 추정한 수치의 평균값이다.

손익계산서와 관련한 지표를 요약하면 아래와 같다.

손익계산서와 관련한 돈 되는 지표

손익계산서 계정	돈 되는 지표
매출액	PSR(시가총액/매출액), 분기 매출 증가율
− 매출원가	
매출총이익	GP/A(매출총이익/총자산)
− 판매비와 관리비	
영업이익	POR(시가총액/영업이익), 분기 영업이익 증가율, EV/EBIT(기업 가치/영업이익)
− 비영업손익 − 법인세	
순이익	PER(시가총액/순이익), 분기 순이익 증가율, ROE(순이익/자본총계)

재무상태표

이어서 삼성전자의 재무상태표를 보자.

① 재무상태표는 **이 기업이 가진 것**(총자산, Total Assets)을 보여준다. 삼성전자의 2020년 말 총자산은 378.2조 원이다.

- 돈 되는 지표: 손익계산서에서는 영업이익과 순이익 등이 크게 성장하는 기업의 주식이 수익률이 높다고 했는데 자산 증가율은 반대여서 자산 증가율이 낮은 기업의 주식 수익률이 높다.

② 자산은 1년 내에 현금화가 예상되는(가능한) 유동자산과 그렇지 않은 비유동자산으로 나뉜다. 부채도 1년 내에 현금화가 예상되는(가능한) 유동부채와

삼성전자 재무상태표(2012~2022)

연간 재무상태표	2012	2013	2014	2015	2016	2017
1. 유동자산	872,690	1,107,603	1,151,460	1,248,147	1,414,297	1,469,825
현금성자산	187,915	162,848	168,408	226,367	321,114	305,451
매출채권	238,612	249,885	246,946	251,680	242,792	276,960
재고자산	177,474	191,349	173,175	188,118	183,535	249,834
2. 비유동자산	938,026	1,033,148	1,152,769	1,173,648	1,207,446	1,547,696
유형자산	684,847	754,964	808,730	864,771	914,730	1,116,657
무형자산	37,297	39,806	47,855	53,963	53,440	147,605
투자자산 등	215,881	238,378	196,185	254,914	239,276	283,435
* 지분투자	87,855	64,223	52,325	52,763	58,379	68,024
1+2 = 총자산	1,810,716	2,140,750	2,304,230	2,421,795	2,621,743	3,017,521
매입채무	84,891	84,371	79,147	61,873	64,850	90,839
차입금	148,952	111,605	112,655	128,740	152,824	188,141
부채총계	595,914	640,590	623,348	631,197	692,113	872,607
자본총계	1,214,802	1,500,160	1,680,882	1,790,598	1,929,630	2,144,914

그렇지 않은 비유동부채로 나뉜다. 유동자산은 현금, 매출채권(외상 주고 아직 못 받은 돈), 재고(조만간 판매될 제품) 등이 있다.

- **돈 되는 지표**: 유동자산에서 부채총계를 뺀 금액이 보수적으로 보는 기업의 '청산가치'다(자세한 내용은 6장에 나오는 NCAV 전략 참고). 청산가치가 시가총액보다 높은 기업의 주식이 수익률이 높다. 유동자산을 유동부채로 나눈 지표를 유동비율이라고 하는데, 이 지표 자체로는 초과수익을 낼 수 없으나 파산할 기업을 걸러내는 데 매우 유용하다. 이 지표가 클수록 파산 확률이 낮아진다.

③ 결혼 사례로 돌아가서 상대방의 재무 상태를 분석해보니 10억 원짜리 집을 가졌다는 정보를 입수한다. 아주 바람직한 정보이지만 집을 100% 자기 돈

(단위: 억 원)

연간 재무상태표	2018	2019	2020	2021(E)	2022(E)
1. 유동자산	1,746,974	1,813,853	1,982,156	0	0
현금성자산	303,405	268,860	293,826	0	0
매출채권	338,677	351,313	309,651	0	0
재고자산	289,847	267,665	320,431	0	0
2. 비유동자산	1,646,598	1,711,792	1,800,201	0	0
유형자산	1,154,167	1,198,255	1,289,529	0	0
무형자산	148,916	207,035	184,685	0	0
투자자산 등	343,535	306,503	325,987	0	0
* 지분투자	73,132	75,916	80,768	0	0
1+2 = 총자산	3,393,573	3,525,645	3,782,357	4,143,405	4,613,596
매입채무	84,799	87,182	97,392	0	0
차입금	146,671	184,120	202,174	0	0
부채총계	916,041	896,841	1,022,877	1,022,877	1,022,877
자본총계	2,477,532	2,628,804	2,759,480	0	0

출처: 퀀트킹

으로 샀는지, 대출 9억 원이 붙어 있는지도 매우 중요한 정보다. 삼성전자의 2020년 자산은 378.2조 원인데 이는 부채총계 102.3조, 자본총계 275.9조 원으로 나눠진다.

- 돈 되는 지표: 시가총액(price)을 자본총계(자기자본, 순자산, equity, book value라고도 한다)로 나눈 지표가 PBR인데 이 PBR이 낮은 기업의 주식 수익률이 높다.

④ 기업의 부채는 매입채무와 차입금으로 나뉘고, 매입채무는 외상으로 물건을 사고 아직 갚지 않은 금액이다. 삼성전자의 매입채무는 2020년 말 9.7조 원이나 되는데, 깜짝 놀라기 전에 자세히 보면 매출채권, 즉 아직 회수하지 못한 외상 금액이 31조 원이나 된다. 그걸 일부 회수해서 갚으면 되니 매입채무 금액이 과다한 수준은 아니다. 차입금은 이자를 지급해야 하는 부채를 의미하는데 삼성전자의 20.2조 원은 많은가? 총자산이 378.2조 원이니 자산의 5% 수준이다. 10억 아파트를 가졌는데 대출이 5,000만 원? 빚 때문에 파산할 가능성은 거의 없겠다.

- 돈 되는 지표: 차입금을 자본총계로 나눈 '차입금비율'이 개선되는 기업, 영업이익이 차입금 대비 성장하는 기업의 주식 수익률이 높다.

재무상태표를 보면 돈을 버는 지표도 분명 있고 **'기업의 안정성'을 가늠할 수 있는 지표도 여러 개 있다.** 재무상태표와 관련한 지표를 요약하자면 오른쪽과 같다.

재무상태표 계정	돈 되는 지표
유동자산	청산가치(유동자산 − 부채총계) (유동 비율 = 유동자산/유동부채)
비유동자산	
총자산	자산 증가율
부채총계	
− 매입채무	
− 차입금	영업이익/차입금비율(차입금비율 = 차입금/자본총계)
자본총계(순자산)	PBR(시가총액/자본총계)

현금흐름표

마지막으로 삼성전자의 현금흐름표다(106~107쪽).

현금흐름표와 손익계산서는 무엇이 다를까? 현금흐름표는 재무제표 작성 원칙인 '발생주의 회계(accrual accounting)'를 이해해야 한다. 수익에 해당하는 거래가 발생하면 바로 재무제표에 기록한다는 의미다. 즉 삼성전자가 2019년 3분기에 인텔에 반도체 100억 원어치를 외상으로 팔면 수익은 2019년 3분기에 기록된다. 그런데 인텔은 2020년 1분기에 100억 원을 지불할 수 있다.

기계를 구매할 때에도 수익과 현금이 차이를 보인다. 2010년에 설비를 사서 2020년까지 10년 동안 사용한다고 가정하면, 현금은 2010년에 한 번 빠져나간다. 그런데 손익계산서에는 2010년에는 기계와 현금을 교환했다고 생각해서 손실을 기록하지 않지만, 기계의 가치가 10년 동안 꾸준히 낮아져서 10년 후 0이 된다는 점을 감안해 매년 '감가상각'으로 기계 가치의 10분의 1을 손실로 기록한다.

이런 식으로 손익계산서의 '수익'과 현금흐름표의 '현금'은 조금씩 다를 수 있다.

삼성전자 현금흐름표(2012~2020)

연간 현금흐름표	2012	2013	2014	2015	2016	2017
영업활동현금흐름	379,728	467,074	369,754	100,618	473,856	621,620
당기순이익	238,453	304,748	233,944	190,601	227,261	421,868
감가상각비	156,220	164,454	180,534	209,309	207,130	221,174
투자활동현금흐름	−313,216	−447,470	−328,064	−271,678	−296,587	−493,852
유형자산취득	−223,212	−227,801	−216,573	−255,231	−238,721	−424,839
재무활동현금흐름	−18,645	−41,370	−30,571	−65,735	−86,685	−125,609

① 영업활동현금흐름(cash flow from operating activities)은 기업이 영업으로 어느 정도 규모의 현금을 벌어들였는지 보여준다. 영업활동현금흐름이 장기간 계속 적자이거나 순이익보다 지속적으로 낮다면 이상한 기업이니 피하는 것이 좋다.

■ 돈 되는 지표: 시가총액을 영업활동현금흐름으로 나눈 지표가 PCR인데 이 PCR이 낮은 기업의 주식이 수익률이 높다.

② 투자활동현금흐름(cash flow from investment activities)은 기업이 실제로 유형자산, 무형자산, 금융 등에 투자해서 벌어들이거나 사용하는 현금을 보여준다. 조금 전 설비 투자를 하면 현금이 일시에 빠져나가지만 수익은 몇 년에 걸쳐서 감소한다고 설명했다. 또한 삼성전자가 다른 상장기업의 주식을 보유하고 있을 경우, 그 상장기업 주가가 오르면 손익계산서에는 수익으로 표기되지만, 그 주식을 팔기 전에는 현금이 들어오지 않는다. 워런 버핏이 특별히 '주주 이익(owner earning)'이라고 부르며 매우 중요하게 여기는 '잉여현금흐름(free cash flow, FCF)'이라는 지표가 있다. 버핏은 '주주가 벌어들이는 진정한 수

연간 현금흐름표	2018	2019	2020
영업활동현금흐름	670,319	432,829	652,870
당기순이익	443,449	217,389	264,078
감가상각비	264,820	295,976	303,356
투자활동현금흐름	−522,405	−399,482	−536,286
유형자산취득	−289,994	−248,545	−372,153
재무활동현금흐름	−150,902	−94,845	−83,278

출처: 퀀트킹

익'은 기업의 영업활동현금흐름에서 기업의 유지와 성장에 필요한 설비 투자를 차감한 금액이라고 주장하는데, 이 금액이 바로 잉여현금흐름이다.

- 돈 되는 지표: 시가총액을 잉여현금흐름으로 나눈 지표가 PFCR이며, 이 PFCR이 낮은 기업의 주식이 수익률이 높다.

③ 재무활동현금흐름(cash flow from financing activities)을 보면, 기업은 영업으로만 자금을 확보할 수 있는 것이 아니다. 은행에서 대출을 받을 수도, 주식이나 채권을 발행할 수도 있다. 또한 이익 일부를 주주들에게 배당하기도 한다. 이렇게 영업과 상관없는 재무적인 활동을 통해 발생하는 현금의 증감을 이 계정에서 확인할 수 있다.

- 돈 되는 지표: 배당을 주는 기업의 주식이 배당을 주지 않는 기업의 주식보다 수익률이 높다. 또한 배당금을 시가총액으로 나눈 배당수익률 지표가 높은 기업의 주식이 수익률이 높다. 마지막으로 배당금을 순이익으로 나누면 '배당성향'을 알 수 있는데, 벌어들이는 수익 대비 배당금이 상대적으로 높은 기업, 즉 배당성향이 높은 기업의 주식이 수익률이 높다.

영업활동현금흐름은 흑자, 투자활동현금흐름과 재무활동현금흐름은 적자인 것이 정상이다. 기업이 영업활동을 해서 돈을 벌고(흑자) 성장하기 위해 설비 등에 투자하고(적자) 번 돈으로 부채를 갚거나 배당을 주는 것이(적자) 바람직하기 때문이다. 업종에 따라 다르지만 나는 영업활동현금흐름이 흑자인지를 가장 중요하게 생각하고, 투자와 재무활동현금흐름은 큰 흐름에서 적자 기조를 유지하는 기업이 투자하기 편한 기업이라고 생각한다.

현금흐름표와 관련한 지표를 요약하면 아래와 같다.

현금흐름표와 관련한 돈 되는 지표

현금흐름표 계정	돈 되는 지표
영업활동현금흐름	PCR(시가총액/영업활동현금흐름)
투자활동현금흐름	PFCR(시가총액/잉여현금흐름)
재무활동현금흐름	배당 여부, 배당수익률, 배당성향

지금까지 설명한 '돈 되는 지표'를 무궁무진하게 섞어서 '돈이 되는 투자 전략'을 만들 것이다.

Quantitative Investment

5장 언제 투자해야 하나?

13 11~4월 천국, 5~10월 지옥

금융시장이 정상적이라면 특정 일, 요일, 주간, 월, 연도의 수익률이 다른 일, 요일, 주간, 월, 연도의 수익률보다 계속해서 높은 것은 말이 안 된다. 정말 그렇다면 그 구간에만 투자해서 너무 쉽게 초과수익을 벌 수 있으니까!

그러나 금융시장은 그렇게 합리적인 곳이 아니다. 수익이 뚜렷이 높은 구간이 있고 그렇지 않은 구간도 있으며, 놀랍게도 이 패턴은 시간이 지나도 거의 바뀌지 않는다.

11~4월에 투자하는 전략은 주식 투자에서 가장 오래된 전략 중 하나다. 1935년 5월 10일 자 〈파이낸셜 타임스〉 기사에 "전문가들이 '5월에는 주식을 팔고 떠나라(sell in May and go away)'라는 오래된 주식시장 격언을 실현하고 있다"라는 말이 나온다. 즉, 1935년 투자자도 벌써 오래전부터(!) 11~4월 투자의 위력을 알았다고 이해된다.

그럼 20세기 초반에도 알려져 있는 이 전략이 그 후에도 통했을까? 결론부터 말하면 이 세상 거의 모든 국가에서 11~4월 투자 수익률이 5~10월 수익률보다 월등히 높다. 계절성 전문 투자 사이트인 시즌액스Seasonax는 1970~2018년 몇몇 국가에서 주가지수의 11~4월, 5~10월, 1년 내내(연중)의 수익을 비교했다.[1] 데이터를 확보하지 못한 국가는 백테스트 구간이 더 짧다.

중국 시장은 11~4월의 수익이 5~10월 수익을 월등히 앞섰고 1년 내내 투자한 수익과 비슷하다. 또한 11~4월의 변동성이 1년 내내 투자한 것보다 낮았다.

독일은 11~4월 투자하는 것이 1년 내내 투자하는 것보다 수익이 월등히 높았다. 변동성도 1년 내내 투자한 것보다 훨씬 낮아 보인다.

일본 주가는 1990년 최고점을 찍은 후 고점을 경신하지 못하고 있다. 잃어버린 10년이 잃어버린 20년, 30년으로 연장되고 있지만 11~4월에만 투자했다면 계속 돈을 벌 수 있었다! 변동성도 1년 내내 투자한 것보다 낮다.

자, 이제 한국! 한국도 11~4월 투자 수익이 1년 내내 투자한 수익과 근접했고, 5~10월 수익은 매우 낮았다.

영국도 5~10월에 투자할 이유가 전혀 없었다.

미국도 11~4월 수익이 5~10월보다 높았다. 11~4월 투자의 변동성이 1년 내내 투자보다 낮은 것은 이제 당연하게 보일 정도다.

시즌액스는 2020년에도 주요 11개국의 1970~2020년 주가지수 수익률을 분석해서 오른쪽과 같은 결과를 공개했다.[2]

11~4월 투자 전략의 장기 연복리수익률이 마이너스인 국가는 단 한 곳도 없다. 그런데 5~10월 투자에서는 수익률이 마이너스인 국가가 상당히 많고, 수익을 낸 국가도 수익이 예금 금리를 능가하는 국가는 홍콩과 인도 두 곳뿐이었다.

11개국 평균을 보자. 11~4월 투자 수익률은 7.6%이고, 5~10월 투자 수익률은 0 이하이며(!), 11~4월 투자 수익률이 1년 내내 투자한 것(7.53%)보다 높았다. 그렇다면 11~4월에는 주식에, 5~10월에 채권에 투자했다면 어떤 결론이 나올까? 당연히 1년 내내 주가지수에 투자한 수익률보다 훨씬 높았을 것이다! 이 책에서도 내가 모든 전략의 수익을 11~4월과 5~10월로 구분하는데, 5~10월 수익

국가	주가지수	기간	11~4월(%)	5~10월(%)	연중(%)
대만	TWSE/TAIEX	1984~2020	13.42	−3.45	9.51
독일	DAX30 TR	1970~2020	6.92	−1.11	5.73
미국	S&P500	1970~2020	5.95	1.04	7.05
영국	FTSE100	1970~2020	5.45	−0.51	4.91
인도	Nifty50	1990~2020	6.25	5.79	12.40
일본	Nikkei225	1970~2020	6.68	−2.25	4.28
중국	Shanghai Comp.	1991~2020	12.03	0.06	12.10
캐나다	S&P500/TSC Comp.	1970~2020	5.68	−0.22	5.45
프랑스	CAC40	1987~2020	6.74	−3.24	3.28
한국	코스피	1980~2020	7.56	0.04	7.60
홍콩	HanSeng	1970~2020	6.91	3.35	10.49
평균			7.60	−0.05	7.53

이 11~4월을 능가한 적은 단 한 번도 없었고, 5~10월 수익률이 매우 낮거나 아예 마이너스를 기록한 경우도 비일비재하다.

이 11~4월 및 5~10월 투자 연구를 좀 더 치밀하게 연구한 교수들이 있어서 소개하겠다.

114

11~4월 전략은 300년 전부터 통했다

지금까지는 가볍게(?) 11국의 50년 데이터를 살펴봤는데, 1693~2017년의 300년 넘는 기간에서 114개국 주식시장 데이터를 분석한 연구자들도 있다.[3]

두 연구자는 114개국 중 65개국 주식시장의 시세 차익과 배당 수익을 찾았다(오른쪽 표). 1693년부터 2017년까지 11~4월 투자, 5~10월 투자, 1년 전체 투자 수익률을 비교해보니 1년 전체 평균 수익률은 10.6%인데 11~4월은 8.5%, 5~10월은 2.1%였다는 결론에 도달한다. 또 65개국 중 45개국에서는 5~10월 수익률이 예금 금리보다도 낮았다. 놀라운 점은 1960년까지는 두 전략의 투자 수익률에 큰 차이가 없었는데 1960년 이후 5% 이상 차이가 난다는 것이다.

이들은 최근 20년간(1998~2017년) 37개국에서 11~4월에는 주가지수에 투자하고 5~10월에는 예금에 투자하는 간단한 전략을 소개한다. 매수일이 미국 핼러윈데이와 가까워서 '핼러윈 전략'이라고 이름을 붙였고 결과는 118~119쪽 표와 같다.

기간별 11~4월과 5~10월 연복리수익률 비교(1861~2017)

시기	11~4월(%)	5~10월(%)	차이(%p)
1861~1870	3.6	2.3	1.2
1871~1880	1.1	0.0	1.1
1881~1890	−0.4	1.9	−2.3
1891~1900	2.2	0.1	2.1
1901~1910	1.9	0.6	1.3
1911~1920	−1.0	−0.7	−0.3
1921~1930	2.3	0.2	2.1
1931~1940	1.6	0.1	1.5
1941~1950	2.9	3.6	−0.7
1951~1960	4.2	5.2	−1.0
1961~1970	5.0	−0.8	**5.8**
1971~1980	9.1	3.8	**5.3**
1981~1990	14.4	9.4	**5.0**
1991~2000	11.1	2.8	**8.3**
2001~2010	6.9	2.4	**4.5**
2011~2017	4.8	−1.0	**5.8**

37개국 중 30개국에서 핼러윈 전략의 수익률이 1년 내내 투자한 매수&보유 전략의 수익률보다 높았다. 게다가 샤프지수는 37개국 중 37개국, 즉 조사한 모든 나라에서 핼러윈 전략이 12개월 매수&보유 전략을 능가했다.

▲ 영상 110

37개국 핼러윈 전략과 12개월 매수&보유 전략의 성과 비교(1998~2017)

국가	핼러윈 전략			12개월 매수&보유 전략			핼러윈 수익률 − 12개월 매수&보유 수익률(%p)
	연복리 수익률 (%)	표준편차 (%)	샤프 지수	연복리 수익률 (%)	표준편차 (%)	샤프 지수	
그리스	0.1	21.1	0.00	−11.2	31.8	−0.35	11.3
남아프리카 공화국	11.6	12.1	0.96	12.7	17.7	0.72	−1.1
네덜란드	6.5	11.9	0.55	1.7	20.1	0.08	4.8
노르웨이	9.0	13.7	0.66	6.0	21.3	0.28	3.0
뉴질랜드	6.5	7.4	0.88	4.9	11.8	0.42	1.6
대만	7.5	14.8	0.51	2.4	23.1	0.10	5.1
덴마크	9.0	12.1	0.74	8.3	18.4	0.45	0.7
독일	7.8	12.7	0.61	3.2	19.8	0.16	4.6
러시아	24.0	24.8	0.97	23.9	35.6	0.67	0.1
말레이시아	8.5	12.3	0.69	10.3	18.7	0.55	−1.8
멕시코	13.6	12.7	1.07	13.8	17.9	0.77	−0.2
미국	6.6	11.5	0.57	5.0	16.9	0.30	1.6
벨기에	5.8	11.4	0.51	3.1	17.9	0.17	2.7
브라질	17.3	16.3	1.06	11.9	23.1	0.52	5.4
스웨덴	10.1	14.9	0.68	6.0	21.1	0.28	4.1
스위스	4.2	9.8	0.43	2.7	15.2	0.18	1.5
스페인	4.6	12.4	0.37	2.6	19.9	0.13	2.0
싱가포르	6.5	12.7	0.51	6.9	20.3	0.34	−0.4

국가	핼러윈 전략			12개월 매수&보유 전략			핼러윈 수익률 – 12개월 매수&보유 수익률(%p)
	연복리 수익률 (%)	표준편차 (%)	샤프 지수	연복리 수익률 (%)	표준편차 (%)	샤프 지수	
아르헨티나	17.5	25.3	0.69	16.7	32.8	0.51	0.8
아일랜드	8.8	12.6	0.70	3.1	20.5	0.15	5.7
영국	5.5	8.9	0.62	2.7	15.0	0.18	2.8
오스트리아	9.9	11.9	0.83	4.4	19.7	0.22	5.5
요르단	7.1	12.7	0.56	5.0	17.8	0.28	2.1
이탈리아	6.9	13.9	0.50	−0.3	20.2	−0.01	7.2
인도네시아	18.4	17.0	1.08	11.8	25.8	0.46	6.6
일본	6.5	12.7	0.51	2.0	18.6	0.11	4.5
칠레	7.2	10.2	0.71	8.5	14.3	0.59	−1.3
캐나다	7.5	9.7	0.77	6.1	15.1	0.40	1.4
태국	9.7	18.2	0.53	10.3	27.2	0.38	−0.6
터키	29.3	31.9	0.92	19.1	38.9	0.49	10.2
포르투갈	4.7	11.7	0.40	−2.7	19.6	−0.14	7.4
프랑스	7.4	11.7	0.63	3.6	18.7	0.19	3.8
핀란드	7.4	21.3	0.35	4.2	28.6	0.15	3.2
필리핀	9.9	12.8	0.77	9.7	20.5	0.47	0.2
한국	11.7	18.6	0.63	11.3	25.9	0.44	0.4
호주	6.7	7.9	0.85	5.0	13.6	0.37	1.7
홍콩	5.4	13.9	0.39	7.4	22.5	0.33	−2.0

▶ 영상 269, 434

한국형 핼러윈 전략

마지막으로 한국에서 11~4월에는 코스피, 5~10월에는 5년 국채에 투자했다면 어떤 결과가 있었는지 분석해보겠다. 5년 국채를 사용한 것은 내가 확보한 데이터 중에서 기간이 가장 길기 때문이다. 주식 수익에는 배당 수익도 포함된다.

우선 이 기간에 주식과 채권의 수익률부터 살펴보자.

코스피와 한국 5년 국채의 투자 성과 비교(1987/01~2020/12)

포트폴리오	초기 자산 (달러)	최종 자산 (달러)	연복리수익률 (%)	표준편차 (%)	수익 난 월 (%)	MDD (%)
코스피	10,000	184,348	8.95	27.05	53.4	71.2
5년 국채	10,000	183,762	8.94	5.54	74.6	13.3

한국에서는 1987~2020년의 34년 동안 주식과 채권의 수익률이 거의 같다. '장기적으로는 주식 수익률이 채권 수익률보다 높다'라는 상식을 깨는 데이터

다. 게다가 표준편차, 수익 난 월, MDD 데이터를 분석해보면 채권이 주식보다 훨씬 더 안전하다고 느껴진다. 물론 금리가 크게 하락했으니 미래에는 주식 수익률이 채권 수익률보다 높을 것으로 예상한다.

1987년부터 11~4월에는 주식에, 5~10월에는 채권에 투자하는 '한국형 핼러윈' 전략을 분석해보겠다. 이 책에서 구체적으로 다루는 첫 번째 전략이다.

투자 전략 1: 한국형 핼러윈 전략

분류	계절성
매수 전략	11~4월에는 코스피지수(KODEX200), 5~10월에는 5년 국고채 매수
매도 타이밍	4월, 10월 마지막 거래일

한국형 핼러윈 전략, 코스피, 5년 국채의 투자 성과 비교(1987/01~2021/02)

포트폴리오	초기 자산 (달러)	최종 자산 (달러)	연복리수익률 (%)	표준편차 (%)	수익 난 월 (%)	MDD (%)
핼러윈 전략	10,000	775,979	13.65	20.54	63.7	35.8
코스피	10,000	184,348	8.95	27.05	53.4	71.2
5년 국채	10,000	183,762	8.94	5.54	74.6	13.3

한국에서 핼러윈 전략을 썼다면 단순하게 코스피지수를 매수해서 보유한 것보다 훨씬 더 높은 수익률을 달성할 수 있었다. 연복리수익률 13% 이상을 내기

영상 269
▲

영상 434
▲

한국형 핼러윈 전략의 수익(1987~2020)

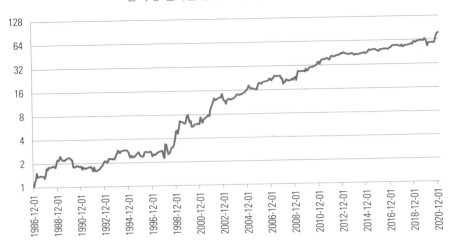

한국형 핼러윈 전략의 손실 구간(1987~2020)

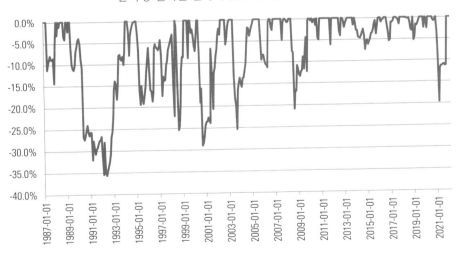

가 저렇게 쉽다는 것에 놀랐는가? 게다가 MDD도 주가지수의 절반 수준이다.
그렇다고 해서 '11~4월에는 주식이 무조건 오른다!'라고 생각하면 큰 착각이다.

연도별 11~4월 전략의 수익률(1987~2020)

시작 연도	수익률(%)	시작 연도	수익률(%)
1987	48.94	2004	10.29
1988	27.13	2005	9.16
1989	28.88	2006	22.59
1990	−22.97	2007	13.02
1991	−6.46	2008	−11.59
1992	−11.49	2009	23.03
1993	17.22	2010	10.18
1994	21.05	2011	16.43
1995	−18.87	2012	3.82
1996	−0.95	2013	2.71
1997	−7.18	2014	−3.36
1998	−10.53	2015	8.28
1999	95.60	2016	−1.74
2000	−12.97	2017	9.82
2001	12.22	2018	−0.32
2002	56.62	2019	8.57
2003	−9.04	2020	−6.52

1990년대에는 전반적으로 실적이 별로였고(▶영상 434), 2019~2020년에도 코로나19 사태 때문에 수익률이 좋지 않았다.

　연도별 수익률을 분석해보면 11~4월 전략이 매년 이기는 것은 아니다. 34년 중 20번은 수익이 났고 14번은 손실이 났다. 이 세상 어디에도 100% 통하는 전략은 없다! 만약 그런 전략이 있다면 이 세상 모든 돈이 몰려서 그 전략의 초과 수익이 사라지게 된다. 주식은 맞다 틀렸다를 다투는 싸움이 아니라 이길 확률을 조금씩 올리는 싸움이다.

　지금까지 세계 거의 모든 국가에서 11~4월 수익률이 5~10월 수익률보다 월등히 높고 한국도 예외가 아니라는 점을 분석했다. 나는 이 책에 나오는 모든 전략의 11~4월, 5~10월 수익률을 분석했다. 나는 투자할 때 자산 배분 전략을 활용하는데 주식 비중을 11~4월에는 높게, 5~10월에는 낮게 가져간다. 이 책에 나오는 백테스트 데이터가 11~4월에만 주식에 투자할지, 아니면 1년 내내 주식에 투자할지, 1년 내내 투자하더라도 5~10월에 비중을 축소할지 판단하는 데 도움이 되었으면 한다.

16 핼러윈 현상의 원인

도대체 이 핼러윈 현상은 왜 발생하는 걸까? 이 결과를 연구한 투자자들은 여러 가설을 세웠다. 아래에 3가지를 예로 들었다.

■ 투자자의 기분: 서양인들은 우리와 달리 '가을'을 매우 싫어한다. 유럽은 여름에 해가 길고 날씨가 좋고 화창하고 습도도 낮아서 지내기가 매우 좋다. 그러다가 9~10월부터 날씨가 안 좋아지고 춥고 밖에 나가기가 싫어져서 투자자들이 우울해져 주식을 팔고 따라서 주식 투자 수익률이 별로 높지 않다. 반대로 12월에는 크리스마스 때문에, 1월에는 새해가 시작하니까, 3~4월에는 지긋지긋한 겨울이 끝나고 봄이 시작되어서 전반적으로 투자

▲ 영상 110

자들의 기분이 좋아진다.

- 애널리스트 전망: 애널리스트들은 연말에 내년은 올해보다 좋을 것이라는 장밋빛 보고서를 많이 내놓는다. 그러다가 연중에는 현실이 별 볼 일 없다는 것을 눈치채고 수익 전망 등을 다시 낮춘다. 그래서 연말에 주식 수익률이 높고 연중에는 별 볼 일 없다는 설이 있다.

- 기관 자금 흐름: 일반 회사도 그렇듯이 펀드 대부분은 12월까지 연간 계획이 있다. 이유가 무엇이건 연말까지 자금을 회수해야 하는 기관들도 있기 마련인데, 금액이 크다면 12월 마지막 주에 모든 자금을 회수할 수 없으니 9~10월부터 매도에 나선다고 한다. 원래 9~10월에 매도세가 강한데 외부 충격까지 더해져 수익이 더욱 악화된다는 설도 있다. 실제로 1929, 1987, 2008, 2018년 10월에 주식시장이 급락한 사례가 있다.

마음에 드는 것이 있는가? 나는 완전히 수긍할 만한 논리를 찾지 못했지만, 우리가 금융시장의 모든 원리를 이해할 필요는 없다. 그냥 11~4월 주식 비중을 늘려서 득을 보면 될 뿐.

이유가 무엇이든 11~4월과 5~10월 주식 수익률이 이렇게 뚜렷이 다른 점은 정말 놀라운 현상이다. 나는 그래서 자주 **"십일사천국, 오십지옥"**이라고 말하고 다닌다.

Quantitative Investment

6장 벤저민 그레이엄, 가치투자와
퀀트 투자를 창조한 영웅

17 무에서 유를 창조한 영웅

《할 수 있다! 퀀트 투자》에서 "투자계에서 워런 버핏을 '현인'이라고 부른다면 벤저민 그레이엄은 '성인'의 반열에 오를 만한 분이다"라고 평한 바 있다. 벤저민 그레이엄이 《증권분석(Security Analysis)》을 쓴 1930년대 초 이전에도 주식에 투자하는 사람이 많았다. 특히 1920년대에는 투기 붐이 강해서 미국 시장이 크게 올랐다가 1929년 경제 공황이 오면서 다우존스지수가 최고점 대비 90% 하락하는 등 엄청난 격변을 겪었다.

그런데 이렇게 주식 투자자가 많았는데도 1930년대 초반까지는 이렇다 할 이론서 하나 없었다. 전설적인 모멘텀 트레이더 제시 리버모어의 투자 전략과 인생을 소설화한 《어느 주식투자자의 회상(Reminiscences of a Stock Operator)》, 찰스 다우Charles Dow와 윌리엄 해밀턴William Hamilton, 로버트 레아Robert Rhea가 만든 다우 이론 관련 책들, 차트 관련 책 몇 권이 전부였다. 이 책들은 모두 '가격'과 '거래량'을 주로 다루며, 기업 재무제표에 기반한 가치투자나 수치와 규칙에 기반한 퀀트 투자 같은 것은 생각한 사람조차도 없었다.

보통 학문은 선구자들의 논문이나 책을 연구한 학자들의 아이디어를 덧붙여서 조금씩 발전하는 것이 정상일 것이다. 아무 이론이 없는 진공 상태에서 새로운 이론을 만드는, 무에서 유를 창조하는 경우는 학계든 투자계든 매우 드문 일이다.

벤저민 그레이엄이 바로 그런 일을 해냈다. 그가 《증권분석》과 《현명한 투자자(The Intelligent Investor)》에 남긴 내용은 지금도 딱히 틀린 내용이 없다. 이 책은 '저평가된 좋은 기업에 투자하는' 가치투자를 설명한다. 게다가 이 과정을 누구나 따라 할 수 있는 규칙으로 단순화해 '퀀트 투자'라는 투자 방법도 같이 창조해냈다. 나는 가치투자의 이론은 그레이엄이 만들었고 나머지 이론은 그의 주석이라고 해도 과언이 아니라고 생각한다.

혹자는 그레이엄이 기업의 계량적인 부분에만 너무 집착하고 비계량적인 면을 등한시했다고 비판하는데 《증권분석》을 자세히 읽어보면 비계량적 측면이 상세하게 서술되어 있다. 다만 그레이엄은 이런 비계량적 요소에는 주관적인 판단이 필요한 상황이 많이 발생하기 때문에 독자들에게 '객관적으로' 투자할 수 있는 방법을 알려주고 싶어서 계량적인 투자 전략들을 고안해냈다고 밝혔다. 컬럼비아대학에서 그레이엄에게 투자를 배우고 한때 그의 회사에서 일했던 워런 버핏이 괜히 "나는 85%는 벤저민 그레이엄, 15%는 필립 피셔Philip Fisher"라는 말을 남긴 것이 아니다.

영상 474

수만 년 전 어떤 원시인이 달을 바라보다가 "저기 한번 가볼까?" 하고 결심한 후 몇 년 만에 로켓을 만들고, 실제로 달에 갔다 오고, 지금까지도 그의 디자인으로 로켓을 만든다면 '말도 안 돼!'라고 할 것이다. 그레이엄의 업적은 그에 버금간다고 생각한다.

이 정도로 그레이엄 찬양을 마치고 이제부터는 우리에게 구체적으로 도움이 되는 NCAV 전략을 분석해보겠다.

18

100년 된 전략이 연복리 20%? 불멸의 NCAV 전략

《할 수 있다! 퀀트 투자》에 소개한 NCAV 전략은 그레이엄이 《증권분석》에서 제시한 불멸의 전략이다. 그는 "이 전략에 적합한 주식을 20~30개 찾아 분산 투자하면 돈을 잃고 싶어도 어렵다"라는 말을 남겼다. 이 전략은 말도 안 되게 저평가된 기업을 '거저 줍는' 방법으로, 청산가치보다도 저렴하게 평가되는 기업을 매수한다. NCAV(Net Current Asset Value)는 우리말로 '순유동자산'이며 기업 유동자산에서 부채총계를 빼서 산출한다.

기업을 청산할 경우 자산을 다 팔아서 부채를 갚고 남은 것을 주주들이 가져가게 된다. 자산은 1년 내에 현금화가 가능하다고 예상하는 유동자산(현금, 단기 금융자산, 매출채권, 재고 등)과 그렇지 않은 비유동자산(토지, 건물, 설비 자산, 기계 등)

▲ 영상 19

으로 나뉜다. 유동자산은 재고자산 일부를 제외하면 실제 청산가치와 장부가치가 크게 차이 나지 않는다. 반면 비유동자산은 급하게 팔 경우 장부가치보다 상당히 낮아질 가능성이 있다. 기업 공장이 시골 어딘가에 있다면 매수 희망자가 적을 것이고, 나타난다 해도 싸지 않으면 거들떠보지 않을 가능성이 높기 때문이다. 기계라면 특정 기업에만 필요한 경우도 많다.

그레이엄은 《증권분석》에서 각 자산의 청산가치를 아래와 같이 추정했다.

자산 구분	장부가치 대비 청산가치(%)	
	보통 범위	대략적인 평균
현금, 단기 금융자산	100	100
매출채권	75~90	80
재고	50~75	66.6
비유동자산(부동산, 건물, 기계, 설비 자산, 비유동증권, 무형자산 등)	1~50	15

그래서 기업의 청산가치로 비유동자산을 포함하지 않은 순유동자산을 선택한 것이다. 비유동자산이 없는 셈 치고 가치를 0으로 평가해서 청산가치를 매우 보수적으로 측정했다.

오리지널 NCAV 전략은 흑자를 내고 청산가치(순유동가치)가 시가총액보다 50% 이상 높은 기업을 매수하는 전략이다. 사실 이렇게 주식 가격이 낮은 것은 경제적 논리로 설명하기 어렵다. 시가총액에 상당하는 자금을 마련하고 그 기업의 주식을 모두 사서 당장 기업을 청산하면 돈을 벌 수 있기 때문이다. 그래서 나는 저NCAV 기업을 '주식시장의 해태'라고 표현한다. 현실 세계에는 해태라는 전설적인 동물이 존재하지 않지만, 놀랍게도 주식시장에서는 저런 있을 수 없는(?), 청산가치보다도 훨씬 저렴한 기업들이 존재한다. 이런 기업은 나중에 정상적인 가치로 회귀할 가능성이 상당히 크다. 이렇게 초저평가된 기업들로 포트폴리오를 구성해서 부자가 되는 것이 이 전략의 핵심이다.

그레이엄 자신은 "분산된 NCAV 주식 포트폴리오의 30년 연복리수익률은 20% 정도였다"라고 밝혔고, 버핏도 초창기인 1950년대에는 스승에게 배운 바와 같이 주로 NCAV 주식 위주로 거래했다. 1950년대 그의 수익률은 다우존스 지수의 수익률보다 50%(!)나 높았다.[4] 수익률만 보면 1950년대가 가장 성공적인 10년이었다고 그도 나중에 인정했다.

물론 우리에게는 이 전략이 20세기 초반에 잘 먹혔는지가 아니라 21세기에도 활용 가능한지가 중요하다. 그래도 그레이엄이 전략을 발표한 후 NCAV 전략의 수익을 분석한 논문이 몇 개 있으니 같이 살펴보았다.

저자	분석 시장	구간	수익률(%)
헨리 오펜하이머[5]	미국	1970~1983	29.4
토비아스 칼라일 등[6]	미국	1984~2008	30 이상
글렌 아널드 등[7]	영국	1981~2005	19.7
제임스 몬티어[8]	미국, 유럽, 일본	1985~2007	35

NCAV 전략 발표 후 수십 년이 지났는데도 상당히 높은 수익률이 유지되는 것을 볼 수 있다. 물론 우리에게 중요한 건 21세기 한국 시장의 수익률이다.

한국 시장에서 2000/10/31부터 2020/12/31까지 134쪽 NCAV 전략을 사용한 결과 연복리수익률은 23.4%였다. 그레이엄이 연복리수익률 20%를 벌었던 이 전략이 21세기 대한민국에서도 20% 이상을 번 것이다!

투자 전략 2: NCAV 전략

분류	밸류
매수 전략	아래 조건에 부합하는 주식 확인 • (유동자산−총부채) > 시가총액 × 1.5 • 분기 순이익 > 0 위 조건에 맞는 주식 중 '(유동자산-총부채)/시가총액' 비중이 가장 높은 주식 매수
매수 종목	20개 권장(해당 종목이 부족할 경우 한 종목에 최대 자산의 5%만 투자)
매도 전략	4월, 10월 마지막 거래일(연 2회) 리밸런싱

그런데 전략에 적합한 초저평가 주식이 매우 적은 경우가 많고, 2007년 4월과 2010년 10월에는 단 한 개도 없었다. 그래서 전략을 다소 완화해서 백테스트를 다시 했다.

투자 전략 3: 완화 NCAV 전략

분류	밸류
매수 전략	아래 조건에 부합하는 주식 확인 • (유동자산−총부채) > 시가총액 • 분기 순이익 > 0 위 조건에 맞는 주식 중 '(유동자산-총부채)/시가총액' 비중이 가장 높은 주식 매수
매수 종목	20개 권장(해당 종목이 부족할 경우 한 종목에 최대 자산의 5%만 투자)
매도 전략	4월, 10월 마지막 거래일(연 2회) 리밸런싱

오리지널 전략과 바뀐 건 딱 하나다. '유동자산 - 총부채(청산가치)'가 시가총액보다 높으면 투자 대상에 포함한다. 청산가치가 시가총액보다 50% 이상 높을 필요가 없다. 이렇게 전략을 수정하니 청산가치보다 시가총액이 낮은 기업을 매번 10개 이상 찾을 수 있었고, 2000~2020년 구간의 평균은 44개였다. 이정도면 분산된 포트폴리오를 만들 수 있다.

한국에서 2000/11~2020/12 기간의 연복리수익률은 136쪽 표와 같다. 한국에 상장된 중국 기업과 스팩 기업은 제외했다.

한국 완화 NCAV 전략의 수익(2000~2020)

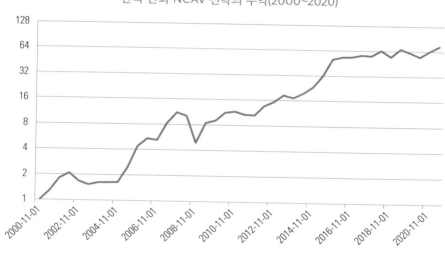

여기서 의문이 생길 것이다. 《할 수 있다! 퀀트 투자》에는 연 1회 리밸런싱했는데 왜 갑자기 연 2회 실시하는가?

《할 수 있다! 퀀트 투자》를 쓴 후 11~4월의 주식 수익률이 5~10월 수익률보다 압도적으로 높다는 사실을 알게 되었다. 따라서 11~4월에 주식 비중을 높이고 5~10월에는 줄이는 방법을 강력히 추천하는데, 그러려면 전략 대부분에 저

한국 완화 NCAV 전략의 연복리수익률(2000/11~2020/12)

구간	수익률(%)	구간	수익률(%)
2000/11~2001/04	28.52	2001/05~2001/10	40.66
2001/11~2002/04	14.11	2002/05~2002/10	−19.40
2002/11~2003/04	−8.99	2003/05~2003/10	6.48
2003/11~2004/04	0.14	2004/05~2004/10	1.01
2004/11~2005/04	48.15	2005/05~2005/10	79.39
2005/11~2006/04	23.97	2006/05~2006/10	3.61
2006/11~2007/04	59.03	2007/05~2007/10	33.76
2007/11~2008/04	−8.47	2008/05~2008/10	−51.70
2008/11~2009/04	71.36	2009/05~2009/10	7.59
2009/11~2010/04	23.77	2010/05~2010/10	3.29
2010/11~2011/04	−7.40	2011/05~2011/10	−1.44
2011/11~2012/04	28.49	2012/05~2012/10	12.09
2012/11~2013/04	21.16	2013/05~2013/10	−6.83
2013/11~2014/04	13.48	2014/05~2014/10	19.50
2014/11~2015/04	36.32	2015/05~2015/10	57.98
2015/11~2016/04	6.39	2016/05~2016/10	0.93
2016/11~2017/04	5.26	2017/05~2017/10	−1.48
2017/11~2018/04	16.39	2018/05~2018/10	−15.85
2018/11~2019/04	24.21	2019/05~2019/10	−9.52
2019/11~2020/04	−10.65	2020/05~2020/10	17.18
2020/11~2020/12	15.15		
11~4월 평균	18.20	**5~10월 평균**	4.90
전체 평균	24.00		

내용이 유효한지 분석해야 한다.

아니나 다를까 NCAV 전략도 11~4월 수익률이 연복리 18.2%인데 5~10월은 4.9%밖에 안 되었다.

어쨌든 놀라운 점은 이것이다.

- **이런 심플한 투자 전략이 21세기 대한민국에서 연복리 24%라는 놀라운 수익을 기록했다. 그것도 공개된 지 거의 90년이 되는 전략이!**
- 그런데 중간에 굴곡이 많다. 특히 2008년 5~10월 구간에 탈탈 털리는 것을 볼 수 있는데, 이미 초저평가되었던 기업의 주가가 다시 한번 51.7% 하락했다. MDD를 계산해보니 53%였다. 미국발 금융위기, 정말 끔찍했다. 이번 코로나 시기에도 NCAV 주식은 2020년 1월부터 3월까지 석 달 만에 25% 하락했다. 참고로 이 전략에 11~4월에만 투자했다면 2007~2020년 구간 MDD는 53%에서 27.8%로 낮아졌다.
- NCAV 전략은 우수하지만 일시적으로 통하지 않는 구간이 꽤 길 수 있다. 특히 2002~2003년과 2008년 수익은 처참했다.
- 모든 주식이 고르게 올라준다고 생각하면 매우 곤란하다. '연복리 24%' 포트폴리오에는 기업이 파산해서 100% 손실이 난 주식도 있고 6개월 만에 589% 오른 주식도 있었다. 이렇게 많이 또 적게 오르는 주식들이 합쳐져서 연복리 24%를 만든 것이다.

▲ 영상 242

▲ 영상 443

2장 투자 심리 부분에서 설명했듯이 많은 투자자는 처분 효과 편향 때문에, 이후 많이 오를 주식을 끝까지 버티지 못하고 20~30% 오를 때 팔아버린다. 그렇게 하면 절대로 연복리수익률 24%에 도달할 수 없다.

참고로 나는 242, 443번 영상에서 당시 어떤 논리로 NCAV 전략에 맞는 종목을 찾았는지 설명했고 실제로 그 종목에 투자도 했다.

Quantitative Investment

7장 소형주와 저PBR주의 재발견,
유진 파마

19 유진 파마, 노벨상을 받다

유진 파마Eugene Fama는 2013년 노벨 경제학상을 받은 위대한 경제학자다. 그는 57년(!)에 걸쳐 논문 117편을 썼고, 사회과학 논문을 모은 Social Science Research Network(SSRN) 경제 분야에서 두 번째로 많은 다운로드 횟수를 기록했다.

아이러니한 점은 그가 '효율적 시장 가설(Efficient Market Hypothesis, EMH)'을 만든 공로를 인정받아 노벨상을 받았다는 점이다. 효율적 시장 가설은 주식 투자자가 꼭 알아야 할 이론이다. 간단하게 요약하면 "주가는 무작위로 움직이므로 어떤 방법을 써도 주가를 예측할 수 없다"라는 것이다. 주식시장은 '효율적'이어서 모든 중요한 정보가 주가에 벌써 반영되어 있으므로 새로운 정보만 주가에 영향을 미칠 수 있고, 투자자들은 '새 정보'의 내용을 모르기에(안다면 새 정보가 아니다) 미래 주가의 방향을 전혀 알 수 없다는 것이다.

파마는 효율적 시장을 세 가지로 나눈다.

- 약형(weak) 효율적 시장: 현재 주가는 과거 주가를 분석해서 미래 주가를 예측할 수 없다(모멘텀, 역추세 투자의 효용 부정).
- 준강형(semi-strong) 효율적 시장: 공개된 정보(재무제표 등)로 미래 주가를 예측할 수 없다(밸류, 퀄리티 등 재무제표 또는 경제지표를 활용한 투자의 효용 부정).
- 강형(strong) 효율적 시장: 공개되지 않은 내부자 정보도 주가에 반영되어 있어서 미래 주가를 예측할 수 없다.

따라서 파마는 투자자가 어떤 방법을 쓰더라도, 즉 주가를 연구하거나, 재무제표를 연구하거나, 심지어 내부자 정보가 있어도 주가의 방향을 예측할 수 없으며, 따라서 장기적으로 초과수익을 내는 것은 불가능하다고 주장한다. 주가가 무작위로 움직인다면 투자자는 장기적으로 '주식'이라는 자산군의 평균, 즉 주가지수와 유사한 수익을 내는 것이 합리적이겠지. 파마는 "기대수익률을 높일 수 있는 유일한 방법은 변동성이 더 높은, 즉 리스크가 높은 주식을 사서 하이 리스크 하이 리턴 전략을 추구하는 것뿐이다"라고 했는데, 그 말이 맞는지 나중에 분석해보자. 물론 파마의 주장이 맞는다면 이 책을 읽을 필요가 전혀 없다. 그냥 주가지수 ETF에 투자하는 것이 합리적이다.

실제로 우리는 펀드매니저 대부분이 주가지수보다 낮은 수익률을 기록했다는 사실을 배웠다. 주가를 예측해서 초과수익을 내는 것이 경험이 많고 학교에서 배운 것도 많은 펀드매니저에게도 매우 어려운 것은 확실하다.

파마는 효율적 시장 가설을 자신의 박사 논문에 정리했고, 이 가설은 1960년대 말부터 학계에서 종교처럼 받아들여졌다. 이를 부정하는 학자들은 거의 매장당할 정도였다.

20

파마의 셀프 도장 깨기 (1) 소형주 효과

파마의 효율적 시장 가설은 처음 들어보면 매우 그럴듯하다. 실제로 주가는 상당히 많은 정보를 반영하고 있다. 그렇다면 6장에서 설명한 그레이엄 NCAV 전략의 엄청난 초과수익은 어떻게 설명한 수 있을까? 유동자산과 부채, 시가총액, 순이익 데이터를 찾는 것은 그리 어렵지 않고, 그레이엄의 저서 《증권분석》과 《현명한 투자자》는 90여 년에 걸쳐서 전 세계에서 수백만 권 팔린 베스트셀러. 심지어 《현명한 투자자》는 2021년 1월 18일 현재 아마존에서 경제와 금융 부문 1위를 유지하고 있다! 1940년대에 쓴 책인데도 말이다. 1930년대부터 알려진 간단한 재무제표 데이터를 활용하는 전략이 어떻게 아직도 연복리 20% 이상의 수익률을 낼 수 있을까? 효율적 시장 가설로 전혀 설명이 되지 않는 부분이다.

아이러니하게도 파마는 1990년대부터 자신의 효율적 시장 가설과 충돌하는, 주가지수 대비 초과수익을 낼 수 있는 전략을 여러 개 발표해서 학계를 충격에 빠트렸다. 그중 하나가 '소형주' 효과, 즉 시가총액이 작은 기업의 주식(소형주)이 시가총액이 큰 기업의 주식(대형주)보다 수익률이 높다는 내용이다. 사실 1980년 파마의 학생인 롤프 반츠Rolf Banz가 이와 관련해 박사 논문을 썼다.[9] 반츠는 박사 지망생일 뿐이라 별 영향을 미치지 못했는데, 갑자기 파마가 1992년에 금융 역사에서 가장 중요한 논문 중 하나인 'The Cross Section of Expected Stocks Returns(기대수익률의 단면)'를 발표한다. 이 논문의 주요 내용 중 하나는 1963~1990년 미국 주식의 수익률을 분석해보니 소형주의 수익률이 대형주의 수익률보다 월등하게 높았다는 것이다. 분명 이 내용은 파마의 효율적 시장 가설과 전혀 맞지 않는다. 시가총액이야말로 누구나 몇 초 만에 확인할 수 있는 지표인데 이 지표를 통해 초과수익을 낸다는 건 말이 안 되니까. 일단 파마는 명성에 금이 갈 것을 무시하고 연구 결과를 발표했다.

나는 파마가 결과를 발표한 후에도 소형주의 수익률이 대형주보다 높았는지 궁금해졌다(144쪽 표).

놀라운 사실이 나왔다. 파마가 분석한 1963~1990년 구간에는 시가총액 하위 10%, 즉 소형주의 연복리수익률이 대형주, 즉 시가총액 상위 10% 주식의 연복리수익률보다 4.4% 높았다. 1991~2020년에도 수치가 전혀 변하지 않았다. 그런데 30년 수치가 아니라 10년별 수치를 보면 소형주와 대형주의 수익률 차이가 상당히 들쭉날쭉하다. 1990년대에는 소형주 수익이 대형주보다 3.2% 높았는데, 2000년대에는 대형주를 압도했다. 대형주 수익은 1.4%로 완전 죽을 쑨 반면 소형주는 15.7%의 수익을 기록해서 소형주의 초과수익률이 14.3%

영상 4

영상 5

기간별 미국 시가총액 십분위수 연복리수익률(%, 1963~2020)

시가총액	1963~1990	1991~2020	1991~2000	2001~2010	2011~2020
1(최소)	14.2	14.7	20.0	15.7	8.6
2	10.6	11.3	14.8	10.0	9.3
3	12.4	11.9	13.4	11.1	11.4
4	12.1	11.2	13.8	9.4	10.4
5	12.5	11.9	15.7	8.9	11.2
6	11.4	12.4	15.5	9.7	12.0
7	11.6	12.2	17.1	8.0	11.6
8	11.3	12.0	16.9	6.1	13.3
9	10.6	11.9	17.3	6.0	12.8
10(최대)	9.8	10.3	16.8	1.4	13.2
1-10	4.4	4.4	3.2	14.3	-4.6

나 되었다. 그러다 2010년대, 대형주가 반격에 나섰다. FANG(Facebook, Amazon, Netflix, Google의 약자) 등 기술주 상승에 힘입어 연복리수익률 13.2%를 기록해, 8.6%에 그친 소형주를 이긴 것이다.

여기에서의 결론은 '초장기적으로는 소형주 수익률이 대형주보다 높아 보이지만, 꽤 오랜 기간 동안 대형주 수익률이 소형주보다 높을 수도 있다' 정도가 되겠다. 이 말은 **"대형주나 소형주 한쪽에 치우치지 않고 둘 다 사야 한다"**라는 메시지도 준다. 물론 아주 길게 보면 소형주 수익률이 더 높지만, 2010년대처럼 주가지수는 엄청나게 급상승하는데 소형주 수익률은 지지부진한 경우가 의외로 많고 이 구간이 10년이나 걸릴 수도 있다. 따라서 대형주와 소형주에 분산투자하는 것을 추천한다.

한국 시장은 어땠을까?(▶ 영상 449)

한국 시가총액 십분위수 연복리수익률(2000/10~2020/12)

시가총액	연중(%)	11~4월(%)	5~10월(%)
1(최소)	25.60	19.79	5.45
2	18.06	17.93	0.53
3	11.02	14.53	−2.80
4	7.44	13.53	−5.19
5	2.23	10.28	−7.25
6	3.52	10.60	−6.32
7	0.89	8.37	−6.89
8	2.33	8.54	−5.67
9	4.76	8.74	−3.55
10(최대)	6.68	7.66	−0.76
1−10	18.93	12.13	6.21

한국 시장에서는 최근 20년 동안 소형주의 수익률이 엄청나게 높았다. 그냥 매년 시가총액 하위 10% 기업에 동일한 자금을 투자했다면 연복리 25.6%라는 엄청난 수익을 낼 수 있었다! "망한 기업들이 빠진 것 아닌가?"라고 질문할 텐데, 이 데이터는 생존 편향이 없다. 즉, 중간에 상장폐지된 기업의 수익률을 −100%로 계산했고, 실제로 시가총액이 작은 기업 중 파산한 기업이 꽤 있었는데도 불구하고 저 실적이 나온 것이다.

특히 11~4월과 5~10월 수익률이 매우 흥미롭다. 11~4월에는 대형주, 중형주, 소형주 모두 수익을 냈는데, 5~10월 구간에서는 시가총액 하위 20% 기업을 제

▲ 영상 449

외하고는 모두 마이너스 수익을 냈다! 이러니 '정말 11~4월만 투자할까?'라는 유혹이 안 생길 수 없다. 그렇다면 이제 소형주에 올인해야 할까?

한국 대형주와 소형주의 수익(2000/10~2020/12)

이 그림이 시사하는 바가 크다. 20년 전체 수익을 보면 소형주 수익률이 대형주보다 훨씬 높은 것이 사실이지만 대형주 수익률이 더 좋았던 구간도 있다. 예를 들면 2007~2011년은 소형주의 성과가 대형주 대비 매우 부진해서 2000/10~2013/10에는 소형주와 대형주의 수익률 차이가 거의 없다. 그러다가 2014~2020년 소형주 수익률이 워낙 높아서 전체 구간의 수익률이 높아 보이는 것이다. 물론 2020년 이후에는 대형주의 수익률이 소형주를 다시 능가할 가능성도 있다. 나는 미국 시장에서는 소형주 수익률이 대형주 수익률보다 약 4% 높은데 한국에서는 19%나 차이 나는 것은 말이 안 된다고 생각한다. 그래서 다시 한번 강조하는 사항은 **"대형주와 소형주 한쪽에 치우치지 않고 둘 다 사야 한다"**다.

21 파마의 셀프 도장 깨기 (2) PBR 효과

시가총액이라는 간단한 도구로 초과수익을 달성할 수 있다는 사실에 놀랐을 것이다. 그런데 파마는 자신의 논문에서 시장보다 높은 수익을 낼 수 있는 두 번째 요소를 제공한다. 바로 PBR이다. 저PBR주들이 고PBR주보다 수익이 월등히 높다는 사실을 발견한 것이다. PBR은 밸류 지표, 즉 시가총액을 주요 재무제표 지표인 자본총계(순자산)으로 나눈 지표다.

이것도 사실 파마가 직접 발견한 건 아니다. 1980년 파마가 근무하던 시카고 MBA 과정에서 데니스 스태트먼Dennis Stattman이라는 학생이 이 내용의 논문을 발표하는데, 그가 석사 지망생이라 아무도 관심이 없었다. 파마가 앞에서 언급한 '기대수익률의 단면' 논문을 발표한 후에야 저PBR 주식의 위력이 널리 알려

영상 4
▲

영상 5
▲

지게 되었다. 물론 그레이엄도 저PBR 기업의 수익률이 높다고 언급한 적이 있지만, 저PBR 효과를 학계에 전파한 것은 파마라고 볼 수 있다.

기간별 미국 PBR 십분위수 연복리수익률(%, 1963~2020)

PBR	1963~1990	1991~2020	1991~2000	2001~2010	2011~2020
1(최저)	20.1	19.2	29.8	19.0	9.8
2	18.9	16.4	24.0	14.8	10.7
3	17.2	14.2	21.5	12.3	9.1
4	16.8	15.4	22.2	15.1	9.2
5	14.8	14.2	20.1	11.8	10.8
6	12.7	14.1	20.0	12.5	10.0
7	12.5	13.0	17.6	10.7	10.8
8	10.5	12.6	15.6	10.3	12.1
9	9.7	10.6	12.4	8.2	11.3
10(최고)	4.9	6.9	6.3	3.1	11.3
1-10	15.2	12.3	23.5	15.9	-1.5

　　미국 시장에서 저PBR주의 엄청난 수익이 놀랍다. 파마가 분석한 1963~1990년 구간을 살펴보면 저PBR주에만 투자했어도 연복리수익률 20.1%를 얻을 수 있었다. 게다가 저PBR 효과가 알려진 1991년부터 2020년까지의 연복리수익률(19.2%)도 크게 다르지 않다. 심지어 1991~2000년, 2001~2010년 구간에는 저PBR과 고PBR 주식의 수익률 차이가 1963~1990년 구간보다 더 커졌다. 그러다가 2010년대에 고PBR 주식이 저PBR 주식의 수익률을 앞질렀다.

　　이걸 보고 의견이 분분하다(▶영상 362). PBR 효과가 너무 널리 알려져서 효과를 잃었다고 주장하는 사람이 있고, 1991~2000년대에 저PBR 주식의 수익률이 비정상적으로 높아서 평균회귀가 일어났다고 추측하는 사람도 있다. 미국 시장 데이터를 분석하면 1937~1942년에도 저PBR 주식의 수익률이 고PBR 주식보다 훨씬 낮았던 적이 있었다. 그 후부터는 다시 저PBR주의 수익률이 고PBR주의 수익률을 압도했다. 따라서 둘 중 어떤 주장이 맞는지 확인하기 어렵다. 나는 2010년대가 비정상적인 10년이었고 저PBR 주식이 다시 고PBR 주식의 수익률을 앞지를 거라고 전망하는데, 2020년대에도 저PBR 주식이 부진하다면 생각이 달라질 것 같다.

그렇다면 '소형주 중 저PBR 주식'의 수익률이 높을 거라고 추정하는 것도 합리적이다. 이제 글로벌 시장(정확히 말하면 선진국 23개국)으로 가보자. 파마가 오리지널 논문에서 1963~1990년 시장을 분석했으니 나는 그 후 구간, 즉 1991~2020년의 실적을 찾아보겠다.

글로벌 23개국 시가총액과 PBR 오분위수 연복리수익률(%, 1991~2020)

시가총액 \ PBR	1(최저)	2	3	4	5(최고)	1-5
1(최소)	19.4	12.4	11.2	9.6	6.3	13.1
2	10.6	9.6	8.4	7.4	3.7	6.9
3	10.2	9.4	9.0	7.3	5.8	4.4
4	9.1	9.4	9.1	9.1	8.1	1.0
5(최대)	9.2	8.8	9.2	9.8	7.5	1.7

▲ 영상 362

결과가 흥미롭다. 일단 예상했던 것처럼 소형주 저PBR 주식의 수익률이 가장 높았다. 시가총액 하위 20% 기업 중에서 PBR 하위 20% 주식을 샀다면 1991~2020년 구간에 연복리 19.4%를 벌 수 있었다. 이러면 30년 동안 원금이 202.7배로 늘어난다. 버핏조차도 이 구간에는 연복리 19%를 벌지 못했으니 상당한 수준이다. 또한 소형주 내에서는 저PBR(19.4%)과 고PBR(6.3%)의 수익률 차이가 상당히 컸다. 그런데 시가총액 상위 기업, 즉 대형주에서는 차이가 현저히 줄어들었다

이것은 퀀트 전략의 공통적인 현상이니 강조하겠다. **퀀트 전략은 소형주에서 수익률이 훨씬 높다**(▶영상 438).

PBR이 낮은 것에는 두 가지 이유가 있을 수 있다.

- 실제로 기업이 저평가되어 있다.
- 기업에 문제가 있어서 PBR이 낮아서 저평가되어 보인다.

대기업은 분석하는 애널리스트가 많아서 기업 가치와 가격이 크게 다른 경우가 상대적으로 적다. 그래서 PBR이 낮다면 후자, 즉 기업에 문제가 있어서 싸게 거래될 가능성이 높다. 반대로 투자자의 관심이 별로 없는 소형주는 PBR이 낮다면 전자, 즉 주식이 진짜 저평가되어 있을 가능성이 상대적으로 높다. 저평가된 기업은 언젠가 정상 평가로 회귀할 가능성이 높아서 '소형주 저PBR주'에서 저런 초과수익이 발생하는 것이다.

이제 당연히 저PBR 효과와 소형주 저PBR 효과가 한국에서도 잘 통하는지 분석해야 한다. PBR 효과를 먼저 분석해보자.

아니나 다를까, 한국도 PBR이 낮은 기업의 연복리수익률이 PBR이 높은 기업보다 월등히 높다. 11~4월 수익률이 5~10월 수익률보다 높은 것은 이제 놀랍지도 않을 것이다. 특히 고PBR 기업, 즉 PBR 상위 10%에 속하는 기업은 연복리

한국 PBR 십분위수 연복리수익률(2000/10~2020/12)

PBR	연중(%)	11~4월(%)	5~10월(%)
1(최저)	16.70	15.79	1.18
2	18.83	15.41	3.41
3	18.05	17.45	0.92
4	14.01	15.33	−0.82
5	10.27	13.72	−2.80
6	9.66	14.14	−3.70
7	5.67	11.72	−5.28
8	1.48	10.01	−7.72
9	−1.03	7.98	−8.37
10(최고)	−12.71	0.71	−13.62
1−10	**29.41**	**15.08**	**14.80**

수익률이 −12.71%이니 피해 가는 것을 강력 추천한다. 특히 '전문가'들이 추천하는 '핫한' 주식들이 PBR이 높은 경향이 있으니 조심해야 한다.

그런데 PBR 최하위 10% 기업의 연복리수익률(16.70%)이 그다음 그룹(18.83%)보다 낮은 것이 보인다. 이 문제를 분석하기 위해 PBR 하위 10% 기업을 다시 PBR에 따라 오분위수로 나누었다. 그렇게 하니 152쪽과 같은 결과가 나왔다.

저PBR 기업을 다시 한번 PBR로 나눠보니 최저 PBR(PBR 하위 2% 기업)의 수익률이 상당히 저조했다. 이유를 알아보자. 한국 주식시장 PBR 하위 2% 기업은 PBR이 0.2 이하일 가능성이 높다. 이 말은 자본총계(순자산)가 100억 원 기업의

▲ 영상 438

한국 PBR 하위 10%의 PBR 오분위수 연복리수익률(2000/10~2020/12)

PBR 하위 10%	연중(%)	11~4월(%)	5~10월(%)
1(최저)	−2.57	10.89	−12.20
2	16.34	17.97	−1.01
3	20.45	17.04	3.39
4	22.19	16.31	5.58
5(최고)	15.68	14.85	1.09

시가총액이 20억 원이 안 된다는 것을 암시하는데, 상식적으로 이해하기 힘들 정도로 낮은 수준이다. 여러분이 빚 없이 100억 원 가치가 있는 부동산을 소유한 임대 법인을 갖고 있는데, 누군가 와서 그 법인을 10억 원 또는 15억 원에 사겠다고 하면 어이가 없지 않겠는가.

그렇다면 PBR이 매우 낮다는 것은 그 기업에 중대한 문제가 있을 가능성이 높다는 것이다. 현재 순자산은 많지만 기업 경영을 못해서 적자가 많거나, 기업이 큰 위기에 처해서 파산할 가능성이 보여 시장이 기업 가치(시가총액)를 매우 낮게 평가하는 것이다. 따라서 PBR이 너무 낮은 기업들(하위 2% 또는 0.2 이하)은 피하는 것이 좋아 보인다.

그렇다면 시가총액 하위 20% 기업(소형주)을 PBR로 구분해볼까?

역시나 전반적으로 PBR이 낮은 기업의 수익률이 높고 PBR이 높은 기업의 수익률이 낮다. 특히 소형주 효과로 수익률이 전반적으로 상당히 높아서 연복리 25%도 가뿐히 뛰어넘는다. 특히 이 시가총액 하위 20% 기업 중 고PBR 기업에 접근하는 것은 치명적이다. 연복리 −18.42%를 20년 얻어맞으면 원금 100원이 2원이 되는 비극이 발생한다. 여기서도 PBR이 너무 낮은 기업은 피하는 것이

한국 시가총액 하위 20% 기업의 PBR 십분위수 연복리수익률(2000/10~2020/12)

PBR(소형주)	연중(%)	11~4월(%)	5~10월(%)
1(최저)	−0.99	10.06	−10.07
2	26.09	18.83	6.72
3	28.88	21.10	7.11
4	24.23	23.74	0.94
5	28.22	26.36	2.10
6	23.00	21.29	1.93
7	23.98	23.20	1.17
8	25.97	23.47	2.62
9	11.55	15.32	−3.01
10(최고)	−18.42	0.23	−19.02
2-10	**44.64**	**18.58**	**25.89**

상책이라는 것을 볼 수 있다. 시가총액 하위 기업 중 PBR 하위 10% 기업의 연복리수익률이 매우 저조한 것(−0.99%)이 눈에 띈다.

전반적으로 파마의 '소형주, 저PBR 전략'은 한국에서도 꽤 잘 통한다. 전 세계에서 통하는 전략이니 한국에서 안 먹힐 가능성은 적겠지?

Quantitative Investment

8장 강환국 슈퍼 가치 전략

22 퀀트 가치투자란 이런 것!

지금까지 우리는 효율적 시장 가설로 유명해진 파마 교수가 소형주 효과와 저PBR 효과를 전 세계에 널리 알리는 모순적인 행동을 하는 것을 지켜보았다.

PBR은 대표적인 '밸류(가치)' 지표다. 밸류 지표는 기업 활동에 중요한 재무제표 지표와 시가총액, 즉 시장이 평가하는 기업 가치를 비교한다. 재무제표 지표 대비 시가총액이 낮으면 그 기업은 저평가, 반대면 고평가되었다고 가정한다. PBR은 기업의 주요 지표인 '자본총계(순자산)'를 시가총액과 비교하는 지표다.

물론 PBR 외에도 밸류 지표는 많다. 회계 기초 편에서 설명했지만 시가총액과 다음 지표들을 비교할 수 있다.

▲ 영상 45

손익계산서	재무상태표	현금흐름표
PER(순이익)	PBR(자본총계)	PCR(영업활동현금흐름)
POR(영업이익)	NCAV(청산가치)	배당수익률(배당금)
EV/EBIT(영업이익)		PFCR(잉여현금흐름)

강환국 슈퍼 가치 전략의 논리는 단순하다. 파마는 저PBR 주식이 수익률이 높다는 점을 밝혀냈는데, 나는 'PBR만 낮은 기업보다는 PER 등 다른 밸류 지표도 우수한 기업의 수익률이 더 높지 않을까?'라고 생각하게 되었다.

사실 PBR은 낮은데 PER은 높은 기업도 비일비재하다. 이런 기업들은 자본총계 대비 시가총액이 낮은데 그 자산을 잘 활용하지 못해서 수익성이 매우 낮기 때문에 이익이 적고 따라서 PER이 높다. 그보다는 자본총계(순자산) 대비 저평가된 것과 동시에 순이익도 어느 정도 받쳐줘서 순이익 대비해서도 저평가된 기업의 주식이 더 우수할 거라고 합리적인 추정을 할 수 있다.

따라서 나는 2017년 PBR, PER, PCR, PSR의 밸류 지표 4개에 순위를 매기고 평균 순위가 가장 우수한 기업을 매수하는 전략을 개발해 '강환국 슈퍼 가치 전략'이라고 명명했다.

4개 지표의 평균 순위가 우수한 기업에 분산 투자하면 매우 우수한 수익이 나올 거라고 확신했기 때문에 이 전략에 내 이름을 붙였다. 그런데 왜 PER을 계산하지 않고 PER의 역수를 계산하는 걸까? 보통 PER이 낮은 기업이 순위가 높지만, PER이 음수인 기업은 기업 순이익이 적자라는 의미여서 좋지 않다. 그런데 기업들을 PER로 줄 세우고 오름차순으로 정렬하면 PER 음수 기업이 상위권을 차지하기 때문에 오른쪽 사례처럼 PER이 −10인 기업이 1위가 된다.

그러나 1/PER을 계산하고 내림차순으로 정렬하면 원하는 바와 같이 PER

이 5인 기업(1/PER이 0.2)이 1위를 차지하고 PER이 음수인 기업이 꼴찌가 된다. PBR, PCR, PSR도 같은 논리로 1/PBR, 1/PCR, 1/PSR을 계산한다.

그래서 이 전략의 수익이 궁금할 것이다.

PER이 아니라 1/PER의 순위를 매기는 이유

PER	오름차순 순위	1/PER	내림차순 순위
-10	1	-0.1	4
5	2	0.2	1
10	3	0.1	2
20	4	0.05	3

투자 전략 4: 오리지널 강환국 슈퍼 가치 전략

분류	밸류
매수 전략	전체 주식에서 아래 지표들을 계산해서 각각의 순위 매김(내림차순) • 1/PER • 1/PBR • 1/PCR • 1/PSR 4개 지표의 평균 순위가 가장 높은 주식 매수
매수 종목	20개 권장(30, 50개도 무난)
매도 전략	4월, 10월 마지막 거래일(연 2회) 리밸런싱

4개 밸류 지표의 평균 순위가 가장 높은 1분위 '슈퍼 가치주'의 수익이 월등하게 좋다. 반대로 밸류 지표 평균 순위가 낮은 기업의 수익률은 정말 형편없다. 당연히 이 전략도 11~4월 수익률이 5~10월 수익률을 크게 앞질렀다.

강환국 슈퍼 가치 전략 십분위수 연복리수익률(2001/04~2020/12)

슈퍼 가치 전략	연중(%)	11~4월(%)	5~10월(%)
1(최고)	21.52	16.80	4.05
2	16.53	15.30	1.07
3	15.63	14.43	1.05
4	12.92	14.25	−1.16
5	12.15	13.81	−1.46
6	10.66	13.15	−2.20
7	4.35	10.76	−5.79
8	3.48	10.63	−6.46
9	−3.42	6.72	−9.50
10(최저)	−16.78	−2.08	−15.02
1−10	38.30	18.88	19.06

평균 순위 상위 10%인 슈퍼 가치주들을 다시 5등분해볼까?

슈퍼 가치주 내에서도 4대 밸류 지표의 평균 순위가 가장 높은 '울트라 가치주'의 수익률이 더 높다. 평균 순위 상위 4% 이내에 투자했다면 연복리 25% 이상을 벌 수 있었고, 심지어 5~10월에도 수익이 났다.

강환국 '슈퍼 가치주' 오분위수 연복리수익률(2001/04~2020/12)

슈퍼 가치주	연중(%)	11~4월(%)	5~10월(%)
1(최고)	27.16	18.68	7.15
2	26.03	18.97	5.93
3	19.92	15.90	3.46
4	14.04	13.88	0.14
5(최저)	19.17	15.94	2.78
1-5	7.99	2.74	4.37

강환국 '울트라 가치주(4대 밸류 지표 상위 2% 기업)' 수익(2001/04~2020/12)

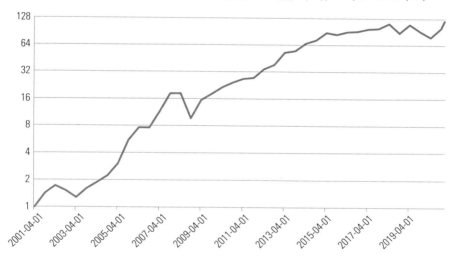

그런데 유의할 점이 있다.

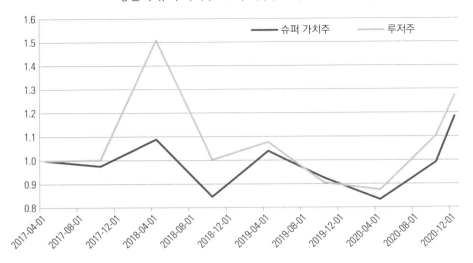

강환국 슈퍼 가치주 vs. 루저주(2017/04~2020/12)

위 그림에서 슈퍼 가치주는 4대 밸류 지표 평균 순위 상위 10%, 루저주는 4대 밸류 지표 평균 순위 하위 10%를 의미한다. 놀랍게도 2017년 4월부터 2020년 12월까지 4년 가까운 구간에 루저주의 수익이 슈퍼 가치주보다 높다!

이것은 첫째, 강환국이 《할 수 있다! 퀀트 투자》에 이 전략을 알린 후 더 이상 먹히지 않는다, 둘째, 훌륭한 전략도 4년 이상 죽 쑤는 구간이 나올 수 있다 등 두 가지 설명이 가능하다. 나는 100년이 된 NCAV 전략도 효력이 사라지지 않는 것을 보면 후자의 가능성이 매우 높다고 주장한다. 왜냐면 NCAV도 강환국 슈퍼 가치 전략과 비슷하게 초저평가 주식을 뽑는 방법인데, 내 책보다 100배 이상 팔린 《증권분석》 전략의 초과수익이 사라지지 않았으니, 내가 책 한 권 썼다고 수십 년간 잘 통하던 전략이 안 먹힐 가능성은 매우 작기 때문이다.

따라서 '**수십 년간 아주 우수한 전략을 낸 퀀트 전략도 중간에 3년, 5년, 길면 10년까지도 부진할 가능성이 있다**'라고 알고 있는 것이 좋겠다. 물론 10년 동안 안 먹히는 전략을 버틸 수 있는 사람은 이 세상에 거의 없다. 해결 방법은 여러 가지 퀀트 투자 전략을 병행하는 것이다. 이 책에 나오는 퀀트 전략들이 갑자기 한꺼번에 죽을 쑬 가능성은 적다고 생각한다. 이건 나중에 다시 자세히 설명하겠다.

이 전략을 소형주인 시가총액 하위 20% 기업으로 제한하면 수익이 더 높을 거라는 추론을 해볼 수 있다.

강환국 슈퍼 가치 전략 소형주 십분위수 연복리수익률(2001/04~2020/12)

슈퍼 가치 전략(소형주)	연중(%)	11~4월(%)	5~10월(%)
1(최고)	33.71	24.53	7.37
2	22.71	19.76	2.46
3	25.74	19.31	5.38
4	29.24	22.95	5.11
5	25.08	20.97	3.40
6	22.28	22.72	−0.35
7	16.68	15.68	0.86
8	13.58	14.52	−0.82
9	8.40	13.31	−4.33
10(최저)	−14.51	−2.42	−12.39
1−10	48.22	26.95	19.76

역시 내 추측이 맞았다. 소형주에서만 강환국 슈퍼 가치 전략을 돌려서 4대 밸류 지표 상위 10% 주식(소형 슈퍼 가치주)을 샀다면(현재 한국 주식이 2,000여 개이니 소형주는 400개, 그중 상위 10%인 약 40개 주식에 분산 투자하게 된다) 약 20년 동안 연복리 30% 이상을 벌 수 있었다. 참고로 슈퍼 소형 가치주를 다시 2등분하면 다음과 같은 수익이 난다(주식 수가 적어서 5등분하지 않았다).

한국 '소형 슈퍼 가치주' 이분위수 연복리수익률(2001/04~2020/12)

소형 슈퍼 가치주	연중(%)	11~4월(%)	5~10월(%)
1(소형 울트라 가치주)	39.25	25.65	10.82
2	26.72	23.01	3.01

4대 밸류 지표 평균 순위 상위 5%인 '소형 울트라 가치주'의 수익이 상당히 높다. 이 전략의 20년 그래프를 음미해보자.

한국 '소형 울트라 가치주(4대 밸류 지표 상위 5%)' 수익(2001/04~2020/12)

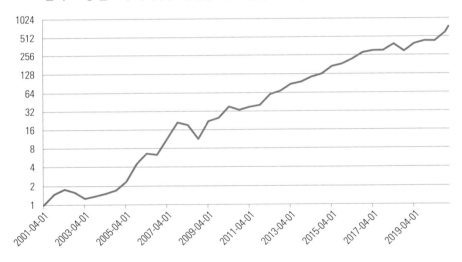

연복리수익률 39.25%, 원금 751.33배! 물론 백테스트 수익이고 미래에 이렇게 높은 수익이 난다고 보장할 수는 없지만 상상만 해도 행복하지 않은가.

놀랍게도 여기서 끝이 아니다. 이어서 강환국 슈퍼 가치 전략을 조금 변형한 전략을 보자.

23

분기 지표의 위력

나는 2017년 강환국 슈퍼 가치 전략을 만들고 상당히 만족했다. 논리적이고 백테스트 수익률도 꽤 괜찮았다! 그러나 4년 동안 가만있지 않고 전략을 업그레이드하는 데 성공했다. 바로 연간 지표가 아니라 분기 지표를 사용하는 것이다.

지금까지는 PER, PCR, PSR을 계산할 때 최근 4분기 지표의 합을 구해서 사용했다. 예를 들어 10월 31일 기준으로 PER를 계산한다면 전년 3분기와 4분기, 당해 1분기, 2분기 순이익을 더하고 시가총액에서 그 금액을 나눴다(당해 3분기 데이터는 11월 15일에 나오므로 10월 31일에 활용할 수 없다). 그런데 최근 4분기 지표를 더하는 것보다 최근 분기 지표만 활용하는 것이 수익률이 훨씬 더 높다는 사실을 알게 되었다.

◀ 영상 551

분류	밸류
매수 전략	전체 주식에서 아래 지표들을 계산해서 각각의 순위 매김(내림차순) • 1/PER(최근 분기 실적으로 계산) • 1/PBR • 1/PCR(최근 분기 실적) • 1/PSR(최근 분기 실적) 4개 지표의 평균 순위가 가장 높은 주식 매수
매수 종목	20개 권장(30, 50개도 무난)
매도 전략	4월, 10월 마지막 거래일(연 2회) 리밸런싱

가장 기본적인 전략부터 보자. PER, PBR, PCR, PSR 지표의 평균 순위를 계산해서 투자한 강환국 슈퍼 가치 전략 십분위수 수익률이다. 단, PER, PCR, PSR은 각각 최근 분기 순이익, 영업활동현금흐름, 매출액으로 계산했다(오른쪽 위).

최근 분기만으로 계산한 PER, PCR, PSR을 사용하니 슈퍼 가치 전략 1분위인 슈퍼 가치주의 수익률이 21.52%에서 25.22%로 개선되었다. 반대로 하위 10%의 수익률은 −19.14%! 최근 분기 기준 PER, PCR, PSR이 높은 주식은 건드리면 절대 안 된다.

평균 순위 상위 10%인 슈퍼 가치주들을 다시 5등분해서 '울트라 가치주'의 수익을 분석해보자(오른쪽 아래).

강환국 슈퍼 가치 전략 십분위수 연복리수익률(2001/04~2020/12)

슈퍼 가치 전략	최근 4분기	최근 분기		
	연중(%)	연중(%)	11~4월(%)	5~10월(%)
1(최고)	21.52	25.22	18.09	6.03
2	16.53	18.72	16.40	2.00
3	15.63	16.49	15.79	0.60
4	12.92	15.34	14.44	0.79
5	12.15	8.92	12.11	−2.85
6	10.66	9.08	12.00	−2.61
7	4.35	5.72	11.67	−5.32
8	3.48	0.89	9.57	−7.92
9	−3.42	−3.71	6.33	−9.44
10(최저)	−16.78	−19.14	−3.15	−16.51
1−10	38.30	44.36	21.24	22.54

강환국 슈퍼 가치주 오분위수 연복리수익률(2001/04~2020/12)

슈퍼 가치주	최근 4분기	최근 분기		
	연중(%)	연중(%)	11~4월(%)	5~10월(%)
1(최고)	27.16	35.89	19.35	13.86
2	26.03	26.00	19.15	5.74
3	19.92	19.29	16.18	2.68
4	14.04	21.28	16.52	4.08
5(최저)	19.17	18.73	18.33	0.34
1−5	7.99	17.26	1.02	13.52

슈퍼 가치주 내에서 4대 밸류 지표의 평균 순위가 특출하게 높은(상위 2%) '울트라 가치주'도 PER, PCR, PSR을 최근 분기 지표로 계산하자 수익률이 눈에 띄게 좋아졌다. 심지어 울트라 가치주는 5~10월의 수익도 상당히 괜찮았다! 이렇게 5~10월 실적이 11~4월 실적에 근접한 것은 이번이 처음이다.

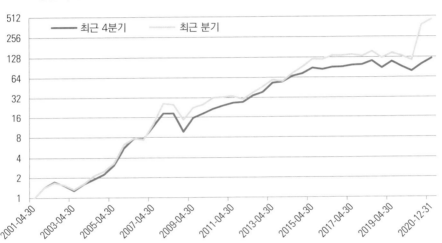

강환국 울트라 가치주 수익, 최근 4분기 vs. 최근 분기(2001/04~2020/12)

두 전략의 수익률 차이는 연복리 8%나 되지만, 사실 2020년 4~10월에 '최근 분기 울트라 가치주'의 수익률이 230%나 되어서 커진 것이다. 20년 전체 구간을 보면 큰 차이가 없고 2020년 4~10월 구간을 제외하면 차이가 연복리 2.6% 정도로 좁혀진다.

그렇다면 시가총액 하위 20%인 소형주에 적용한 '소형 슈퍼 가치주'에서도 차이가 큰지 궁금하다.

강환국 슈퍼 가치 전략 소형주 십분위수 연복리수익률(2001/04~2020/12)

슈퍼 가치 전략(소형주)	최근 4분기	최근 분기		
	연중(%)	연중(%)	11~4월(%)	5~10월(%)
1(최고)	33.71	44.36	24.64	15.82
2	22.71	28.07	21.93	5.04
3	25.74	26.09	18.55	6.36
4	29.24	24.40	22.28	1.73
5	25.08	29.49	23.74	4.64
6	22.28	13.08	15.12	−1.77
7	16.68	16.72	21.51	−3.95
8	13.58	8.25	12.79	−4.03
9	8.40	6.31	13.00	−5.92
10(최저)	−14.51	−20.46	−2.79	−18.18
1−10	48.22	64.82	27.43	34.00

소형주도 마찬가지로 최근 분기 수치로 PER, PCR, PSR을 계산하니 상위 10%(슈퍼 가치주)의 수익률이 높아졌고 하위 10%의 수익률은 곤두박질쳤다. 분기 지표의 위력이 4분기 합친 지표보다 확실히 세다.

마지막으로 소형 울트라 가치주(4대 밸류 지표 상위 5%)의 비교가 남았다.

강환국 소형 슈퍼 가치주 이분위수 연복리수익률(2001/04~2020/12)

소형 슈퍼 가치주	최근 4분기	최근 분기		
	연중(%)	연중(%)	11~4월(%)	5~10월(%)
1(소형 울트라 가치주)	39.25	52.13	25.97	20.77
2	26.72	32.02	22.63	7.65

4대 밸류 지표 평균 순위 상위 5%인 '소형 울트라 가치주'는 그 전에도 수익률이 꽤 높았는데 더욱 개선되어 무려 52.13%를 기록했다! 이번에도 전체 구간을 보면 차이가 크지 않고, 최근 분기 수치로 PER, PCR, PSR을 계산한 울트라 가치주들이 2020년 4~10월 구간에 469%라는 엄청난 수익을 냈다.

나는 2017년에는 PER, PCR, PSR을 계산할 때 '당연히' 1년 순이익, 영업활동 현금흐름, 매출액을 사용해야 한다는 고정관념에 빠져 있었다. 최근 4분기 데이터가 최근 분기 데이터보다 더 많은 정보를 포함하고 있다고 생각한 듯하다. 그런데 생각해보면 정반대일 수밖에 없다. 새로운 분기 데이터는 말 그대로 '새로운 정보'를 포함하고 있지만, 연간 지표에 사용되는 전 분기, 전전 분기, 전전전 분기 데이터는 벌써 몇 달 전에 공개된 지표 아닌가. 따라서 정보로서의 영양가치가 적다. 어쨌든 이 고정관념을 3년 만에 깼고, 이제는 주로 최근 4분기가 아니라 최근 분기 수치만 본다.

앞으로 이 책에 나오는 모든 재무제표 관련 지표는 최근 4분기 데이터의 합산이 아니라 최근 분기 데이터만 사용한 것이다.

24

왜 저평가된 가치주의 수익률이 높은가?

상당히 많은 투자자가 '저평가된 주식(가치주)'을 찾으려 한다. 가치투자자들은 다양한 방법으로 기업 저평가 여부를 판단하지만, 나는 PER, PBR, PCR, PSR 등 주요 재무제표 지표와 시가총액을 비교하는 계량 지표들이 상대적으로 우수한 기업을 '저평가'된 주식으로 정의한다. 대표적인 방법이 PER, PBR, PCR, PSR의 평균 순위가 우수한 기업을 매수하는 강환국 슈퍼 가치 전략이다.

지금까지 연구한 바로는 저평가된 기업의 주식 수익률이 매우 높다. 그런데 왜 그럴까? 효율적 시장 가설을 만든 파마와 그의 추종자들은 저평가 주식이 주가지수보다 평균적으로 위험이 높기 때문에 여기에 투자하면 위험에 합당한 보상을 받는다고 주장했다. 그래야 자신이 주장하는 효율적 시장 가설을 지킬

▲ 영상 541

수 있기 때문이었다. 사실 아무 이유도 없이 단순히 PER, PBR 등이 낮은 기업의 주식을 사서 주가지수 대비 큰 초과수익을 낸다는 것은, 공개된 정보로 초과수익을 낼 수 없다고 주장하는 효율적 시장 가설과 전혀 맞지 않는다.

반대로 다른 연구자들은 투자자의 심리적 편향 때문이라고 주장한다. 이들은 시장의 효율성을 부정하고, 투자자가 지속적으로 과잉 반응을 보인다고 지적한다. 예를 들면 이렇다.

예 1: '개똥상사'라는 기업은 투자자들이 전혀 거들떠보지 않는 비인기 산업에 종사하며, 최근 5년간 순이익도 그저 그런 수준에서 횡보했다. 이 기업의 가치가 1,000억 원이라고 치면 가끔 시가총액이 500억 원 언저리에 형성되는 경우가 있다. 투자자들이 비인기 산업이라고, 요즘 실적이 별 볼 일 없다고 과잉 반응해서 주가(시가총액)를 너무 떨어트린 것이다. 당연히 PER, PBR, PCR 등이 낮을 수밖에 없다.

이런 기업은 투자자들의 기대가 하나도 없기 때문에

- 비인기 산업의 전망이 좋아지거나
- 수익이 조금만 개선되거나
- 주가가 너무 낮다고 판단한 대주주가 주식을 매입하거나
- 거래량이 별로 없는 걸 발견한 작전 세력이 이 주식으로 작전을 하겠다고 결심하거나
- 주가가 실적 대비 왜 이렇게 낮은지 궁금해하는 투자자가 증가하거나

기타 등등의 원인으로 다시 주가가 기업 가치와 비슷한 수준으로 상승할 수 있다. 그렇다면 시가총액은 서서히 500억 원에서 1,000억 원으로 상승할 것이며, 시가총액이 500억 원이었을 때 매수한 투자자는 초과수익을 거둘 수 있다.

물론 매번 그렇지는 않지만 실제로 백테스트를 해보면 이렇게 과잉 반응이 서서히 사라지고 주가가 회복된 사례가 꽤 있다. 그래서 저평가된 기업의 수익률이 이렇게 높았다. 말 나온 김에 작전에 대해 설명하겠다. 이렇게 거래량이 적고 가격이 거의 움직이지 않는 비인기 주식으로 작전을 시도하는 세력이 있다. 물론 그들은 불순한 이유를 가지고 주가를 올리지만, 내가 이미 그 주식을 보유하고 있으면 감사할(?) 일이 아닌가! 나도 이렇게 보유한 저평가 비인기 주식이 작전에 걸려서 큰 수익을 낸 적이 종종 있다.

예 2: 반대로 요즘 투자자들이 크게 주목하는 산업에 속해 있고, 언론에 계속 나오고, 신기술 개발과 시제품 출시 등으로 기업 실적이 대폭 개선될 것으로 전망되는 '소똥상사'는 주가가 천정부지로 오른다. 가치가 1,000억 원 정도인 기업의 시가총액이 3,000억 원에, 가끔은 1조 원에 형성되는 경우도 있다. 따라서 PER, PBR, PCR 등이 매우 높다.

이런 기업은 투자자들의 기대가 너무 높기 때문에

- 투자자들의 관심이 다른 산업으로 이동하거나
- 수익 성장이 투자자의 매우 높은 기대치에 조금이라도 미달하거나
- 주가가 너무 높다고 판단하는 대주주가 주식을 슬슬 팔거나
- 주가가 실적 대비 왜 이렇게 높은지 궁금해하는 투자자가 매도하거나
- 아주 조금이라도 악재 비슷한 것이 터지거나

기타 등등의 원인으로 주가가 다시 기업 가치 수준으로 하락할 수 있다. 그렇다면 시가총액은 서서히 3,000억 원에서 1,000억 원으로 하락할 것이며, 소똥상사가 너무 좋아 보여서 매수한 투자자는 큰 손실을 기록한다. 매번 그렇다는 것은 아니지만 실제로 백테스트해보면 이렇게 과잉 반응이 서서히 사라지고

주가가 하락한 사례가 꽤 자주 있었다. 그래서 고평가된 기업의 수익률이 이렇게 저조하다.

학계에서는 아직도 저평가된 기업의 수익률이 높은 것이 위험이 높기 때문인지, 아니면 투자자의 과잉 반응 때문인지 갑론을박 중이다. 나는 후자, 즉 투자자의 과잉 반응으로 PER, PBR, PCR, PSR 등 저평가 지표가 우수한 가치주의 수익률이 높다고 굳게 믿는다. 파마 등 가치주의 위험이 높다고 주장하는 교수들은 가치주가 구체적으로 무엇이 위험한지 밝히지 않았고, 물론 가치주 중 파산하는 기업도 당연히 있지만 이 문제는 분산 투자로 만회할 수 있고, 가치주 중 적자 기업, 부채비율이나 차입금비율이 너무 높은 기업을 빼면 파산하는 기업을 획기적으로 줄일 수도 있다. 반대로 내가 투자한 15년 동안 투자자들이 단기적으로 눈이 멀어서 최근 핫한 기업의 주가를 천정부지로 올리고 별로 관심받지 못한 기업의 주가가 매우매우 낮았던 경우는 자주 보았다. 《할 수 있다! 퀀트 투자》에 내가 "세상은 넓고 비이성적인 투자자는 해변의 모래알만큼이나 많다는 게 필자의 경험에서 얻은 생각이다"라고 했는데 지금 봐도 저절로 고개가 끄덕여진다.

물론 우리가 관련 논문을 쓸 것이 아니라면 어떤 이유로 가치주의 수익률이 높은지는 딱히 알 필요 없다. 우리가 알아야 할 점은 아래와 같다.

PER, PBR, PCR, PSR 등 밸류 지표가 우수한 '저평가된 기업(가치주)'의 주식 수익률은 매우 높다.
이때 밸류 지표를 하나만 보지 말고 여러 지표를 같이 보는 것이 유리하다(예: 강환국 슈퍼 가치 전략).

데이터가 풍부한 미국에서 시기별로 수익이 가장 높았던 밸류 지표는 1950, 1960, 1990년대에는 PER, 1970, 2000년대에는 PCR, 1980년대에는 배당수익률이다. 2020년대에는 어떤 밸류 지표가 가장 잘나갈지 알 수 없으니 여러 지표를 같이 보는 것이 유리하다.

Quantitative Investment

9장 마법공식과 신마법공식,
F-스코어와 신F-스코어

25

그린블라트의
오리지널 마법공식

우리가 '전설적인 투자자'라고 부를 수 있는 투자자는 의외로 많지 않다. 조엘 그린블라트Joel Greenblatt는 분명 그중 한 명이다. 그의 정확한 수익률은 알 수 없으나 그가 운영하는 헤지펀드인 고담 캐피털Gotham Capital은 '20년간 연복리 40%를 벌었다'가 정설이다!

그린블라트는 어릴 때부터 퀀트 투자를 공부했고, 석사 논문으로 그레이엄의 NCAV 전략을 다루면서 1972~1978년 약세장에도 NCAV 주식의 수익이 매우 높았다는 사실을 밝혔다.

시간이 흐르고 그린블라트는 세계 최고의 헤지펀드 매니저 중 한 명이 되었다. 억만장자가 되어 평생 쓸 만큼의 돈을 번 그는 자아실현의 길을 찾았는데,

▲ 영상 79

베스트셀러 작가가 되어 이름을 세상에 널리 알리는 것이라는 결론에 도달했다. 1999년 발간된 그의 첫 작품은 제목이 다소 촌스러운 《주식시장의 보물찾기(You Can Be a Stock Market Genius)》이고 합병, 기업 분할, 구조조정, 유상증자 등 '특수 상황'을 활용해 주식시장에서 돈을 버는 방법을 소개했다. 주식 고수들과 헤지펀드 동료들에게 선풍적인 인기를 끌었으나 내용이 좀 복잡해서 초급, 중급 투자자의 호응을 받지 못했고 베스트셀러 반열에 오르지 못했다.

그는 좌절하지 않고 널리 읽힐 수 있는 주식 책을 쓰는 데 전념했고 2005년에 성공했다. 이 《주식시장을 이기는 작은 책(The Little Book That Beats the Market)》은 초등학교 다니는 아들에게 주식시장에서 저평가 우량주를 사면 부자가 될 수 있다는 것을 설명하는 책으로, 입문자들도 이해하기가 상당히 쉽다.

그 책에 저 유명한 '마법공식(Magic Formula)'이 나온다. 마법공식은 '우량한 기업을 저렴한 가격에 사는' 공식인데, 그린블라트는 자본이익률(Return on Capital, ROC)이 높은 기업이 수익성 높은 우량주, EV/EBIT가 낮은 기업이 저평가 기업이라고 정의했다. 책 내용이 맞는지는 둘째 치고 제목에 '천재(Genius)', '마법(Magic)' 등의 단어를 서슴없이 사용하는 것을 보면 그린블라트의 동심이 상당한 것은 확실하다.

그린블라트는 《주식시장을 이기는 작은 책》에서, 마법공식을 사용해서 EV/EBIT와 ROC의 평균 순위가 가장 높은 30개 기업을 사고 1년에 한 번 리밸런싱했다면 1988~2004년 구간에 연복리수익률 30% 이상을 벌 수 있었다고 기록한다. 이제 왜 이 책이 베스트셀러가 되었는지 이해된다. 과거의 연복리수익률이 30% 이상인 강한 전략을 소개하고, 초등학생도 이해할 수 있게 간단하게 풀어 설명했기 때문이다.

그린블라트는 책이 출간되고 15년 후에도 계속 회자되는 베스트셀러를 쓰는

데 성공하고, 엄청난 부에 명성까지 얻어 모든 것을 가진 사나이가 되었다.

ROC = EBIT(영업이익)/ 투자자본

EBIT는 매출액에서 매출원가와 판매와 관리비를 뺀, 기업이 영업 활동을 통해 버는 수익인 영업이익이다. 투자자본은 그린블라트는 '고정자산 + 유동자산 − 유동부채'로 정의하는데, 실제로 기업이 영업에 사용하는 실질 자산이라고 보면 된다.
ROC는 기업이 그 실질 자산 대비 어느 정도 수익을 냈는지 측정하는 수익성 지표다.

EV/EBIT= 기업 가치/영업이익

EV는 기업 가치인데 시가총액과 어떻게 다른지 혼란스러울 수 있다. 시가총액은 지금 당장 기업의 주식 100%를 사들이는 데 필요한 금액이다. 그런데 그 금액을 투입해서 주식을 전부 사도 기업을 완벽히 지배하지는 못하고, 부채가 있다면 전부 갚아야 진정한 오너가 된다. 그런데 기업을 사면 보통 현금이 있기 마련이고, 영업에 필요 없는 자산을 보유하고 있을 수도 있다(비영업 부동산, 상장기업 주식 등). 이런 자산은 팔아버려도 영업에 크게 영향을 미치지 않는다. 이 모든 것을 종합하면 계산식은 이렇다.

EV(기업 가치) = 시가총액 + 부채 − 현금 − 비영업자산

예를 들어 A 기업의 시가총액이 1,000억 원이고 부채가 500억 원, 현금 100억 원, 비영업자산 100억 원을 보유하고 있다. 그럼 EV는 1,000 + 500 − 100 − 100 = 1,300억 원이며, 이 금액을 투입하면 A 기업을 완벽히 지배할 수 있다.
EBIT는 위에서 영업이익이라고 설명했다. 만약 A 기업의 영업이익이 260억 원이라면 EV/EBIT는 1,300/260 = 5이고, 이는 영업이익이 변하지 않는다는 가정하에 A 기업을 산 투자자는 5년 만에 투자 자금을 회수할 수 있다는 것을 의미한다. EV/EBIT가 낮을수록 저평가된 기업임을 금방 알 수 있다.
비슷한 지표로 EV/EBITDA도 있는데, EBITDA는 영업이익에 당장 직접적인 현금 유출이 발생하지 않는 감가상각비와 감모상각비(무형자산의 감가상각비)를 더한 금액이다. 금액이다. EBIT와 EBITDA는 이란성 쌍둥이 정도라고 보면 된다.

26 노비 마르크스 교수, 신마법공식을 제시하다

그린블라트가 수익성 지표 하나(ROC)와 밸류 지표 하나(EV/EBIT) 등 총 2개 지표로 높은 수익을 낼 수 있다는 마법공식을 개발하니, 정말 저 정도 수익이 나는지 궁금해진 투자자들이 마법공식의 유효성을 파악하기 위한 정밀 검증에 들어갔다. 그중 웨슬리 그레이Wesley Gray와 토비아스 칼라일Tobias Carlisle은 백 테스트를 진행한 후 결과를 책 《퀀트로 가치투자하라(Quantitative Value)》를 통해 공개했는데, 1964~2011년 구간에 마법공식에 적합한 주식의 연복리수익률은 12.44%였다. 같은 기간 미국 S&P지수의 9.5%를 능가하는 것은 맞지만 그린블라트가 주장하는 연복리 30%와는 차이가 크다. 로버트 노비 마르크스Robert Novy-Marx[10]와 제임스 몬티어James Montier[11]도 비슷한 결론을 제시한다.

연구자들은 이구동성으로 밸류 지표인 EV/EBIT가 낮은 기업의 주식 수익률은 전반적으로 높지만, 수익성 지표인 ROC가 높은 기업의 주식 수익률은 별로 높지 않다고 지적했다. 그린블라트가 쓴 지표 2개 중 수익성 지표인 ROC의 효용이 적다는 것이다. 심지어 EV/EBIT가 낮은 기업의 주식 수익률이 EV/EBIT와 ROC의 평균 순위를 계산한 마법공식을 사용한 기업의 주식 수익률보다 더 높다는 결론에 도달한다. 몬티어의 연구에 따르면 이 결과는 미국, 유럽, 영국, 일본 시장에서 유효했고, 내가 검증해보니 한국에서도 EV/EBIT가 낮은 기업에 투자하는 것이 마법공식을 통해 투자하는 것보다 수익률이 높았다. 결론적으로 그린블라트의 마법공식은 주가지수보다는 수익률이 높았으나 연복리 30%를 벌 수 있을 만큼 뛰어난 전략은 아닌 것 같다.

그러나 나는 그린블라트의 업적을 깎아내리고 싶지는 않다. 수익성 지표 1개, 밸류 지표 1개 등 총 2개 지표만 가지고도 주가지수를 훌쩍 뛰어넘는 전략을 만들 수 있다는 점, 이 모든 사실을 초등학생이 이해할 수 있게 설명한 점은 주식 역사에 길이 남을 업적이다. 다만 ROC라는 지표가 그다지 훌륭한 수익성 지표가 아니라는 점이 옥의 티였다.

특히 현재 로체스터대학교 특훈교수Distinguished Professor로 근무하는 노비 마르크스는 ROC보다 더 수익률에 기여하는 수익성 지표를 연구해서 GP/A를 찾아냈다. ROE와 ROA 같은 수익성 지표는 들어봤겠지만 GP/A는《할 수 있다! 퀀트 투자》등 최근 서적에 소개되었어도 꽤 생소할 것이다.

GP/A는 매출총이익을 총자산으로 나눈 지표다. **매출액에서 매출원가를 뺀 금액이 '매출총이익'이다.** 사실 투자자와 애널리스트 대부분은 매출총이익보다는 영업이익이나 순이익에 더 관심을 갖는다. 노비 마르크스는 바로 그 이유로 기업들이 회계 조작을 해서 영업이익과 순이익이 변질될 가능성이 높다고 주장

▲ 영상 27

하고, 따라서 조작 여지가 별로 없는 매출총이익 지표가 기업의 진정한 수익성을 판단하는 데 더 좋다고 한다.

그는 GP/A가 높은 기업의 주식 수익률이 미국 시장과 선진 시장 대부분에서 주가지수보다 상당히 높은 점을 발견하고 GP/A와 우리가 이미 아는 저PBR 지표를 합치면 수익률이 더 상승한다고 기술했다. GP/A가 높고 PBR이 낮은 기업에 투자하는 이 전략을 그는 '수익성 있는 가치(Profitable Value)'라고 어정쩡하게 명명했는데 나는 그보다 '신마법공식'이 낫다고 생각한다. 그레이와 칼라일도 《퀀트로 가치투자하라》에서 이 전략을 백테스트한 결과 미국 시장에서의 수익률이 오리지널 마법공식보다 월등히 높다는 것을 입증했다.

투자 전략 5: 신마법공식

분류	밸류, 퀄리티
매수 전략	전체 주식에서 아래 지표들을 계산해서 각각의 순위 매김(내림차순) • 1/PBR • GP/A(GP는 최신 분기의 매출총이익으로 계산) 2개 지표의 평균 순위가 가장 높은 주식 매수
매수 종목	20개 권장(30, 50개도 무난)
매도 전략	4월, 10월 마지막 거래일(연 2회) 리밸런싱

신마법공식이 한국 시장에서도 잘 통했는지 몹시 궁금하다. 이번에도 십분위수 분석을 해봤다.

신마법공식 십분위수 연복리수익률(2001/04~2020/12)

신마법공식	연중(%)	11~4월(%)	5~10월(%)
1(마법주)	28.87	21.46	6.77
2	19.47	18.30	1.44
3	17.25	17.59	0.10
4	13.18	13.98	−0.39
5	9.13	12.77	−3.02
6	6.77	12.32	−4.79
7	5.57	11.44	−5.14
8	2.83	9.76	−6.25
9	−2.51	7.26	−9.17
10	−16.75	−1.23	−16.10
1−10	**45.62**	**22.69**	**22.87**

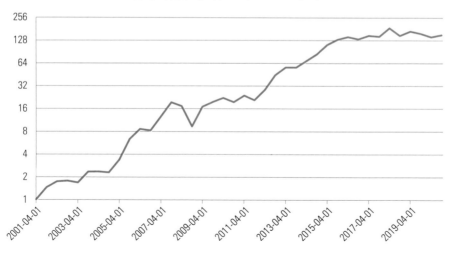

한국 마법주 수익(2001/04~2020/12)

한국에서는 신마법공식의 수익률이 엄청나게 높다. 밸류 지표 1개와 수익성 지표 1개만 조합해서도 이 정도 수익을 낼 수 있다는 점이 상당히 놀랍다.

재미있게도 밸류 지표로 꼭 PBR을 쓸 필요가 없다. PER, PCR, PSR 중 아무거나 써도 결과는 대동소이하다.

27 F-스코어와 신F-스코어

현재 스탠퍼드대학교에 재직하는 조셉 피오트로스키Joseph Piotroski 교수는 노비 마르크스와 마찬가지로 '저평가된 우량주'를 매수하는 방법을 밝히려 했다. 그가 이 문제를 고민하던 2000년에는 이미 파마 교수의 논문을 통해 저PBR 주의 위력을 알고 있었다. 그는 '저PBR 주식의 수익은 분명 좋은데, 이 중 불량한 주식을 걸러내고 우량한 저PBR 주식만 산다면 수익을 더 높일 수 있지 않을까?'라는 생각에 도달했고 회계 지표 수십 개를 연구하기 시작했다.[12] 그 결과 주식 수익률과 밀접한 연관이 있는 9개 지표를 발견했다.

여기서 ROA는 순이익을 자산으로 나눈 수익성 지표이고(GP/A의 사촌뻘이다), 유동비율은 유동자산을 유동부채로 나눈 것이다. 이 지표가 높을수록 기업이

▲ 영상 24

▲ 영상 25

파산할 가능성이 낮아진다. 매출총이익률은 매출총이익을 GP/A의 총자산이 아니라 매출액으로 나눈 수익성 지표이고, 자산회전율은 매출액을 자산으로 나누어 산출한다.

F-스코어 구성 요소

지표	대분류	항목	득점 조건
1	수익성	전년 당기순이익	0 이상
2		전년 영업현금흐름	0 이상
3		ROA	전년 대비 증가
4		전년 영업현금흐름	순이익보다 높음
5	재무 건전성	부채비율	전년 대비 감소
6		유동비율	전년 대비 증가
7		신규 주식 발행(유상증자)	전년 없음
8	효율성	매출총이익률	전년 대비 증가
9		자산회전율	전년 대비 증가

기업의 회계 지표가 '개별 지표'에 나오는 조건을 충족하면 1점, 그렇지 않으면 0점을 부여하는 것이 피오트로스키가 만든 F-스코어의 핵심 논리다. 모든 기업은 0~9점이 매겨지고 9점에 근접할수록 우량주, 0점에 근접할수록 비우량주라고 볼 수 있다. 피오트로스키는 1976~1996년 미국 데이터를 분석했는데, F-스코어가 높은 기업이 낮은 기업보다 주식 수익률이 월등히 높았고, 저 PBR 주식 중에서도 F-스코어가 높은 기업이 낮은 기업보다 수익률이 월등히 높았다. 또한 '저PBR+고F-스코어' 기업이 PBR만 낮은 기업보다 수익률이 높았다.

피오트로스키가 이 논문을 발표한 후 고F-스코어 전략이 다른 시장에서도 통하는지 활발한 연구가 이루어졌다. 유럽, 아시아, 호주 등을 분석한 논문이 있고, 최근에 전 세계 35개 시장에서 F-스코어가 유효한지 분석한 논문이 공개되었다.[13] 분석 결과는 아래 표와 같다. 주의할 점은 아래 표의 수익은 '월별 초과수익률'이라는 점이다. 예를 들어 '선진국 시장'에서 '전체 주식'의 F-스코

글로벌 35개국 F-스코어별 월별 초과수익률(%, 2000~2018)

구분	시가총액	F-스코어 0~3(저)	F-스코어 4~6(중)	F-스코어 7~9(고)	고-저
선진국 시장	전체 주식	−0.58	0.01	0.20	0.79
	소형주	−0.50	0.02	0.28	0.79
	중형주	−0.73	−0.02	0.23	0.96
	대형주	−0.50	0.03	0.12	0.62
아시아태평양 선진국 시장	전체 주식	−0.43	0.01	0.14	0.57
	소형주	−0.29	0.01	0.19	0.47
	중형주	−0.58	0.00	0.14	0.73
	대형주	−0.49	0.03	0.10	0.59
유럽 선진국 시장	전체 주식	−0.78	−0.01	0.30	1.08
	소형주	−0.82	0.02	0.46	1.28
	중형주	−0.93	−0.04	0.34	1.27
	대형주	−0.39	0.00	0.15	0.54
개발도상국 (한국 포함)	전체 주식	−0.71	−0.04	0.24	0.95
	소형주	−0.70	−0.02	0.36	1.27
	중형주	−0.78	−0.06	0.25	1.23
	대형주	−0.63	−0.03	0.13	0.76

어 7~9 주식은 '0.20'으로 나오는데, 이는 선진국 시장에서 F-스코어가 높은 주식을 사고 연 1회 리밸런싱하는 행위를 반복했다면 주가지수보다 월 0.2%p 더 높은 수익률을 낼 수 있었다는 뜻이다.

데이터가 상당히 일관성 있다. 선진국이든 개발도상국이든, 아시아든 유럽이든 F-스코어가 높은 주식을 사면 주식시장 대비 초과수익을 기대할 수 있고, F-스코어가 낮은 주식을 사면 처참한 결과가 기다린다.

아쉽게도 F-스코어는 치명적인 단점이 하나 있다. 계산하기가 상당히 번거롭다는 것이다. 다행히 퀀트킹 같은 프로그램을 사용하면 알아서 계산해주지만 나는 '굳이 지표를 9개나 써야 하나?'라는 의문이 생겼다. 한국에서 9개 지표를 분석해본 결과 3개만 유의미했고 나머지 6개는 큰 의미가 없었다. 유의미한 3개 지표는 아래와 같다.

- 신규 주식 발행: 최근 1년간 유상증자를 해서 자본금이 늘어난 기업과 그렇지 않은 기업은 주식 수익률 차이가 매우 크다.
- 순이익 흑자 여부: 최신 분기 순이익이 0 이상인 기업(흑자 기업)과 0 이하인 기업(적자 기업)은 주식 수익률 차이가 매우 크다.
- 영업활동현금흐름 흑자 여부: 최신 분기 영업활동현금흐름이 0 이상인 기업(흑자 기업)과 0 이하인 기업(적자 기업)은 주식 수익률 차이가 매우 크다.

이 3개 지표를 통해 '신F-스코어'를 만들 수 있다. 한국 시장에서 신F-스코어 점수별 주식 수익을 볼까?

신F-스코어별 연복리수익률(2000/10~2020/12)

신F-스코어	연중(%)	11~4월(%)	5~10월(%)
0	−14.94	−2.53	−13.08
1	2.34	10.34	−7.19
2	12.03	13.86	−1.33
3	15.16	14.28	1.13
3-0	30.10	16.81	14.21

　　신F-스코어가 낮은 주식의 수익률은 처참했고 신F-스코어가 만점인 주식의 수익률이 준수했다(2003년 이전에는 영업활동현금흐름 데이터가 없어서 영업이익으로 대체했다).

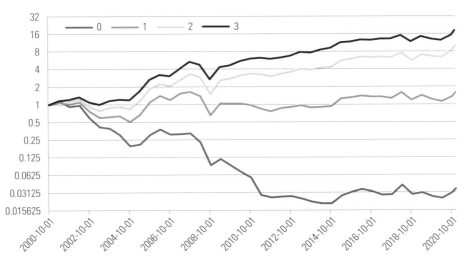

신F-스코어별 수익(2000/10~2020/12)

이 그래프만 봐도 유상증자 여부, 순이익 흑자 여부, 영업활동현금흐름 흑자 여부를 체크한 뒤 이 중 최소 2개를 충족하지 못하는 기업, 즉 F-스코어가 0~1점인 기업에는 투자하지 않는 것이 정신건강에 좋아 보인다.

원래 피오트로스키 교수가 2000년 논문에서 연구한 것이 저PBR 전략의 수익을 F-스코어로 개선하는 것이었다.

투자 전략 6: 신F-스코어+저PBR 전략	
분류	밸류+퀄리티
매수 전략	전체 주식의 신F-스코어 산출 • 신F-스코어 3점 기업 중에서 PBR이 가장 낮은 주식 매수
매수 종목	20개 권장(30, 50개도 무난)
매도 전략	4월, 10월 마지막 거래일(연 2회) 리밸런싱

PBR 단독 vs. 신F-스코어 3점+PBR 십분위수 연복리수익률(2000/10~2020/12)

PBR	PBR 단독	신F-스코어 3점+PBR		
	연중(%)	연중(%)	11~4월(%)	5~10월(%)
1(최저)	16.70	24.24	17.94	5.91
2	18.83	19.37	14.92	4.33
3	18.05	22.74	18.12	4.44
4	14.01	16.21	13.09	3.15
5	10.27	16.82	14.37	2.54
6	9.66	12.78	13.23	-0.09
7	5.67	13.25	14.27	-0.58

PBR	PBR 단독	신F-스코어 3점+PBR		
	연중(%)	연중(%)	11~4월(%)	5~10월(%)
8	1.48	8.94	12.52	−2.97
9	−1.03	7.93	11.15	−2.70
10(최고)	−12.71	4.32	9.74	−4.84
1-10	29.41	19.92	8.20	10.75

신F-스코어가 3점인 주식을 다시 PBR로 구분해보니 '신F-스코어+PBR 하위 10%' 기업의 수익률이 가장 높았다. PBR 하위 10% 기업에 투자하면 연복리 수익률이 16.70%인 반면, 신F-스코어가 3점이고 PBR이 하위 10%인 기업에 투자하면 24.24%로 높아졌다. 미국의 결과와 동일하다. 나는 신F-스코어가 3점인 기업 내에서도 PBR 하위 10% 기업과 상위 10% 기업의 주식 수익률 차이가 19.92%p나 되는 점이 가장 놀라웠다.

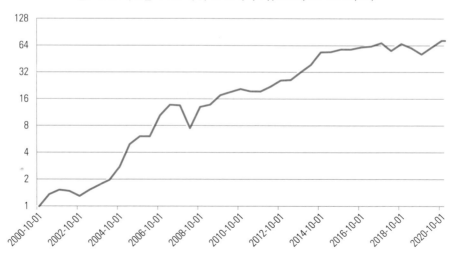

신F-스코어 3점+PBR 하위 10%의 수익(2000/10~2020/12)

Quantitative Investment

10장 상대 모멘텀

28

글로벌 시장에서 가장 잘 먹히는 전략

파마의 효율적 시장 가설을 복습해보자. 파마는 약형 효율적 시장을 정의하며 "과거 주가를 분석해서 미래 주가를 예측할 수 없다"라고 했다. 물론 시장에서 막대한 수익을 내서 잭 슈웨거Jack Schwager의 《시장의 마법사들(Market Wizards)》 시리즈에 소개된 전설적인 트레이더들은 혀를 찼을 것이다. 예나 지금이나 그들 중 대부분은 가격과 거래량 정보를 사용해서 엄청난 수익을 내니까. 그러나 학계에서는 효율적 시장 가설의 힘이 막강해서 아무도 감히 반박하지 못했다. 그래서 레비Robert Levy라는 투자자가 '최근 6개월 동안 가장 많이 오른 주식들이 그 후 한 달 동안에도 계속 오르더라'라는 '상대 모멘텀' 현상을 입증하는 논문을 발표했으나14 학계에서 묻히고 말았다. "그럴 리가 없어", "데이

▲ 영상 8

▲ 영상 9

▲ 영상 14

상대 모멘텀, 절대 모멘텀

상대 모멘텀은 현재 존재하는 주식을 나열해서 그중 상대적으로 수익률이 가장 좋거나 손실이 적은 주식에 투자하는 전략이고, 절대 모멘텀은 상대적 수익과 무관하게 최근 수익률이 0 이상(또는 무위험 자산 수익률 이상)인 주식에 투자하는 전략이다.

터를 잘못 계산했을 거야", "통계적으로 유의미하지 않아" 등의 반응이 대부분이었다고 한다. 단순히 최근 6개월간 가장 많이 오른 주식을 사서 초과수익을 낼 수 있다면 효율적 시장 가설은 무너지게 되니까.

그런데 1992년 파마가 스스로 소형주 효과와 저PBR 효과를 입증하면서 효율적 시장 가설의 기반이 크게 흔들렸고, 이를 본 다른 교수들은 혹시 초과수익을 낼 수 있는 다른 요소가 없는지 연구하기 시작했다. 그중 제가디시Narasimhan Jegadeesh와 티트먼Sheridan Titman은 레비가 연구한 상대 모멘텀 전략을 연구했다. 레비의 연구에서 25년이 지난 1990년대 초에는 주식시장 데이터가 많이 쌓였고 이를 분석하는 소프트웨어와 하드웨어도 구축되어 있었다. 따라서 충분히 통계적으로 유의미한 데이터를 만들어내고 이를 통해 설득력 있는 논문을 쓸 수 있었다. 그 결과물이 바로 금융계에서 가장 유명한 논문 중 하나인 'Returns to Buying Winners and Selling Losers: Implications for Stock Market Efficiency(승자를 사고 패자를 파는 것의 수익률: 주식시장 효율성의 영향)'(1993)다.

이 논문은 미국에서 1965~1989년 구간에 최근 3~12개월간 가장 많이 오른, 즉 상대 모멘텀이 높은 주식들을 추가로 3~12개월 보유한 후 매도하면 주가지수보다 훨씬 더 높은 수익률을 낼 수 있었음을 증명했다. 이 논문이 나온 후 효율적 시장 가설의 추종자들은 패닉에 빠졌을 것이다. 그래서 이 논문의 논리가 맞는지 연구자 수백 명이 실험해보니 미국 시장뿐 아니라 전 세계 거의 모든 주식시장, 주가지수 선물, 채권시장, 원자재시장, 외환시장과 암호화폐시장에서도 '상대 모멘텀' 전략이 통한다는 사실이 입증되었다.

제가디시와 티트먼의 논문은 1993년에 공개되었고 1965~1990년 데이터를 다루었다. 그 후 수익률이 어땠는지 궁금할 만도 한다. 여기서 상대 모멘텀 기준은 마지막 달 수익을 뺀 최근 12개월의 수익률이다(194쪽 표).

예: A, B, C 주식이 있다.

A는 최근 1년간 30% 올랐고 그중 지난 한 달에는 5% 올랐다.

B는 최근 1년간 40% 올랐고 그중 지난 한 달에는 20% 올랐다.

C는 최근 1년간 50% 올랐고 그중 지난 한 달에는 10% 올랐다.

마지막 달 수익을 제하면 A는 25%, B는 20%, C는 40% 올랐으므로 상대 모멘텀 순위는 C가 1위, A가 2위, B가 3위다. B가 최근 1년에 A보다 더 많이 올랐지만 A보다 순위가 낮다.

왜 마지막 한 달을 뺄까? 개별 주식은 최근 한 달 동안 많이 오른 주식이 다시 고꾸라지는 '역추세' 현상이 있기 때문이다. 그래서 상대 모멘텀 순위를 매길 때 최근 1년간 가장 많이 오른 주식 순서대로 정리하되 마지막 1개월 수익을 제하는 경우가 많다. 그런데 아이러니하지 않은가. 개미 투자자는 최근, 특히 최근 한 달 동안 많이 오른 핫한 주식을 따라 사는 경우가 상당히 많을 것이다. 그런데 바로 그런 주식들의 평균 수익률이 매우 낮다!

여기서 매우 흥미로운 점이 발견된다. 1965~1990년 구간에는 상대 모멘텀

기간별 미국 상대 모멘텀 십분위수 연복리수익률(%, 1965~2020)

상대 모멘텀	1965~1990	1991~2020	1991~2000	2001~2010	2011~2020
1(최저)	2.2	9.3	9.9	13.5	4.8
2	8.7	11.8	13.9	12.3	9.2
3	11.1	13.0	14.2	12.4	12.4
4	11.1	14.0	17.7	11.5	12.8
5	13.4	14.4	18.1	11.9	13.3
6	13.6	15.1	18.2	13.5	13.7
7	15.5	15.4	19.8	13.1	13.4
8	16.1	16.9	22.9	14.7	13.2
9	19.0	18.1	26.2	13.8	14.6
10(최고)	21.4	18.8	30.9	12.1	14.2
10-1	**19.2**	**9.4**	**21.1**	**−1.4**	**9.4**

이 강한 주식(고모멘텀주)의 연복리수익률이 21.4%나 되어서, 상대 모멘텀이 약한 주식(저모멘텀주)의 2.2%보다 자그마치 19.2% 높았다. 고모멘텀주의 위력은 1990년대에도 지속되다가 2000년대에 망가진다. 저모멘텀주가 13.5%를 기록해 고모멘텀주(12.1%)를 앞질렀다. 그러나 고모멘텀주는 2010년대에 부활해서 저모멘텀주보다 9.4%p 높은 수익률을 기록했다.

혹시 미국 시장에서 저PBR의 주식 수익률을 기억하는가? 2010년대에 죽을 쒔다. 2000년대에 고모멘텀 주식이 죽을 쒄 것과 마찬가지로. 그러나 상대 모멘텀 전략은 2010년대에 부활했다. 따라서 나는 PBR 등 밸류 지표들이 2020년대에 부활할 것을 조심스럽게 점쳐본다.

글로벌 시장도 한번 살펴보자.

글로벌 23개국 시가총액과 상대 모멘텀 오분위수 연복리수익률(%, 1991~2020)

시가총액 \ 상대 모멘텀	1(최저)	2	3	4	5(최고)	5-1
1(최소)	8.3	12.8	15.9	19.1	24.3	16.0
2	3.2	8.4	9.8	12.3	15.3	12.1
3	4.6	8.2	9.2	10.3	12.8	8.2
4	3.9	8.1	9.3	9.7	12.8	8.9
5(최대)	4.2	7.8	9.4	10.5	12.2	8.0

글로벌 시장에서 소형 고모멘텀 주식에 투자하는 것은 매우 현명한 행위였다. 시가총액 하위 20% 기업 중에서 상대 모멘텀 상위 20% 주식을 샀다면 1991~2020년 구간에 연복리 24.3%를 벌 수 있었다. 이는 원금이 687배가 된 것을 의미한다.

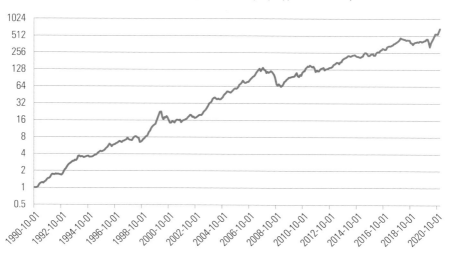

글로벌 23개국의 소형 고모멘텀주 수익(1990~2020)

또한 소형주 내에서는 고모멘텀주(24.3%)와 저모멘텀주(8.3%)의 수익률 차이가 상당히 컸다. 대형주에서도 차이가 있지만 소형주보다는 많이 작다. 150쪽에서 퀀트 전략은 공통적으로 소형주에서 수익이 훨씬 높다고 설명했는데, 상대 모멘텀도 예외가 아니다.

29 상대 모멘텀, 한국 시장에서는 신통치 않다

심지어 효율적 시장 가설을 만든 파마 교수도 인정하지 않을 수 없었다. 그는 2008년 "모멘텀이 최근 가장 활발히 연구되는 변칙이며, 의심할 수 없을 정도로 유의미하고 (중략) 가장 강한 시장 변칙이다(Momentum is the center stage anomaly of recent years...an anomaly that is above suspicion...the premier market anomaly)" 라고 하면서 사실상 패배를 인정했다. 여기서 변칙(anomaly)은 시장이 효율적이라고 가정하면 존재할 수 없는 기현상을 의미하는데, 이 책에 나오는 밸류 지표, 모멘텀 지표 등 초과수익을 낼 수 있는 지표와 전략 등을 통틀어 가리킨다.

퀀트 투자는 미국에서 전략을 소개하는 논문이 나오고, 그 후 다른 연구자들이 동일한 전략을 다른 국가 주식시장에서 실험해보고 "와, 미국에 통했던 이 전략이 다른 나라에서도 통하네!" 식으로 결론이 나는 것이 보통이다. 특정 지표가 초과수익을 낼 수 있는 것은 사람의 심리적 편향 때문인데 사람의 패턴은 어느 나라나 비슷하니, 시장 참가자의 수준이 가장 높은 미국에서 통하는 전략이면 시장 참가자 수준이 떨어지는 다른 나라 주식시장에서도 통할 가능성이 높고 미국 시장보다 초과수익률이 높은 것이 대부분이다. 그래서 나는 새로운 전략을 개발하기 위해 미국 논문을 자주 검색한다.

상대 모멘텀 전략도 미국에서 처음 논문이 나왔고 그 후 수많은 국가에서 같은 효과를 입증했다. 그런데 전 세계에서 가장 초과수익률이 높은 요소인 '상대 모멘텀'이 한국 시장에는 잘 통하지 않는 것이 아이러니하다. 일단 중소형주에는 상대 모멘텀이 전혀 먹히지 않고, 시가총액 상위 200위 이내의 대형주에서만 먹힌다. 미국과 선진국에서는 잘 통하는데 한국에서는 효력이 높지 않은 거의 유일한 전략이다. 이유는 모르겠다.

아무튼 대형주에서 최근 1년간(마지막 1개월 제외) 가장 많이 오른 주식을 샀으면 이 정도의 수익을 기대할 수 있었다.

투자 전략 7: 대형주 상대 모멘텀

분류	모멘텀
매수 전략	한국 시가총액 200위 기업의 12개월 주가 수익률(최근 1개월 제외)을 계산해서 순위가 가장 높은 기업 매수(오름차순)
매수 종목	20개
매도 전략	4월, 10월 마지막 거래일(연 2회) 리밸런싱

결과를 보니 상대 모멘텀 전략이 통하기는 하지만 초과수익 규모가 별로 크지 않고, 심지어 11~4월 구간에는 상대 모멘텀이 가장 낮은 주식의 수익률이 더 높았다.

한국 대형주 상대 모멘텀 십분위수 연복리수익률(2000/10~2020/12)

상대 모멘텀	연중(%)	11~4월(%)	5~10월(%)
1(최고)	10.30	7.52	2.84
2	7.59	8.60	−0.74
3	7.03	7.15	0.06
4	5.41	6.67	−1.05
5	8.00	8.67	−0.43
6	6.69	8.75	−1.73
7	6.00	5.34	0.78
8	1.29	5.32	−3.79
9	5.72	8.14	−2.10
10(최저)	1.73	9.05	−6.67
1−10	8.57	−1.53	9.51

여기에서 유념할 상황이 있다. 웨슬리 그레이와 잭 보겔Jack Vogel이 쓴 책 《퀀트 모멘텀 투자 기법(Quantitative Momentum)》은 미국에서 리밸런싱 구간별 모멘텀 전략의 효능을 분석했다. 결과는 아래와 같았다.

미국 상대 모멘텀 최상위 50개 기업의 리밸런싱 주기별 연복리수익률(1927~2014)

리밸런싱 주기(개월)	연복리수익률(%)
1	17.02
3	16.05
6	13.93
12	11.78

우리는 10월 말과 4월 말, 즉 6개월에 한 번 리밸런싱하는 전략을 택했는데, 리밸런싱 주기를 1개월 또는 3개월에 한 번으로 줄이면 한국 대형주 상대 모멘텀 전략의 수익률도 다소 개선될 가능성이 있다. 물론 거래 비용은 높아진다.

한국에서는 가격보다는 펀더멘털이 급격히 개선되는 기업의 주식 수익률이 높다. 그건 나중에 같이 알아가자.

30 모멘텀 현상은 왜 존재할까?

'최근 많이 오른 자산이 계속 오르는' 모멘텀 전략은 한국에서는 대형주에서만 잘 먹히지만 전 세계적으로는 수익률이 매우 높다. 심지어 상대 모멘텀을 200년 이상 수백 개 시장에서 실험한 결과를 담은 논문도 있는데 '예나 지금이나 주식이든 채권이든 원자재든 외환이든 상대 모멘텀의 효과가 좋고 초과수익을 달성할 수 있다'가 결론이었다. 즉 이 모멘텀 현상은 세계 공통인 듯하다. 사람은 다 비슷하고 특히 태어날 때부터 지닌 심리적 편향이 비슷해서 이런 일이 발생하는 것이겠다.

이 모멘텀 현상을 설명하기 위해 '환국제약'이라는 회사가 있다고 가정해보자. 이 회사는 주가가 1만 원, 시가총액이 1,000억 원이며, 최근 몇 개월 동안 주

▲ 영상 204

가가 1만 원 근처에서 횡보했다. 그런데 전 세계를 강타한 전염병 '호로나21'이라는 바이러스에 대항할 수 있는 백신을 개발했다. 이 백신으로 환국제약이 엄청난 돈을 벌 것은 기정사실, 기업 가치는 5,000억 원으로 급상승한다.

시장이 효율적이라면 투자자들은 백신 정보가 나오자마자 이것이 환국제약의 기업 가치에 미칠 영향을 계산해서 몇 초 만에 환국제약의 주가가 5배 상승해야 한다. 그런데 대부분 주가 상승이 그렇게 급작스럽게 이루어지지는 않는다. 보통 빨라도 수개월, 느리면 1~2년에 걸쳐서 천천히 진행된다. 그래서 '이미 오른 주식'을 사도 추가로 돈을 벌 수 있는 것이다. 왜 환국제약의 기업 가치 재평가가 곧바로 시가총액에 반영되지 않고 서서히 이루어지는지 분석해보자.

이 기회에 투자 심리 파트에서 배운 내용을 복습해보겠다.

1단계: 과소 반응

물론 투자자들은 백신 개발이 환국제약에 긍정적인 뉴스라는 것을 당연히 안다. 그러나 환국제약의 주식은 최근 몇 달간 계속 1만 원 근처를 횡보했으니 백신을 통해 주가가 5만 원까지 상승해야 적절하다고 평가할 수 있는 투자자는 별로 없을 것이다(정박 효과). 1만 3천 원이나 1만 5천 원 정도로 기업 가치를 예측하는 투자자가 대다수이고, 환국제약 관련 애널리스트 보고서를 찾아봐도 비슷한 애기가 나올 것이다. 투자자 대부분은 '역시 내가 맞았어!'라는 안도감에 빠지고(확증 편향) 더 이상 다른 의견을 찾아보지 않는다.

이제 환국제약 주식이 1만 2천~1만 3천 원을 찍으면 매도하는 사람이 상당히 많이 나온다. 왜냐? 손실 회피 편향과 처분 효과 때문이다. 이 주식을 1만 2천~1만 3천 원에 사서 본전을 찾지 못하고 전전긍긍하는 투자자들이 분명 있을 것이다. 이들은 '옳거니! 물렸던 주식이 몇 달 만에 드디어 본전을 회복했다!

얘 때문에 마음고생이 많았으니 팔자!'라는 식으로 대응할 가능성이 높다(손실 회피).

만 원 언저리에 산 투자자들도 이때 팔 가능성이 꽤 높다. "와우! 짧은 시간에 20~30% 벌었네! 이 수익이 사라져버리면 정말 가슴 아프겠지? 팔자!" 식으로 말하는 이들을 나는 정말 자주 봤다(처분 효과).

또한 "아니, 1만 원 하던 주식이 1만 3천 원이나 하네. 너무 비싼 것 아니야?" 하며 매수를 포기하는 투자자들도 분명 있다.

이래서 사재기를 해도 모자랄 주식인데 파는 투자자들이 나오고, 사는 투자자들은 생각보다 덜 나오고, 이 모든 요소가 환국제약의 주가 상승을 제한하는 역할을 한다.

마지막으로 주식시장의 큰손은 기관투자가다. 그런데 기관투자가는 환국제약에 호재가 생겼다는 것을 알아도 주식을 왕창 사지 못한다. 시가총액 1,000억 기업은 주식 거래 물량이 적어서 너무 많이 사면 상한가 가버리니까. 그래서 천천히 몇 주 또는 심지어 몇 달에 걸쳐 분할 매수할 가능성이 높다. 이 경우에 주가가 천천히 상승한다.

따라서 이론적으로는 환국제약 주가가 몇 초 만에 1만 원에서 5만 원으로 뛰는 것이 맞지만 위에 설명한 이유로 '천천히' 오르며, 주가가 기업 가치 상승보다 느리게 움직이는 과소 반응 효과를 볼 수 있다.

2단계: 과잉 반응

정박 효과, 손실 회피, 처분 효과 편향, 기관투자가의 특수성 등으로 주식 가격이 곧바로 1만 원에서 5만 원으로 상승하지 않고 천천히 오르는 현상을 보았다. 결국 주가가 1만 원에서 2만 원 가는 데 6개월이 걸리고 또 6개월 후에 5만 원이 되었다고 치자. 이 경우 환국제약 주식이 이미 두 배가 된 6개월 후, 즉 모멘텀이 상당히 높은 시점에 매수했더라도 상당한 수익을 낼 수 있었다. 그런데 12개월 만에 5만 원을 찍은 환국제약 주식, 여기서 멈출까?

아마 이쯤 되면 시장에서 난리가 났을 것이다. 환국제약은 완전 핫한 주식이 되었을 것이고, 게다가 호로나21을 무찌를 백신을 만들었다는 스토리도 좋지 않은가(스토리 편향). 최근에 많이 올랐으니 계속 오를 것이라고 굳게 믿는 투자자가 많을 것이고(최신 편향), 특히 옆집 멍청한 이웃이 이 주식으로 큰돈을 벌었다고 자랑하면 아주 배가 아플 것이다. '모두가 환국제약 주식으로 돈을 버는 것 같은데 나만 못 벌어?' 하면서 투자하게 된다. 전형적인 버블의 모습이다. 적정 가치인 5만 원은 뒷전이고 10만, 15만, 20만 원까지 오른다.

이렇게 모멘텀은 인간이 새로운 정보에 처음에는 과소 반응, 나중에는 과잉 반응을 보이는 경향 때문에 발생하는 현상이다. 처음에는 가격이 새로운 기업 가치를 찾아서 천천히 오르다가 어느 시점에 버블이 생기면서 투자자들이 우르르 몰려 가격을 기업 가치보다 훨씬 높게 띄우는 현상이라 보면 된다. 이 과정이 1~2년 정도 걸리기 때문에 최근 3~12개월 많이 오른 주식에 뒷북을 쳐도 추가 수익을 낼 수 있다.

과소 반응으로 시작해서 과잉 반응으로 끝나는 모멘텀 사이클, 오른쪽 그림을 보면 쉽게 이해가 될 것이다! 그런데 왜 이렇게 그럴듯한 전략이 한국에서 통하지 않느냐고? 그야말로 불가사의다.

자, 이제 2부를 마무리하는 단계에 왔다. 지금까지 내가 《할 수 있다! 퀀트 투자》에서 소개한 전략 중 가장 중요하다고 생각하는 전략을 업데이트했다. 물론 나도 그 책을 쓴 후 4년 동안 놀지만은 않았다. 많은 시간을 투자해서 새로운 전략을 여럿 개발했으니 그 내용을 3부에서 소개하려 한다.

전형적인 모멘텀 사이클

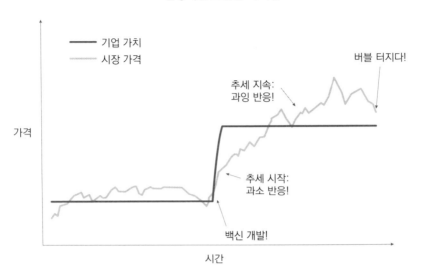

가격

― 기업 가치
― 시장 가격

버블 터지다!

추세 지속:
과잉 반응!

추세 시작:
과소 반응!

백신 개발!

시간

강환국 님 동상을 세울 때까지

35세 직장인입니다. 집안 형편 등을 고려했을 때, 무조건 투자와 재테크를 공부해야만 살아남을 수 있어서 20대 때부터 돈에 대해서 공부했습니다. 그러나 자금을 모으는 데 생각보다 오래 걸렸고 덕분에 더 오래 공부했습니다.

저는 아껴서 모으는 것으로 시작했습니다. 군대에서 6개월 더 복무하면서 전문하사로 급여를 모으고, 이후 6개월 동안 공장에서 일하며 남은 대학 생활을 위한 학자금과 생활비를 마련했습니다. 이후 다행히 졸업과 동시에 취직이 되어 가계부를 쓰며 꼼꼼히 돈을 모아나갔습니다. 그럼에도 첫 천만 원을 모으는 데만 1년이 걸렸습니다. 그마저도 2014년 4월 첫 차(중고차)를 마련하면서 다 써서 그때 제 현금 자산은 0원이었습니다. 그리고 2021년 현재는 약 9억 원을 모았습니다.

투자 입문은 대학 때 배운 가치투자였습니다. 매출, 순이익, 상품, 주가 등 이용 가능한 모든 정보를 동원해 개별 기업을 분석하는 것은 일반인이 하기에 쉬운 일이 아니었습니다. 분석력에서도 차이 나고, 옳게 분석한 것인지 복기하기가 힘들고, 산업과 기업들이 너무 다양합니다. 그리고 개별 투자 시점을 판단하기에도 가치투자는 오랜 기간 마음을 잡아야 하는 어려운 투자였습니다.

그러던 중 문병로 교수님의 《메트릭 스튜디오》를 통해서 퀀트 투자에 입문하게 되었습니다. 개별 지표를 통해 10분위를 나누기만 하면 간편하게 종목을 고를 수 있었고, 아주 간단한 지표 하나하나에 대해서 과거 데이터를 통해 '백테스팅'해본 결과를 보여주는 점도 매우 신선한 내용이었습니다. 처음 마주한 퀀트에 심장을 콩닥이며 엑셀로 과거 데이터를 조합해서 1년 전 종목들을 뽑아보고 1년 후인 오늘의 값을 찾아보고 일일이 수기로 수익률을 기록해서 통계를 내보면 실제로 수익이 난다는 것을 알 수 있었습니다. 당시 제 목표 수익률이 연 8~10%였는데 평균 30% 정도인 결과도 있어서 상당히 흥분했습니다. 그러나 내용이 PBR, PSR 등 주식 입문할 때 배우는 매우 기초적이고 단편적인 지표와 1년 리밸런싱뿐이었기 때문에 새로운 퀀트적 통계와 방법에 상당히 목말랐습니다. 국내에 퀀트 서적이 거의 없었고, 해외의 내용을 찾기란 너무 어려웠습니다.

상당 기간 잊고 있다가 간만에 퀀트 검색을 했더니《할 수 있다! 퀀트 투자》라는 책이 발간되어 있었습니다. 그것이 강환국 님과의 첫만남이었는데, 가치 지표의 통계적·확률적 투자가 유의미하다는 것까지는 알았지만 더 좋은 퀀트적 조합에 목말라 있던 저에게 한 줄기 빛과 같았습니다. 혼자서 퀀트 투자를 하며 궁금했던 것들이 상당 부분 해소되는, 많은 것이 담긴 책이었습니다. 이 기간의 투자들이 제 투자관에 많은 영향을 주었고, 심적으로 버틸 이론과 경험을 쌓는 계기가 되었습니다. 그 후 강환국 님이 유튜브 시작하셨을 때 더 쾌재를 불렀고, 같은 영상을 몇 회씩 돌려보고 마음속에 차곡차곡 담았습니다. 그 결과 퀀트 투자 전도에 앞장서고 더 나아가 관련 책도 쓰는 믿지 못할 경험을 했습니다.

지금은 저뿐만 아니라 주변 분들의 자금 운용을 도와드리고 있고 생각보다 높은 수익률을 거두어서 기쁩니다. 강환국 님의 은혜를 잊지 않고 동상 세우겠다 많이 얘기했는데, 언젠가 세울 수 있는 날이 진짜 올 거라 생각합니다.

3부   새로운 투자 팩터

Quantitative Investment

11장 새로운 밸류(가치주) 팩터

31 퀀트 투자의 큰 그림 복습하기

다시 한번 '퀀트 투자의 큰 그림'을 생각해보자. 우선 주가에 영향을 주는 '팩터'를 찾아낸다. 예를 들면 PBR이라는 팩터가 낮은 기업은 평균적으로 주식 수익률이 높았고, 반대로 PBR이 높은 기업은 평균적으로 주식 수익률이 매우 낮았다. 그래서 PBR은 주식시장에서 초과수익을 내는 데 도움이 되는 좋은 팩터라고 볼 수 있다.

퀀트 투자자는 이런 팩터를 찾아내고 이 팩터들을 적절히 섞어서 '투자 전략'을 만들어낸다. 예를 들면 GP/A도 하나의 팩터다. GP/A가 높은 기업의 주식 수익률이 평균적으로 높았고, 낮은 기업의 주식 수익률이 평균적으로 낮았으니까. 그렇다면 저PBR과 고GP/A라는 두 팩터를 섞어서 투자 전략을 만들 수 있다. 9장에서 배운 '신마법공식'이다. 강환국 슈퍼 가치 전략처럼 PER, PBR, PCR, PSR 네 가지 팩터를 섞은 전략을 만들 수 있다. 또한 '저PBR 주식' 등 한 개 팩터만으로도 전략을 만들 수 있다.

따라서 일단 투자에 써먹을 수 있는 팩터를 개발하는 것이 퀀트 투자의 기본이다. 아는 팩터가 많으면 나쁠 것이 없다. 요리에서도 재료가 두 개밖에 없으면 만들 수 있는 것이 제한되지만, 재료가 수십 개 있으면 만들 만한 요리가 매우 다양해진다. 아니, 재료를 자유자재로 조합해서 거의 무궁무진한 요리를 만들어낼 수 있다. 퀀트 투자도 마찬가지다. 사용할 수 있는 팩터가 많으면 무궁무진한 전략을 만들어낼 수 있다. 이 팩터들을 모두 정리한 논문도 있는데[1] 논문이 발표된 2020년 당시 공개된 팩터만 최소 452개 존재했다. 그런데 새로운 팩터가 점점 늘어나고 자산을 운용하는 펀드들이 팩터를 몰래 개발하는 경우도 있어서 현재는 수천 개, 아니 수만 개가 될 수도 있다. 지면 관계상 세상에 알려진 모든 팩터를 소개할 수는 없고, 그중 특히 한국 주식시장에서 잘 통하는 것 위주로 새로운 팩터 몇 개를 소개하겠다. 4부에서는 이 팩터를 조합해서 새로운 투자 전략을 설계할 것이다.

32 저평가 기업을 파악하는 방법은 다양하다

30쪽에서 설명했듯이 밸류 팩터(가치 팩터)는 기업의 가격과 기업 핵심 펀더멘털 지표를 비교해서 시가총액이 펀더멘털 대비 작으면 저평가, 펀더멘털 대비 크면 고평가 상태라고 가정한다. 우리는 지금까지 아래 지표가 주가에 미치는 영향을 살펴보았다.

지표명	계산법
PER	시가총액/순이익
PBR	시가총액/자본총계
PCR	시가총액/영업현금흐름
PSR	시가총액/매출액
NCAV	유동자산−부채총계

여기에 2개 지표를 추가하겠다.

- EV/EBIT: 토비아스 칼라일이 자신의 책 《퀀트로 가치투자하라》, 《주식시장을 더 이기는 마법의 멀티플(The Acquirer's Multiple)》, 《Deep Value(심층 가치투자)》를 통해 미국 주식시장에서 최근 50년간 가장 효용이 높았다고 주장하는 밸류 팩터다. 한국 시장에서도 잘 통하는지 분석해볼 필요가 있다.
- PFCR: 기업 가치를 평가할 때 잉여현금흐름 개념이 등장한다. 기업은 영업으로 현금을 버는데 그중 일부를 설비에 재투자한 후 남는 돈이, 주주가 자유롭게 배당할지 기업에 남겨둘지 결정할 수 있는 현금이라 해서 '잉여현금흐름'으로 불린다. 잉여현금흐름은 가치투자의 원톱인 워런 버핏이 매우 중요하게 여기는 지표인데, 이 지표가 엮인 PFCR이 우수한 기업의 주식이 한국에서 어느 정도 수익률을 내는지 궁금하다.

33

EV/EBIT 지표

《할 수 있다! 퀀트 투자》에서 나는 주로 PER, PBR, PCR, PSR 지표의 위력을 설명하고 이 4개 지표를 통해 '강환국 슈퍼 가치 전략'을 만들었다. 이 중 가장 잘 알려진 지표는 PER이다. 주식을 조금만 배워도 PER을 접하게 된다.

PER은 시가총액을 순이익으로 나눈 것이다. 예를 들면 A사의 시가총액이 1,000억 원이고 순이익이 100억 원이라서 PER이 10이라면 이는 무엇을 의미할까? '내가 시가총액을 투입해서 기업을 통째로 사고 순이익이 변하지 않는다고 가정하면 10년 만에 내 자금을 회수할 수 있어'라는 뜻이다. 당연히 회수 기간이 짧을수록 좋으니 다른 조건이 다 같다면 PER이 낮을수록 좋고 이런 기업이 저평가되었다고 가정할 수 있다.

즉 PER은 투자자가 몇 년 만에 자금을 회수할 수 있는가와 관계가 깊다. 이해하기 쉬워서 100년 전부터 투자자들의 사랑을 받아왔다. 그런데 최근 PER에 도전장을 던진 지표가 생겼다. 이 지표의 이름은 EV/EBIT다.

177쪽에서 마법공식을 설명하면서 한 EV/EBIT 소개를 다시 가져왔다.

EV/EBIT= 기업 가치/영업이익

EV는 기업 가치인데 시가총액과 어떻게 다른지 혼란스러울 수 있다. 시가총액은 지금 당장 기업의 주식 100%를 사들이는 데 필요한 금액이다. 그런데 그 금액을 투입해서 주식을 전부 사도 기업을 완벽히 지배하지는 못하고, 부채가 있다면 전부 갚아야 진정한 오너가 된다. 그런데 기업을 사면 보통 현금이 있기 마련이고, 영업에 필요 없는 자산을 보유하고 있을 수도 있다(비영업 부동산, 상장기업 주식 등). 이런 자산은 팔아버려도 영업에 크게 영향을 미치지 않는다. 이 모든 것을 종합하면 계산식은 이렇다.

EV = 시가총액 + 부채 − 현금 − 비영업자산

예를 들어 A 기업의 시가총액이 1,000억 원이고 부채가 500억 원, 현금 100억 원, 비영업자산 100억 원을 보유하고 있다. 그럼 EV는 1,000 + 500 − 100 − 100 = 1,300억 원이며, 이 금액을 투입하면 A 기업을 완벽히 지배할 수 있다.

EBIT는 위에서 영업이익이라고 설명했다. 만약 A 기업의 영업이익이 260억 원이라면 EV/EBIT는 1,300/260 = 5이고, 이는 영업이익이 변하지 않는다는 가정하에 A 기업을 산 투자자는 5년 만에 자금을 회수할 수 있다는 것을 의미한다. EV/EBIT가 낮을수록 저평가된 기업임을 금방 알 수 있다.

비슷한 지표로 EV/EBITDA도 있는데, EBITDA는 영업이익에 당장 직접적인 현금 유출이 발생하지 않는 감가상각비와 감모상각비(무형자산의 감가상각비)를 더한 금액이다. EBIT와 EBITDA는 이란성 쌍둥이 정도라고 보면 된다.

투자 전략 8: 마법의 멀티플(저EV/EBIT 전략)

분류	밸류
매수 전략	전체 주식의 EBIT/EV를 계산해서 순위가 가장 높은 주식 매수(내림차순)
	• EBIT는 최근 분기 영업이익으로 계산
매수 종목	20개 권장(30, 50개도 무난)
매도 전략	4월, 10월 마지막 거래일(연 2회) 리밸런싱

EV/EBIT 십분위수 연복리수익률(2000/10~2020/12)

EV/EBIT	연중(%)	11~4월(%)	5~10월(%)
1(최저)	21.84	18.52	3.31
2	18.43	16.34	2.23
3	13.47	14.49	−0.58
4	11.61	13.65	−1.53
5	10.03	13.72	−3.01
6	6.91	12.27	−4.61
7	4.32	11.18	−6.07
8	−0.45	7.62	−7.51
9	−0.06	7.89	−7.37
10(최고)	3.90	7.09	−2.88
1−10	17.94	11.43	6.19

미국에서 가장 수익률이 높았던 지표인 EV/EBIT는 한국에서도 잘 먹힌다! EV/EBIT 상위 10% 기업에만 투자했으면 한국에서도 연복리 21.84%를 벌 수 있었다. 그런데 저PER 주식의 한국 시장 수익률은 어땠을까?

투자 전략 9: 저PER 전략

분류	밸류
매수 전략	전체 주식의 1/PER을 계산해서 순위가 가장 높은 기업 매수(내림차순) • PER은 최근 분기 순이익으로 계산
매수 종목	20개 권장(30, 50개도 무난)
매도 전략	4월, 10월 마지막 거래일(연 2회) 리밸런싱

PER 십분위수 연복리수익률(2000/10~2020/12)

PER	연중(%)	11~4월(%)	5~10월(%)
1(최저)	23.62	19.29	4.18
2	16.79	16.23	0.87
3	14.89	15.46	−0.14
4	11.38	14.13	−2.15
5	8.46	13.33	−4.11
6	4.89	10.79	−5.21
7	7.04	11.19	−3.57
8	3.19	8.92	−5.19
9	3.77	9.74	−5.35
10(최고)	−14.57	2.00	−16.57
1−10	38.19	17.29	20.75

그런데 저PER 전략도 만만치 않아서 저PER 상위 10%의 수익률이 저EV/EBIT 주식의 수익률을 능가한다. 여기에서 결론을 내리면 미국에서 '마법의 멀티플'로 불리는 EV/EBIT는 한국에서도 상당히 위력적이었으나, 훨씬 더 간단한 PER보다 훌륭한 지표라고 보기는 어렵다. 게다가 EV/EBIT는 차입금과 현금 자산 데이터가 필요해서 계산하기 어렵다는 단점도 있다. PER은 네이버 금융 등 금융 데이터가 있는 모든 사이트에서 제공하므로 찾기가 쉽다. 이 모든 것을 고려하면 PER이 EV/EBIT에 판정승을 거뒀다고 해도 과언이 아니다. 둘 다 훌륭한 밸류 지표이지만 한국에서는 미국처럼 EV/EBIT가 PER을 앞서지는 못했다.

34 버핏이 가장 중요하게 여기는 지표를 활용한 PFCR

나는 대학 다닐 때 워런 버핏을 정말 열심히 연구했다. 어떤 분야를 배우고 싶다면 그 분야의 최고봉을 배우는 것이 좋다. 그래서 버핏이 1965년부터 현재까지 남긴 모든 주주서한, 언론에서 한 인터뷰, 그의 투자에 대한 책은 물론이고 그의 인생에 대한 책도 섭렵했다. 버핏은 나에게 투자, 경영과 인생의 올바른 길을 가르쳐준 멘토다. 아쉽게도 그의 투자는 나와 다소 맞지 않는다는 것을 깨달았지만, 그래도 그가 주식을 살 때 무엇을 중요하게 여기는지는 알게 되었다.

기업의 가치를 평가하는 방법은 여러 가지인데 이론적으로는 현금흐름 할인법(Discounted Cash Flow, DCF)이 가장 완벽하다. 기업이 벌어들일 미래 현금흐름의 현재 가치를 계산하는 것으로서, 여기에 쓰이는 현금흐름이 학계는 잉여현금흐름, 버핏은 주주 수익(owner earning)이라고 부르는 것이다.

이 현금흐름은 영업활동현금흐름에서 설비 투자 비용을 빼서 계산한다. 기업은 영업을 통해 현금을 벌어들이는데 그중 일부는 생산 시설 등 설비를 유지하고 새것으로 업그레이드하는 데 사용해야 경쟁력 있는 제품을 생산할 수 있기 때문이다. 따라서 영업활동현금흐름에서 설비 투자를 제한 잉여현금흐름만 주주들이 자유롭게 활용할 수 있는 진정한 현금흐름으로 간주한다.

그렇다면 시가총액이 잉여현금흐름 대비 상대적으로 작으면 주식이 저평가, 높으면 고평가 상태라고 가정할 수 있다. 이것을 측정하는 지표가 PFCR이다.

PFCR = 시가총액/잉여현금흐름

미국에서도 이 지표가 초과수익을 가져다준다는 논문이 있다.[2] 이 논문의 저자들은 심지어 현금흐름을 포함한 밸류 지표가 기존 지표(PER 등)보다 더 우수하다는 주장을 펼친다.

한국 데이터가 있으니 PFCR이 낮은 기업의 주식이 어느 정도 수익을 냈는지 분석해봤다. 참고로 영업활동현금흐름 데이터가 2003년부터 있어서 이번 백테스트 구간은 2003~2020년이다.

역시 한국에서도 PFCR이 낮은 기업의 수익률이 높았다. 버핏이 중요하다고 여긴 잉여현금흐름 대비 저평가된 기업을 통해 돈을 벌 수 있었다.

한국 PFCR 십분위수 연복리수익률(2003/10~2020/12)

PFCR	연중(%)	11~4월(%)	5~10월(%)
1(최저)	17.73	18.05	0.21
2	16.61	17.12	0.01
3	14.92	16.28	−0.77
4	12.93	12.49	0.76
5	9.25	11.87	−2.09
6	7.07	10.88	−3.24
7	6.20	11.60	−4.67
8	9.28	13.88	−3.79
9	12.64	17.25	−3.59
10(최고)	2.07	11.07	−8.05
1−10	**15.66**	**6.98**	**8.26**

한국 PCFR 하위 10% 수익(2003/10~2020/12)

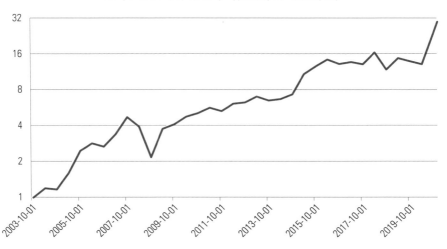

Quantitative Investment

12장 새로운 퀄리티(우량주) 팩터

밸류(가치) 팩터는 정의하기가 어렵지 않다. 재무제표에서 중요한 지표를 시가총액과 비교하면 끝난다. 재무제표에서 투자자들이 중요하게 여기는 매출액, 영업이익, 순이익, 순자산, 영업활동현금흐름, 잉여현금흐름 등이 모두 등장한다.

'우량주'를 정의하는 것은 좀 더 어렵다. 수익성이 높은 기업? 안정성이 높은 기업? 주요 재무제표 지표가 개선되는 기업? 주주 친화적인 기업? 변동성이 적어서 투자자에게 스트레스를 덜 주는 기업? 《할 수 있다! 퀀트 투자》에서 사용한 퀄리티 팩터가 GP/A와 F-스코어뿐이어서 좀 더 다양한 팩터를 소개하려한다.

- 고수익성 & 저투자 팩터: 고수익성(예: 고GP/A) 기업의 주식 수익률이 높다는 것은 오래전부터 알려져 있었는데, 파마 교수는 이를 저투자 지표와 합치면 시너지가 난다는 사실을 발견했다. '저투자 기업'은 자산 성장률이 낮은 기업으로 정의한다.
- 차입금 지표: 《할 수 있다! 퀀트 투자》에서는 부채비율만 잠시 살펴봤는데, 그보다는 이자를 지불하는 부채인 차입금 지표를 사용하는 것이 더 효과적이다. 특히 차입금이 줄어드는 기업의 주식 수익률이 꽤 좋았다.
- 최근 몇 년간 선진국의 트렌드는 변동성이 적은 기업에 투자하는 로우볼 (Low Volatility) 투자다. 한국에서도 통할까? 주가 변동성, ROE 변동성, 베타 등이 주가에 영향을 미치는지 분석해봤다.

35 파마의 셀프 도장 깨기 (3) 고수익성 & 저투자

7장에서 파마 교수가 효율적 시장 가설을 창시해서 노벨상을 받았고, 자신의 이론과 전혀 맞지 않는 소형주, 저PBR 전략도 개발했다고 설명했다. 그는 이에 그치지 않고 2013년에 초과수익을 낼 수 있는 지표 2개를 추가로 소개한다.[3] 그는 왜 자신의 명성에 도움이 되지 않는 논문을 계속 발간할까? 그건 불가사의다. 어쨌든 그는 수익성 높은 기업, 투자를 적게 하는 기업의 주식 수익률이 높다고 주장한다. 9장에서 GP/A라는 수익성 지표를 만났는데, 파마 교수는 '영업이익/자본총계'라는 다소 생소한 수익성 지표를 선호한다. 그리고 '투자'는 최근 1년간 자산 성장률로 정의한다.

수익성 지표: 영업이익/자본총계

투자 지표: (현재 자산총계/1년 전 자산총계) − 1

수익성 지표는 ROE(순이익/자본총계)와 매우 비슷한데 순이익 대신 영업이익을 사용했다.

참고로 '수익성이 높은 기업의 주식 수익률이 높은 건 이해하겠는데, 투자를 많이 하는 기업이 아니라 투자를 적게 하는 기업의 주식 수익률이 높다고요?'라는 질문을 자주 받는다. 맞다.

A사와 B사가 있다. 두 기업의 수익성은 같은데 A사는 투자 지표, 즉 자산성장률이 낮고, B사는 자산성장률이 높다. 그럼 이 두 기업은 어떻게 다를까? A사는 돈을 벌어서 주주들에게 배당을 상대적으로 많이 하고 부채를 많이 갚고 남은 돈만 기업에 재투자했을 가능성이 높다. 그러니까 수익성 대비 자산이 덜 증가했다. 반대로 B사는 돈을 벌어서 배당과 부채 상환은 덜 하고, 오히려 새로운 주식을 발행하고 새로운 부채를 만들고 그 돈을 어딘가 투자했을 것이다. 그러니까 수익성 대비 자산이 상대적으로 A사보다 더 증가했다. 이를 아래 표로 정리할 수 있는데 경험적으로 투자자들은 '저투자 기업'을 더 선호한다.

저투자 기업 vs. 고투자 기업

저투자 기업	고투자 기업
배당 높음	배당 낮음
부채 상환 높음	부채 상환 적음/신규 부채
신규 주식 발행 안 함	신규 주식 발행 추진
재투자 적음	재투자 높음
주식 수익률 높음	주식 수익률 낮음

영상 259 ▲

글로벌 선진국 23개국 주식 중에서 소형주(시가총액 하위 50%)를 골라 수익성과 투자 성향으로 조합하니 아래와 같은 결과가 나왔다.

글로벌 23개국, 시가총액 하위 50%, 수익성+투자별 연복리수익률(%, 1990~2020)

수익성＼투자	1(최저)	2	3	4(최고)
1(최저)	17.99	13.07	8.13	2.26
2	16.42	14.91	12.01	5.69
3	15.39	14.61	12.84	8.04
4(최고)	16.46	14.57	13.21	9.47

글로벌 소형주 수익률을 분석해보면 저투자 기업, 즉 자산성장률이 낮은 기업의 수익이 압도적이다. 특히 저수익성+고투자 기업의 연복리수익률은 2.26%로 최악이다. 전반적으로 수익성이 높은 기업의 주식 수익률이 저수익성 기업보다 높다.

글로벌 23개국, 시가총액 상위 50%, 수익성+투자별 연복리수익률(%, 1990~2020)

수익성＼투자	1(최저)	2	3	4(최고)
1(최저)	6.28	6.92	6.86	2.46
2	9.47	9.35	9.24	7.02
3	10.12	10.62	9.67	8.58
4(최고)	10.97	10.55	9.45	8.02

대형주(시가총액 상위 50% 기업)도 결과가 비슷해서 저투자 기업이 고투자 기업

보다, 고수익성 기업이 저수익성 기업보다 주식 수익률이 높고, 저수익성+고투자 기업의 수익이 최악이다.

물론 우리는 이 전략이 한국에서 잘 통하는지 궁금하다. 한국 기업에 영업이익/자본총계와 자산성장률 지표의 순위를 매기고 평균 순위를 십분위수로 나누어 수익을 계산해보았다.

한국 수익성+투자 십분위수 연복리수익률(2000/10~2020/12)

수익성+투자	연중(%)	11~4월(%)	5~10월(%)
1(최고)	15.03	13.78	1.45
2	16.98	15.13	2.00
3	15.04	14.09	1.18
4	15.58	13.97	−1.78
5	8.32	12.06	−3.14
6	3.46	11.61	−7.23
7	4.29	10.44	−5.46
8	5.14	12.31	−6.27
9	5.59	12.29	−5.84
10(최저)	−8.74	5.65	−13.82
1−10	23.77	8.14	15.27

전반적으로 수익성+투자 순위가 높은 기업의 수익률이 낮은 기업보다 높은 것은 맞지만 상위 1~4분위의 수익률 차이가 거의 없다. 여기서 한번 생각해볼 필요가 있다.

첫째, 우리에게는 신마법공식에서 배운 GP/A라는 훌륭한 지표가 있는데 굳이 영업이익/자본총계라는 지표를 사용할 필요가 있나? **내가 백테스트해본 결**

과 한국에서는 ROE, ROA, 영업이익/자본총계, ROC 등 수익성 지표가 우수한 기업의 주식 수익률이 그리 높지 않았다. 고GP/A 기업이 그나마 가장 나았다.

둘째, 투자를 적게 하는 기업, 즉 자산성장률이 낮은 기업이 좋다는 건 알겠는데, 상식적으로 자산성장률이 –50%, –70% 이런 식으로 자산이 급속도로 사라지는 기업이 좋은 기업일 가능성은 적겠지? 잘나가는 기업이 아니라 적자가 커서 사업이 추락하는 기업처럼 보인다. 그래서 나는 위 전략에서 자산성장률이 –20% 이하인 기업의 주식을 제거해봤다. –30%로 해도 결과는 대동소이하다.

투자 전략 10: 파마의 고수익성+저투자 전략

분류	퀄리티
매수 전략	전체 주식에서 아래 지표들을 계산해서 각각의 순위 매김 • GP/A(내림차순) • 자산성장률(오름차순) 2개 지표의 평균 순위가 가장 높은 주식 매수 • 제외: 자산성장률 –20% 이하인 기업
매수 종목	20개 권장(30, 50개도 무난)
매도 전략	4월, 10월 마지막 거래일(연 2회) 리밸런싱

수익성+투자 평균 순위 십분위수 연복리수익률, 자산성장률 −20% 이하 기업 제외
(2000/10~2020/12)

수익성+투자	연중(%)	11~4월(%)	5~10월(%)
1(최고)	17.25	16.58	0.20
2	15.88	14.19	1.18
3	14.93	14.75	−0.18
4	12.21	13.37	−1.37
5	10.30	12.14	−1.97
6	9.95	12.14	−2.28
7	8.78	12.16	−3.36
8	6.15	11.71	−5.36
9	3.47	9.47	−5.82
10(최저)	−4.38	5.45	−9.66
1−10	**21.63**	**11.13**	**9.86**

이제 좀 십분위수 수익률이 예쁘게(?) 나온다. 수익성+투자 순위가 우수한 상위 10% 기업의 수익률이 월등히 높다. 한국에서도 '고수익성+저투자' 기업 투자는 상당히 유력한 방법이다.

36 재무 건전성 지표인 차입금도 중요하다

투자자 대부분은 안전한, 즉 파산할 가능성이 적은 기업에 투자하고 싶을 것이다. 나는 이번 내용을 준비하면서 재무 건전성 지표가 개선되는 기업이 주식 수익률도 월등히 높다는 것에 놀랐다. 《할 수 있다! 퀀트 투자》에서는 부채비율과 흑자 여부 정도를 단순히 검토했는데, 이번 책을 준비하면서 '이자를 지불하는 부채'인 '차입금'이라는 지표가 훨씬 중요하다는 것을 알게 되었다.

'차입금비율' 지표를 검토해보자. 차입금을 자본총계로 나눈 것인데, 당연히 값이 작을수록 기업의 파산 가능성이 낮아진다. 그런데 절대 수치보다는 1년 전 대비 증가 또는 감소 여부가 더 중요했다.

차입금비율이 전년보다 감소한 기업의 주식 수익률은 16.9%, 증가한 기업은 2.1%! 정말 차이가 엄청나다. 그런데 더 놀라운 지표가 있다. 내가 이번에 만든 '영업이익/차입금' 지표다. 엄밀하게 말하면 기업에 중요한 것은 차입금의 절대 금액이 아니라 기업이 충분한 돈을 벌어서 차입금의 이자와 원금을 갚을 수 있

전년 대비 차입금비율 증감에 따른 연복리수익률(2000/10~2020/12)

구분	연복리수익률(%)
전년 대비 감소	16.94
전년 대비 증가	2.06

는지다. 따라서 '영업이익/차입금' 지표가 상당히 유력해 보였고, 이 지표가 증가하는 기업의 주식 수익률이 높을 것으로 추정했다. 그래서 이것도 백테스트를 돌려봤다. 영업이익은 분기 영업이익을 사용했다.

한국 영업이익/차입금 증가율 십분위수 연복리수익률(2001/10~2020/12)

영업이익/차입금 증가율	연중(%)	11~4월(%)	5~10월(%)
1(최고)	19.15	15.88	3.30
2	17.00	16.16	1.15
3	14.56	15.60	−0.54
4	3.45	11.09	−6.79
5	6.16	11.03	−4.23
6	7.21	11.24	−3.45
7	9.36	11.72	−1.88
8	9.21	11.78	−2.08
9	7.87	12.04	−3.53
10(최저)	6.61	10.98	−3.77
1−10	12.54	4.90	7.07

새로운 지표인 영업이익/차입금이 증가하는 기업에 투자하는 전략은 상당히 좋았다. 재무 건전성 지표가 개선되는 기업에 투자하면 파산 기업에 투자할 확

률이 줄어드는 동시에 초과수익을 벌 수도 있다.

한국 영업이익/차입금 증가율 상위 10%의 수익(2001/10~2020/12)

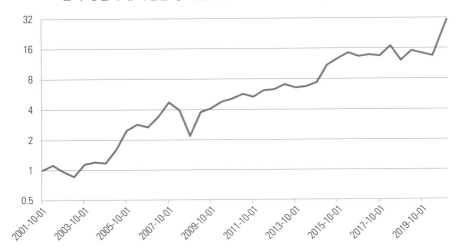

▶ 영상 42, 50

37 변동성이 높은 주식이 수익률도 높은 것 아닌가?

141쪽에서 파마는 주식시장이 효율적이고 더 높은 수익을 달성하려면 더 높은 리스크를 짊어져야 한다고 주장했다. 리스크를 추정하는 방법은 여러 가지가 있다. 워런 버핏은 '장기적으로 투자 원금을 잃을 확률'로 정의하는데, 그 확률은 나를 비롯해 투자자 대부분은 계산할 수 없다. 따라서 금융계와 학계에서는 리스크를 '변동성'으로 정의하며 '주가의 표준편차'와 '베타'를 많이 사용한다. 주가의 표준편차는 말 그대로 주가가 과거에 매일 몇 % 움직였는지 관찰한 후 그 움직임의 표준편차를 엑셀 STDEV 함수로 계산한 것이고, 베타는 주가지수와의 상관성을 포함한다. 쉽게 표현해서 주식시장이 1% 움직일 때 주가가 평균 0.5% 움직이면 베타가 0.5, 1% 움직이면 1, 2% 움직이면 2가 된다.

▲ 영상 42

▲ 영상 50

파마의 이론에 따르면 주가 변동성과 베타가 높은 주식의 수익률이 더 높아야 하는데 역시 실전은 이론과 달라서, 대체로 변동성이 낮은 주식의 수익률이 변동성이 높은 주식보다 높다. 나는 파마의 금융 이론에 맞는 점이 거의 없어 보이는데 어떻게 노벨상을 받았는지 아직도 의문스럽다. 물론 그래도 그를 좋아한다. 내가 높은 수익을 거둔 저PBR, 소형주, 저투자 기업의 효과를 그에게서 배웠으니까!

마지막으로 우리는 이익의 변동성이 주가에 미치는 영향도 계산해볼 수 있다. 분기 이익의 변화를 측정하고 이 변화의 표준편차를 계산하는 것이다. 역시 이번에도 변동성이 적은 기업의 주식 수익률이 변동성이 높은 기업보다 높았다.

우선 주가의 변동성을 살펴보겠다. 로버트 하우겐Robert Haugen 교수는 1970년대부터 '고변동성-고기대수익, 저변동성-저기대수익'이라는 이론이 현실에 맞지 않는다며 실제 데이터를 가져와서 반박을 시도했는데, 당시 지배적이던 효율적 시장 가설에 맞지 않아 무시당했다. 그러나 진실은 언젠가 빛을 보게 되어 있다. 하우겐의 연구는 30년이 넘게 흐른 2000년대에 드디어 빛을 보았고 그는 '저변동성 투자의 아버지'로 널리 알려졌다.

그는 2012년 논문을 통해[4] 미국뿐만 아니라 전 세계적으로 주가 변동성이 낮은 주식이 수익률이 높고 주식 변동성이 높은 주식은 수익률이 낮다는 사실을 널리 알렸는데, 안타깝게도 다음 해인 2013년에 세상을 떠났다.

하우겐은 선진국 주식시장에서 과거 24개월의 일별 주가 변동성을 계산한 다음 변동성이 가장 낮은 하위 10% 주식과 변동성이 가장 높은 상위 10% 주식으로 나누어 변동성, 수익률, 샤프지수 차이를 계산했다. 그가 분석한 모든 21개국에서 변동성이 낮았던 주식이 변동성이 낮고, 수익률이 높고, 샤프지수도 더 높았다.

선진국 21개국, 주가 변동성 하위 10% - 상위 10% 주식(1990~2011)

변동성 차이

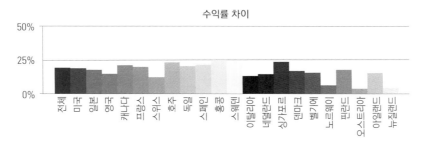

수익률 차이

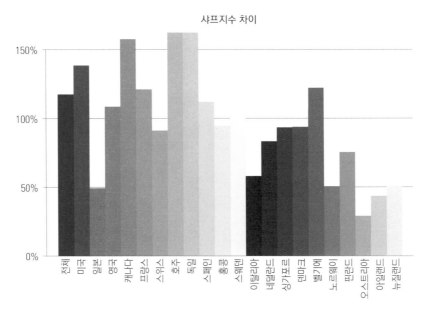

샤프지수 차이

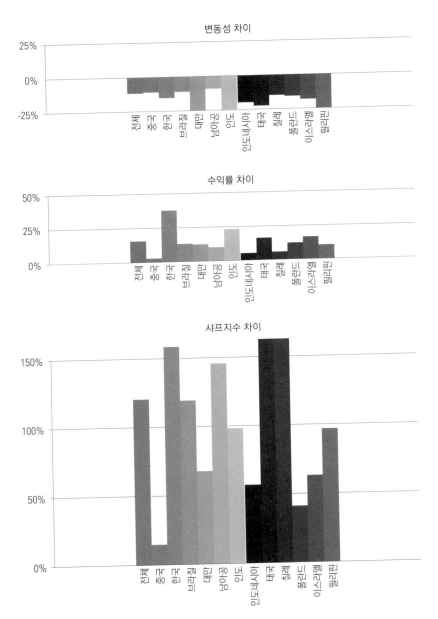

개발도상국 12개국, 주가 변동성 하위 10% − 상위 10% 주식(1990~2011)

변동성 차이

수익률 차이

샤프지수 차이

한국을 포함한 개발도상국도 같은 결과가 나왔다. 하우겐이 분석한 12개 시장 전부에서 변동성이 낮았던 주식이 미래 변동성이 낮고, 수익률이 높고, 샤프지수도 더 높았다.

나는 연구자가 아무리 저명한 사람이라도 그의 주장을 그대로 믿으면 안 되고 직접 백테스트를 해야 한다고 늘 주장한다. 그래서 2000~2020년의 주가 변동성 십분위수 수익률을 분석해봤다. 일별 데이터가 없어서 '최근 12개월 월간 수익률의 표준편차'로 변동성 순위를 배분했고, 매년 10월 말과 4월 말에 투자를 시작해서 6개월에 한 번 리밸런싱했다고 가정했다.

결과는 아래와 같다.

한국 주가 변동성 십분위수 연복리수익률(2000/10~2020/12)

주가 변동성	연중(%)	11~4월(%)	5~10월(%)
1(최저)	12.13	9.66	1.97
2	15.30	13.45	1.27
3	14.70	14.23	0.06
4	15.09	15.83	−0.98
5	15.90	15.57	−0.09
6	10.15	12.98	−2.75
7	8.19	12.47	−3.99
8	4.87	10.87	−5.53
9	−3.30	7.81	−10.23
10(최고)	−21.41	−3.89	−17.73
1−10	33.54	13.55	19.70

일단 하우겐의 주장이 맞았다. 한국에서 최근 12개월 주가 변동성이 가장

높은 10% 기업의 수익률은 처참했고, 반대로 하위 10%의 수익률은 훨씬 높았다. 그러나 하위 10% 수익률이 가장 높은 것은 아니다. 확실한 점은 '대체적으로 주가 변동성이 낮은 기업이 높은 기업보다 주식 수익률이 높다'이다.

전반적으로 변동성은 상승하는 주식보다는 하락하는 주식에서 더 크게 발생한다. 주가가 오를 때는 천천히 완만하게 오르고, 급락할 때는 하루이틀 만에 미친 듯이 빠지는 경우가 비일비재하다. 그렇게 주가가 엄청나게 빠진 종목들은 문제가 있는 경우가 많고, 따라서 그런 주식을 산 후에도 투자자들은 고전을 면치 못했다.

다음 변동성 지표는 '베타'다. 앞에서 설명했듯이 주가지수의 변동성과 주식의 변동성을 상대적으로 분석하는 지표인데, 베타 값이 클수록 주식의 변동성이 주가지수 대비 높다는 것이고, 작을수록 주가지수 대비 변동성이 낮다는 것이다.

베타 = Cov(Rs, Rm) / Var(Rm)

Cov = 공분산(Covariance), Var = 편차(Variance), Rs = 주식 수익률, Rm = 주가지수 수익률

딱 봐도 어렵게 생겼지만 사실 몰라도 된다. 중요한 것은, 논리적으로는 베타가 높은 주식이 변동성, 즉 리스크가 높으므로 기대수익률이 높고, 베타가 낮은 주식이 기대수익률이 낮은 것이 정상이지만 현실 세계는 역시 다르다는 점이다.

퀀트 헤지펀드 중 세계에서 자산 규모가 가장 큰 AQR은 글로벌 주식시장에서 저베타 주식을 사고 고베타 주식을 공매도하면 어떤 결과가 있는지 분석해

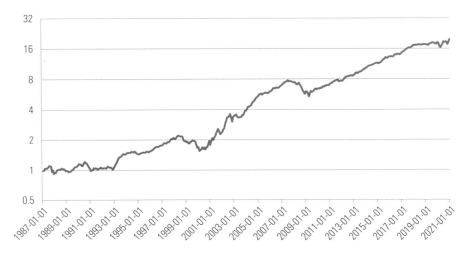

글로벌 23개국 저베타 매수+고베타 공매도 전략 수익(1987~2020)

봤다. 결과는 위와 같다.

몇몇 예외를 제외하고 33년이라는 기나긴 구간 동안 저베타 주식 매수+고베타 주식 공매도 전략이 꾸준히 수익을 낸 것을 보면 저베타 주식의 수익률이 고베타 주식보다 지속적으로 월등하게 높다. 저 전략의 33년 수익률은 연복리 9.1%였다.

나는 주식과 코스피 주가지수의 월간 수익률을 통해 한국의 베타를 계산해보았다(240쪽 표).

한국도 글로벌 시장처럼 저베타 주식이 고베타 주식보다 수익률이 높은 건 확실하지만, 베타가 가장 낮은 하위 10% 주식의 수익률이 가장 높지는 않았다. 그래도 저베타 주식이 대체로 고베타 주식보다 수익률이 높다. 베타를 계산할 때 월간 수익률이 아닌 일일 수익률을 쓸 수도 있는데, 그렇게 하면 저베타 주식과 고베타 주식의 차이가 좀 더 뚜렷할까? 그건 관련 데이터가 없어서 다른

한국 베타 십분위수 연복리수익률(2000/10~2020/12)

베타	연중(%)	11~4월(%)	5~10월(%)
1(최저)	7.36	8.86	−1.56
2	10.95	12.57	−1.69
3	10.25	11.73	−1.57
4	13.43	14.85	−1.54
5	11.65	12.38	−0.92
6	12.63	13.49	−1.05
7	11.50	14.08	−2.52
8	9.82	14.12	−3.99
9	7.19	11.50	−4.03
10(최고)	−3.29	5.98	−8.67
1−10	10.65	2.88	7.11

사람이 백테스트를 해봤으면 좋겠다.

마지막으로 이익 변동성을 분석하겠다. 나는 최근 12분기의 ROE(순이익/자본총계)의 변동성을 계산하고 줄 세워보았다.

여기도 결론은 수익의 변동이 심한 주식에 투자하는 것은 매우 현명하지 않았다는 점이다. 그러나 변동성이 가장 큰 20%를 제외하고는 주식 수익률과 ROE 변동성은 큰 연관이 없었다.

ROE 변동성 십분위수 연복리수익률(2003/10~2020/12)

ROE 변동성	연중(%)	11~4월(%)	5~10월(%)
1(최저)	13.13	9.97	1.61
2	15.54	12.18	1.53
3	15.54	12.79	0.97
4	16.64	13.44	1.25
5	16.39	14.69	−0.05
6	13.14	13.94	−1.92
7	14.37	14.41	−1.37
8	13.47	14.55	−2.19
9	−0.88	7.86	−8.02
10(최고)	−20.37	−2.77	−16.21
1−10	33.50	12.74	17.82

Quantitative Investment

13장 새로운 모멘텀 팩터

10장에서 한국은 가격 상대 모멘텀 전략이 그다지 잘 먹히지 않는다고 설명했다. 그래서 나는 매우 오랫동안 모멘텀 팩터를 거의 고려하지 않고 투자했는데, 한국에서는 펀더멘털 모멘텀의 결과가 상당히 준수하다는 사실을 최근에 알게 되었다.

정확히 말하면 다음에 해당하는 주식의 수익률이 매우 높다.

- 분기 영업이익이 전 분기 대비 크게 증가한 기업
- 분기 영업이익이 전년 동기 대비 크게 증가한 기업
- 분기 순이익이 전 분기 대비 크게 증가한 기업
- 분기 순이익이 전년 동기 대비 크게 증가한 기업

재무 건전성 지표를 분석할 때 차입금비율이 감소하는 기업, 영업이익/차입금비율이 증가하는 기업의 주식이 수익률이 높았는데 그것도 일종의 펀더멘털 모멘텀으로 볼 수 있다. 자, 그럼 펀더멘털이 개선되는 기업의 주식이 어느 정도의 실적을 내는지 살펴보자!

38

영업이익 & 순이익 성장 기업

주가는 장기적으로 기업의 이익을 따라가게 되어 있다. 그럼 영업이익이 증가하는 기업의 주식을 사는 것을 고려해볼 수 있다. 우선 분기 영업이익이 전 분기보다 개선되는 기업의 주식이 어떻게 움직이는지 십분위수 계산을 해봤다.

영업이익 전 분기 대비 성장률 십분위수 연복리수익률(2000/10~2020/12)

영업이익 성장률(전 분기 대비)	연중(%)	11~4월(%)	5~10월(%)
1(최고)	16.28	18.05	−1.12
2	13.92	15.59	−1.12
3	13.30	15.29	−1.42
4	10.46	13.08	−2.08
5	9.77	12.86	−2.51
6	7.40	10.37	−2.51
7	6.89	9.33	−2.07

영업이익 성장률(전 분기 대비)	연중(%)	11~4월(%)	5~10월(%)
8	4.80	10.78	−5.29
9	2.41	9.91	−6.76
10(최저)	−4.83	6.69	−10.90
1−10	21.11	11.36	9.78

역시 이번 분기 영업이익이 지난 분기 영업이익보다 많이 성장한 기업의 주식 수익률이 양호했다. 그런데 손익계산서 지표는 전 분기보다 전년 동기 수치와 비교하는 것이 더 나을 수도 있다. 계절성이 존재하기 때문이다. 예를 들면 아이스크림 제조사는 날씨가 더운 3분기(7~9월)에 수익이 월등히 많을 테니, 올해 3분기 수익은 올해 2분기보다 작년 3분기와 비교하는 것이 맞다. 그래서 영업이익이 전년 동기 대비 개선되는 주식은 어떨까 분석해보았다.

영업이익 전년 동기 대비 성장률 십분위수 연복리수익률(2001/10~2020/12)

영업이익 성장률(전년 동기 대비)	연중(%)	11~4월(%)	5~10월(%)
1(최고)	19.83	16.73	3.14
2	15.72	17.42	−1.07
3	7.81	13.64	−4.94
4	9.16	12.60	−2.83
5	8.44	10.80	−1.92
6	7.88	11.79	−3.31
7	7.99	12.46	−3.78
8	5.70	9.51	−3.34
9	3.30	10.26	−6.23

영업이익 성장률(전년 동기 대비)	연중(%)	11~4월(%)	5~10월(%)
10(최저)	−5.58	4.50	−9.77
1−10	25.41	12.23	12.91

아니나 다를까, 전년 동기 대비 영업이익이 많이 증가한 기업의 주식 수익률이 높았다.

이제 순이익 부분으로 넘어가자. 전 분기 대비 순이익 성장률로 십분위수 분석을 해봤다.

순이익 전 분기 대비 성장률 십분위수 연복리수익률(2000/10~2020/12)

순이익 성장률(전 분기 대비)	연중(%)	11~4월(%)	5~10월(%)
1(최고)	15.94	16.54	−0.14
2	17.75	18.02	0.18
3	14.17	16.01	−1.26
4	10.03	12.71	−2.15
5	11.78	13.97	−1.65
6	6.71	10.15	−2.97
7	7.42	11.55	−3.52
8	4.56	10.25	−5.05
9	0.72	9.09	−7.66
10(최저)	−8.66	3.57	−12.01
1−10	24.60	12.97	11.87

마지막으로 순이익 전년 동기 대비 성장률을 십분위수로 분석했다.

순이익 전년 동기 대비 성장률 십분위수 연복리수익률(2001/10~2020/12)

순이익 성장률(전년 동기 대비)	연중(%)	11~4월(%)	5~10월(%)
1(최고)	18.54	17.25	1.55
2	19.39	18.02	1.64
3	10.98	14.71	−2.99
4	8.85	12.34	−2.89
5	9.38	11.91	−2.03
6	5.84	10.01	−3.65
7	9.02	13.25	−3.51
8	4.00	9.85	−5.23
9	2.46	9.70	−6.54
10(최저)	−7.96	2.39	−10.30
1−10	26.50	19.64	11.85

순이익에서도 전 분기 대비, 전년 동기 대비 많이 성장한 기업의 주식이 수익률이 높다. 최근 20년 동안에는 '전년 동기 대비'의 효능이 더 큰 것 같다.

그럼 전 분기 대비 영업이익 성장률, 전년 동기 대비 영업이익 성장률, 전 분기 대비 순이익 성장률, 전년 동기대비 순이익 성장률이라는 4개 지표의 순위를 계산해서 평균 순위가 높은 주식에 투자해보겠다. 강환국 슈퍼 가치 전략과 비슷한 패턴이다.

투자 전략 11: 이익 모멘텀 전략

분류	모멘텀
매수 전략	전체 주식에서 아래 4개 지표들을 계산해서 각각의 순위 매김(내림차순)
	• 전 분기 대비 영업이익 성장률
	• 전년 동기 대비 영업이익 성장률
	• 전 분기 대비 순이익 성장률
	• 전년 동기 대비 순이익 성장률
	4개 지표의 평균 순위가 가장 높은 주식 매수
매수 종목	20개 권장(30, 50개도 무난)
매도 전략	4월, 10월 마지막 거래일(연 2회) 리밸런싱

이익 모멘텀 4대 지표 콤보 십분위수 연복리수익률(2001/10~2020/12)

이익 모멘텀	연중(%)	11~4월(%)	5~10월(%)
1(최고)	21.00	18.82	2.32
2	14.92	16.88	−1.33
3	15.98	17.75	−1.14
4	11.40	12.73	−0.91
5	10.48	12.93	−1.93
6	7.03	11.50	−3.85
7	3.83	9.77	−5.32
8	3.32	9.16	−5.27
9	−0.98	7.82	−8.18
10(최저)	−6.53	4.52	−10.72
1-10	27.53	14.30	13.04

'18년 차 소비여왕'에서 '스스로의 자랑'으로

올해 40세가 된 18년 차 직장인이자 7세 아이 엄마입니다. 저는 부자였던 적이 한 번도 없어요. 부자 마인드를 가지고 살아본 적도 없어요. 막연하게 부자가 되고 싶지만 소비가 미덕이라고 여기며 2020년까지 펑펑 쓰고만 살았어요. 저축도 안 했고 실비보험도 작년에 들고 월 카드값이 300만 원씩 나오는 소비여왕이었습니다. 저 관리 잘해서 아무도 40세로 안 봐요. 그래요, 그 돈 안 아까워요. 아니, 아까워요.

저는 대기업 부장이었어요. 남편도 대기업 부장이었고요. 집도 크고 자가로 있었어요. (이래서 경제 관념이 없었나 봅니다.) 육아에 가사일에 회사 일에 눈코 뜰 새 없이 그냥 열심히 살았어요.

그러던 2020년 어느 날, 갑자기 재테크를 해야겠다고 마음을 먹고 여러 가지 준비를 했어요. 부동산 공부를 해서 집 한 채를 샀고, 경매 공부도 했고요. 인스타그램을 시작해서 팔로워를 1000명 만들었어요. 웹소설을 쓰려고 콘티를 짜기 시작했고요. 10년에 한 번 온다는 호황기에 주식 투자를 시작해서 천 넣고 천 버는 희한한 경험을 했지요.

저는 대기업 부장 자리 놓기 싫었어요. 몸은 힘들어도 시어머니의 자랑이고, 남편의 자랑이고, 아이가 뭘 알기 시작하면 아이의 자랑이 될 자리였기 때문이에요.

그런데 2020년 한 해 동안 부동산, SNS, 웹소설, 주식, 운동 등 몰두하며 손대는 것마다 빵빵 터졌어요. 그때 퇴사를 결심하게 되었어요. '이제 대기업 부장 딱지 없어도 나 스스로가 자랑이 될 수 있을 것 같아.'

말 그대로 2020년은 제가 돈의 속성에 개안하게 된, 제 인생에서 아주 중요한 때입니다.

첫째, '돈을 위해 일하지 말고, 돈이 나를 위해 일하게 하자'.

2021년 초《현명한 퀀트 주식투자》를 만나고 클래스101의 닥터퀀트 님 강의를 듣고 나서 아주 중요한 두 번째 개안을 하게 됩니다.

둘째, '내가 그 시스템을 못 만들면 만들 수 있는 전문가와 시스템을 이용하자'.

굳이 내가 공부할 필요 있나요? 눈 감았다 뜨면 모든 것이 변하는 이런 세상에. 그래서 얼리버드로 강의 수강 신청하고 책 보며 준비하고 강의 듣고 책 후딱 읽고 전략 후딱 만들어서 2021년 3월 26일에 퀀트 투자를 시작했습니다. 말도 안 되게《현명한 퀀트 주식투자》의 윌리엄 오닐 투자법을 마음대로 (감히!) 수정했는데 수익률(2007~2021 일봉 테스트)이 12만 % 나와서 바로 들어갔지요. 3월 26일 시작, 5개 계좌, 4,500만 원 투자, 5월 11일 620만 원 수익(13.8%)을 달성했어요. 이 과정에서 근무에 지장을 주거나 열심히 공부하거나 힘들지 않았어요.

남편은 32년 이과 인생, 코딩 인생, 주식 인생을 살았어요. 차트와 경제신문을 매일 읽어요. 주식을 잘하려면 경제신문을 매일 보래요. 전 리딩방을 이용했었거든요. 언제 분석하고 앉았으며, 분석한다고 전문가들 이길 수 있나요, 제가. 소비여왕 생활만 18년을 해왔는데.

처음에 콧방귀 뀌던 남편도 제가 수익 나는 것을 보고 시작했어요. 제가 20분 가르쳐줬어요. 그 뒤로《현명한 퀀트 주식투자》책을 며칠 끼고 살더니 전략을 만들더라고요. 밤 새워서요. 남편은 4월 15일 시작, 4개 계좌, 5,000만 원 투자, 5월 11일 670만 원 수익(13.4%)이네요.

사실 후기 쓰고 싶지 않았어요. 인스타 관종인 저도 주변에 알리고 싶지 않아요. 기존에는 사람들이 자동 매매를 파이썬으로 많이 해서 진입장벽이 워낙 높았지요. 젠포트가 그 어려운 작업을 훨씬 쉽게 만들어줬다면, 강환국 작가님과 닥터 퀀트 님은 이를 대중이 이해하기 쉽고 편하게 알려주신 것 같아요.

강환국 작가님의 두 번째 책이 나온다고 해서 기대 중이에요. 사실 전 더 이상 안 해도 돼요. 돈 많이 벌고 있어요. 남편을 젠포트 전략공장 삼아, 젠포트를 내 전략실장 삼아, 저라는 기업은 자산을 착착 불려가고 있어요. 이제 저 자체로도 남편의 자랑, 시댁의 자랑, 아이의 자랑이 돼요. 저에게는 시스템 트레이더라는 직업이 하나 더 생겼어요(이름도 너무 간지 나요).

저는 숨만 쉬어도 제 돈이 대한민국의 우량한 중소형주에 투자되고 그 우량한 중소기업들이 열심히 우리나라 경제를 살리기 위해 으쌰으쌰하겠지요. 이렇게 국위 선양에도 자부심을 가지고 있다고요.

세 번째 개안을 최근 하고 있습니다.

셋째, '어셈블 두려워하지 말고 주변에 도움 되는 사람이 되자'.

알리고 싶어서요. 강환국 작가님의 두 번째 책 너무 기대되고, 아직 보지도 않았는데 추천합니다.

4부

새로운 투자 전략

Quantitative Investment

14장 초저평가주를 찾아서

3부에서는 새로운 팩터를 상당히 많이 소개했고 《할 수 있다! 퀀트 투자》에서 소개한 중요한 팩터와 전략을 복습했다. 팩터는 재료, 전략은 요리라고 설명했는데, 지금까지 확보한 '재료'를 한번 확인해볼까?

지금까지 배운 투자 팩터

밸류 팩터	PER, PBR, PCR, PSR, NCAV, EV/EBIT, PFCR
퀄리티 팩터	GP/A, 영업이익/자본총계, ROE, ROA, F-스코어, 자산성장률, 차입금비율 증가율, 영업이익/차입금 증가율, 이익 변동성, 주가 변동성, 베타
모멘텀 팩터	주가 모멘텀 1개월 역추세, 주가 모멘텀 3~12개월 추세, 영업이익 모멘텀, 순이익 모멘텀
기타	11~4월 투자

이 정도 팩터면 충분히 많으니 여러 가지 투자 전략을 만들 수 있다. 새로운 전략을 만들면서 엑셀과 퀀트킹이라는 두 가지 방법을 사용해 백테스트를 실시했다.

나는 퀀트 투자 전략을 약 15년 전부터 실전에서 사용해왔고, 책에서는 일반 투자자가 최대한 실전에서 사용하기 쉽게 전략을 짜봤다. NCAV 전략과 강환국 슈퍼 가치 전략은 2000~2020년 구간에도 주가지수를 크게 뛰어넘는 수익률을 냈고, 나는 감히 이 초과수익이 2020년대에도 지속될 것이라고 전망한다. 그래서 두 전략을 개선하는 방법을 연구해보았다.

39 NCAV 전략 업그레이드

《할 수 있다! 퀀트 투자》를 쓸 때만 해도 엑셀로 백테스트를 진행했으나, 요즘은 퀀트킹, 뉴지스탁의 젠포트 등으로 손쉽게 백테스트를 할 수 있다. 기본 전략은 《할 수 있다! 퀀트 투자》와 비교 가능하도록 엑셀로 진행했는데, NCAV를 개선하는 실험은 퀀트킹으로 진행했다. 백테스트에서는 슬리피지를 포함한 매도 수수료가 없다고 전제했고, 기간은 2007년 6월부터 2021년 5월까지의 14년이며, 편입 종목은 20개로 통일했다.

퀀트킹으로 2번 NCAV 전략(134쪽)을 백테스트하면 다음과 같은 성과가 나온다. 단, 청산가치/시가총액 비율이 가장 높은 20개 종목만 매수했다고 가정했다.

NCAV 20개 종목(2007/06~2021/05)

항목	결괏값
운용 기간	14년
편입 종목	20개
누적 수익률(원금 100)	942.8%
연평균 수익률	17.4%
MDD	56.5%
거래 개월 수	168
상승 개월 수	103
승률(상승 개월 수/거래 개월 수)	61.3%
전체 거래 종목 수	197
거래 정지 종목 수	5
월평균 수익률(단리 적용)	1.6%
월간 변동성(표준편차)	7.3

누적 수익률(%)

2007~2021년에는 오리지널 NCAV 전략의 연복리수익률이 17.4%, MDD가 56.5%다.

이 전략의 수익을 다소 개선하는 방법이 있다. 이 백테스트에서는 중국 기업과 스팩 기업만 빠졌는데, 금융회사와 지주회사, 관리종목을 추가로 제외하면 수익이 개선된다. 내가 NCAV 전략을 오래 실행해봤는데 특히 지주사와 금융회사에 '밸류 트랩(value trap)', 즉 매우 저평가되어 보이지만 주가가 오르지 않고 영원히 저평가되는 기업이 많다. 중국 기업은 회계를 전혀 신뢰할 수 없어서 (▶영상 537), 스팩은 다른 기업의 인수를 목적으로 하는 페이퍼컴퍼니라서 제외했다.

업그레이드 1: NCAV+금융사·지주사·관리종목 제외(2007/06~2021/05)

항목	결괏값
누적 수익률(원금 100)	1685.6%
연평균 수익률	22.4%
MDD	53%
거래 개월 수	168
상승 개월 수	106
승률(상승 개월 수/거래 개월 수)	63.1%
전체 거래 종목 수	241
거래 정지 종목 수	4
월평균 수익률(단리 적용)	2%
월간 변동성(표준편차)	7.5%

누적 수익률(%)

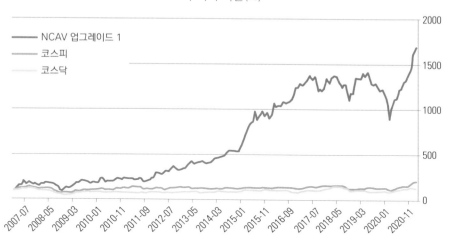

여기에서 재무제표 수치가 너무 나쁜 기업들을 걸러내고 차입금비율이 200% 이하인 기업, GP/A 지표가 상위 50%에 속하는 기업만 포함하겠다. 즉 '저평가되었고 실제로 약한 기업'을 빼고 '보통 수준인데 저평가된 기업'에만 투자하려 하는 것이다.

업그레이드 2: 업그레이드 1+GP/A 상위 50%+차입금비율 200% 이하(2007/06~2021/05)

항목	결괏값
누적 수익률(원금 100)	1926.3%
연평균 수익률	23.5%
MDD	53.3%
거래 개월 수	168

▲ 영상 537

항목	결괏값
상승 개월 수	109
승률(상승 개월 수/거래 개월 수)	64.9%
전체 거래 종목 수	232
거래 정지 종목 수	2
월평균 수익률(단리 적용)	2.1%
월간 변동성(표준편차)	7.8%

누적 수익률(%)

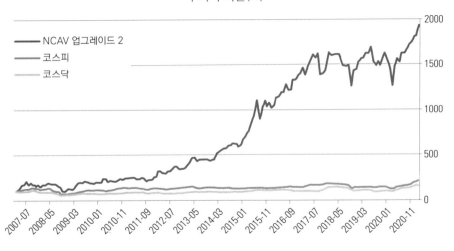

연복리수익률이 22.4%에서 23.5%로 좀 더 높아졌다. 그럼 굳이 GP/A와 차입금 필터를 넣어야 하나 생각할 필요가 있지만, '좀 더 안전하고 수익성도 있는 기업에 투자한다'라는 심리적 안정감을 얻을 수 있으니 이 필터를 넣는 것도 나쁘지 않다. 물론 이는 취향이니까 넣지 않아도 된다.

이 전략을 11~4월에만 실행한다면 어땠을까?

업그레이드 3: 업그레이드 2+11~4월만 전략 실행(2007/06~2021/05)

항목	결괏값
누적 수익률(원금 100)	1318.9%
연평균 수익률	20.2%
MDD	25.3%
거래 개월 수	84
상승 개월 수	60
승률(상승 개월 수/거래 개월 수)	71.4%
전체 거래 종목 수	248
거래 정지 종목 수	2
월평균 수익률(단리 적용)	3.4%
월간 변동성(표준편차)	7.1%

누적 수익률(%)

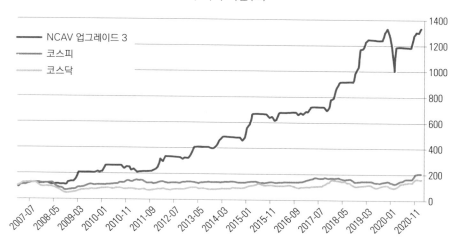

연복리수익률은 20.2%로 다소 줄었지만 MDD도 53%에서 25.3%로 절반 이상 줄었다! 게다가 5~10월에는 채권 등 저위험 자산에 투자해서 어느 정도라도 수익을 내기 때문에 실제로 6개월만 주식에 투자해서 업데이트 2 전략과 거의 같은 수익률을 내고 MDD는 25% 정도로 유지할 수 있었다. 정리하면 NCAV 전략 업그레이드는 아래와 같다.

투자 전략 12: NCAV 전략 업그레이드	
분류	밸류+퀄리티
매수 전략	아래 조건에 부합하는 주식 확인
	• 유동자산−총부채 > 시가총액
	• 분기 순이익 > 0
	• GP/A 상위 50% 이내
	• 차입금비율 200% 이하
	위 조건에 맞는 주식 중 '(유동자산−총부채)/시가총액' 비중이 가장 높은 주식 매수
매수 종목	20개
매도 전략	4월, 10월 마지막 거래일(연 2회) 리밸런싱
	또는 10월 말 매수, 4월 말 매도, 5~10월에는 현금 또는 채권 보유

40

강환국 슈퍼 가치 전략 업그레이드

8장에서 소개한 강환국 슈퍼 가치 전략은 분기 PER, PBR, 분기 PCR, 분기 PSR 4개 지표의 평균 순위를 계산해 순위가 우수한 기업에 투자하는 것으로, 여러 측면에서 매우 저평가된 기업에 집중한다. 이 전략을 2007/06~2021/05 기간에 실행했다면 퀀트킹에서는 264쪽과 같은 백테스트 결과가 나온다.

연복리수익률 36.8%로 상당하다. 울트라 가치주, 즉 4개 지표 평균 순위 상위 2% 기업의 수익률이 2001~2020년 구간에 연복리 35.9%라고 계산했는데 2007~2021년 구간 수익률도 비슷하다.

▲ 영상 439

강환국 슈퍼 가치 전략, 반기 리밸런싱, 중국 기업, 스팩, 금융사, 지주사 제외 (2007/06~2021/05)

항목	결괏값
누적 수익률(원금 100)	8067.8%
연평균 수익률	36.8%
MDD	43.4%
거래 개월 수	168
상승 개월 수	110
승률(상승 개월 수/거래 개월 수)	65.5%
전체 거래 종목 수	521
거래 정지 종목 수	2
월평균 수익률(단리 적용)	2.9%
월간 변동성(표준편차)	7.8%

누적 수익률(%)

3부에서 이것 말고도 EV/EBITDA, PFCR 등 새로운 밸류 지표들을 배웠는데, 이런 지표들을 합치면 수익이 더 오를까? 나는 퀀트킹의 장점인 백테스트 속도를 극대화해서 여러 밸류 지표를 섞어봤다(266쪽 표). 포함 지표의 평균 순위를 보고 상위 20개 기업에 투자한다고 가정하고, 반기 리밸런싱을 하고, 중국 기업, 스팩, 금융사, 지주사를 제외했다. 물론 모든 조합을 시험하지는 못했다.

백테스트를 여러 번 해서 다음과 같은 결론에 도달했다.

첫째, 기본적으로 밸류 지표들은 아무거나 2개만 합쳐도 최근 14년간 복리 20% 이상에 도달했다. 그중 분기 PER과 PFCR 지표의 평균 순위가 가장 높은 20개 주식을 사서 6개월에 한 번 리밸런싱했다면 연복리 36.1%를 벌 수 있었는데, 물론 우연일 수도 있다. 예를 들면 PBR과 PFCR의 평균 순위가 높은 주식을 샀으면 연복리 21.4%를 벌었는데, 미래에도 PER+PFCR의 우위가 지속되리라는 보장은 전혀 없다. 실제로 미국 사례를 보면 저PER 주식이 가장 수익이 좋았던 때도 있었고, 어떤 때는 PBR이 우위를 보였으며, EV/EBIT가 우세한 구간도 분명 있었다. 따라서 과거 결과만 믿고 이제부터 PER과 PFCR만 연구하고 나머지 지표를 무시하는 것은 어리석을 수도 있다.

둘째, 지표를 3~6개 이상 사용한다고 해서 2개보다 늘 우수한 것은 아니다. 그래서 저평가 기업을 선택할 경우에는 지표를 최소 2개 사용하되, 어떤 지표를 사용할지, 몇 개 사용할지 고민할 필요는 없다. 내가 어떤 지표를 사용할지 묻는다면, 오리지널 강환국 슈퍼 가치 전략을 살짝 바꿔서 분기 PER, PBR, PSR은 그대로 쓰고, PCR만 PFCR로 바꿔서 사용하고 싶다. 오리지널 전략도 충분히 수익률이 높아서 크게 고칠 필요는 없지만, 영업활동에서 벌어들이는 현금흐름보다는 설비 투자를 끝내고 실질적으로 주주들에게 돌아가는 잉여현금흐름이 더 중요하다고 생각하기 때문이다. 물론 PFCR 대신 PCR을 써도 별문제는 없다.

한국 밸류 지표 조합 성과(2007/03~2021/02)

포함 지표	연복리 수익률(%)	MDD(%)	승률(%)	월간 표준편차 (%)
분기 PER, PBR	26.2	49.7	64.9	7.4
PBR, 분기 PCR	21.4	49.2	59.5	7.9
분기 PER, 분기 PSR	30.4	46.3	60.7	8.3
분기 PER, 분기 PFCR	36.1	47.9	64.3	8.2
PBR, EV/EBITDA	25.6	44.5	64.9	7.0
분기 PFCR, 분기 PSR	27.5	41.7	56.5	8.6
분기 PER, PBR, 분기 PCR	34.3	43.5	67.3	7.4
PBR, 분기 PCR, 분기 PSR	23.6	49.7	60.7	8.5
분기 PER, EV/EBITDA, 분기 PFCR	24.2	52.4	61.9	7.3
분기 PER, 분기PSR, 분기 PFCR	36.9	45.2	65.5	8.7
분기 PER, PBR, 분기 PCR, 분기 PSR (강환국 슈퍼 가치 전략)	36.8	43.4	65.5	7.8
분기 PER, PBR, PFCR, PSR	**38.3**	**42.0**	**66.1**	**7.9**
분기 PER, EV/EBITDA, 분기 PFCR, 분기 PSR	31.5	48.5	64.9	8.3
분기 PER, PBR, 분기 PCR, 분기 PFCR, 분기 PSR	36.7	42.7	67.3	7.9
분기 PER, PBR, 분기 PCR, 분기 PFCR, 분기 PSR, EV/EBITDA	32.0	43.5	63.7	7.7

따라서 우리의 전략은 다음과 같다.

<table>
<tr><td colspan="2">투자 전략 13: 강환국 오리지널 슈퍼 가치 전략 업그레이드</td></tr>
<tr><td>분류</td><td>밸류</td></tr>
<tr><td>매수 전략</td><td>전체 주식에서 아래 지표들을 계산해서 각각의 순위 매김(내림차순)

• 1/PER(최근 분기 실적으로 계산)

• 1/PBR

• 1/PFCR(최근 분기 실적)

• 1/PSR(최근 분기 실적)

4개 지표의 평균 순위가 가장 높은 주식 매수</td></tr>
<tr><td>매수 종목</td><td>20개 권장(30, 50개도 무난)</td></tr>
<tr><td>매도 전략</td><td>4월, 10월 마지막 거래일(연 2회) 리밸런싱</td></tr>
</table>

참고로 2007~2020년 구간에는 PCR을 PFCR로 대체하면 연복리수익률이 2% 정도 높은데, 2000~2020년 구간을 보면 다소 낮아진다. 대신 슈퍼 가치주와 루저주의 차이가 더 커졌다.

엑셀로도 이 전략을 백테스트해보니 결과가 다음과 같다.

강환국 오리지널 슈퍼 가치 전략 업그레이드 십분위수 연복리수익률(2001/04~2020/12)

슈퍼 가치 전략 업그레이드	연중(%)	11~4월(%)	5~10월(%)
1(최고)	23.45	18.59	5.25
2	18.59	17.08	2.19
3	16.44	16.73	0.56
4	14.19	15.03	−0.04
5	9.16	13.15	−3.08
6	6.54	11.41	−4.05
7	6.54	12.24	−4.76
8	1.87	10.64	−7.83
9	−4.90	5.97	−10.50
10(최저)	−17.98	−2.82	−16.48
1−10	**41.43**	**21.41**	**21.73**

우리는 교양 있는 투자자니까 강환국 슈퍼 가치 전략도 11~4월에 수익이 높다는 것을 알고 있다. 살짝 업그레이드된 새 전략도 거의 비슷하다고 추측할 수 있다.

업그레이드 강환국 슈퍼 가치 전략, 11~4월 투자(2007/06~2021/05)

항목	결괏값
누적 수익률(원금 100)	1931.4%
연평균 수익률	23.6%
MDD	34.2%
거래 개월 수	84
상승 개월 수	58
승률(상승 개월 수/거래 개월 수)	69%
전체 거래 종목 수	280

항목	결괏값
거래 정지 종목 수	3
월평균 수익률(단리 적용)	3.9%
월간 변동성(표준편차)	7.6%

누적 수익률(%)

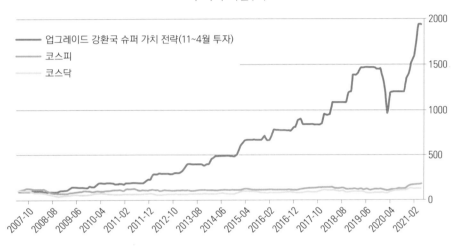

이번에는 연복리수익률이 38.3%에서 23.6%로 떨어졌다. MDD도 42.0%에서 34.2%로 낮아지는 데 그쳤다. 강환국 슈퍼 가치 전략은 예외적으로 11~4월만 투자하는 것보다는 1년 내내 투자하는 것이 나은 듯하다. 물론 과거 결과가 그 랬다는 것이지, 미래에도 5~10월에 상대적으로 양호하리라는 보장은 없다.

오리지널 강환국 슈퍼 가치 전략은 소형주에서 엄청나게 잘 먹혔다. 업그레 이드된 강환국 슈퍼 가치 전략을 시가총액 하위 20% 주식에만 사용해보겠다.

항목	결괏값
누적 수익률(원금 100)	23227.1%
연평균 수익률	47.6%
MDD	45.6%
거래 개월 수	168
상승 개월 수	115
승률(상승 개월 수/거래 개월 수)	68.5%
전체 거래 종목 수	475
거래 정지 종목 수	6
월평균 수익률(단리 적용)	3.6%
월간 변동성(표준편차)	8.4%

누적 수익률(%)

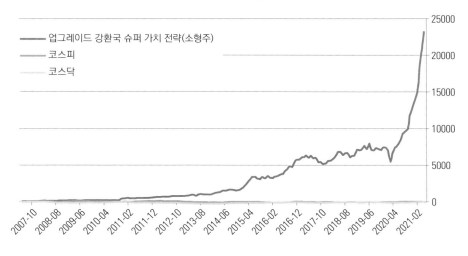

역시 연복리수익률이 30%대에서 40%대 후반으로 점프했다.

이 소형주 오리지널 강환국 슈퍼 가치 전략을 11~4월에만 사용했다면?

업그레이드 강환국 슈퍼 가치 전략, 시가총액 하위 20%, 11~4월 투자(2007/06~2021/05)

항목	결괏값
누적 수익률(원금 100)	4067.3%
연평균 수익률	30.3%
MDD	27.9%
거래 개월 수	84
상승 개월 수	60
승률(상승 개월 수/거래 개월 수)	71.4%
전체 거래 종목 수	280
거래 정지 종목 수	2
월평균 수익률(단리 적용)	4.8%
월간 변동성(표준편차)	8.5%

누적 수익률(%)

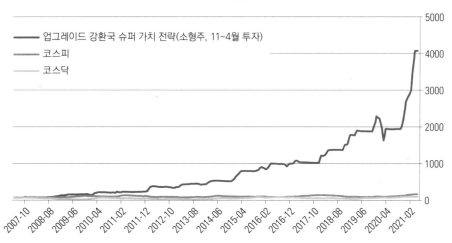

연복리수익률은 다시 30%대 초반으로 하락하지만, MDD가 1년 내내 투자했을 때의 45.6%에서 절반가량인 27.9%로 감소했다.

그럼 우리의 전략은 아래와 같이 축약할 수 있다.

투자 전략 14: 강환국 소형주 오리지널 슈퍼 가치 전략 업그레이드

분류	밸류
매수 전략	시가총액 하위 20% 기업에서 아래 지표들을 계산해서 각각의 순위 매김(내림차순) • 1/PER(최근 분기 실적으로 계산) • 1/PBR • 1/PFCR(최근 분기 실적) • 1/PSR(최근 분기 실적) 4개 지표의 평균 순위가 가장 높은 주식 매수
매수 종목	20개
매도 전략	4월, 10월 마지막 거래일(연 2회) 리밸런싱 또는 10월 말 매수, 4월 말 매도, 5~10월에는 현금 또는 채권 보유

Quantitative Investment

15장 우량주+저평가 우량주 전략

이번 책에는 《할 수 있다! 퀀트 투자》에 언급하지 않았던 팩터가 많이 등장하는데 그중에서 우량주 팩터가 가장 많다.

나름대로 인기를 끌었던 '강환국 슈퍼 퀄리티 전략'이 왜 2부에 없는지 궁금해한 사람도 있을 텐데, 2021년에 다시 보니 그 전략이 너무 빈약했다. 그래서 이번에 아예 새로 만들었다.

파마 교수는 이 책에 자주 등장한다. 우리에게 소형주 팩터, 저PBR 팩터, 수익성 팩터와 투자 팩터를 알려준 고마운 사람이기 때문이다. 나는 이 모든 것을 합쳐서 끝판왕 전략을 만들었다.

동서고금을 막론하고 '배당주'를 좋아하는 사람이 상당히 많다. 이들을 위해 배당주 전략을 만들어봤다. 3부에서는 배당수익률과 배당성향을 간단히 언급했는데 여기서 상세히 설명하겠다.

42 강환국 슈퍼 퀄리티 전략

2017년에 만든 '강환국 슈퍼 퀄리티 전략'은 신F-스코어가 3점인 기업 중에서 GP/A가 높은 기업을 매수하는 전략이었다. 4년이 지난 지금, 내 이름을 붙이기에는 조금 민망하다. 어쨌든 이 전략도 백테스트를 해보니 결과가 오른쪽과 같이 나왔다.

신F-스코어를 분석할 때 신F-스코어가 3점인 기업들은 20년간 연복리수익률 17% 정도를 기록했다고 설명했다. 그 우량 주식들을 다시 GP/A로 구분해도 별다른 초과수익이 나오지 않았다.

《할 수 있다! 퀀트 투자》에 나오는 '강환국 슈퍼 퀄리티 전략'은 매우 빈약한 전략으로 밝혀졌다. 당시에는 2004~2016년 데이터로 분석했는데, 그 구간에 우연히 '신F-스코어 3점 기업 중 GP/A가 높은 기업'의 수익률이 높았나 보다. 이래서 직접 백테스트하는 것이 중요하고, 심지어 내가 한 백테스트도 곧이곧대로 믿으면 안 되고 계속 검증해야 한다.

신F-스코어 3점 주식 중 GP/A 십분위수 수익률(2000/10~2020/12)

신F스코어 3점+GP/A	연중(%)	11~4월(%)	5~10월(%)
1(최고)	14.14	12.97	1.37
2	16.50	14.41	2.22
3	15.32	15.61	0.10
4	16.18	13.67	2.59
5	13.94	14.38	−0.06
6	17.40	15.92	1.69
7	14.34	14.59	0.12
8	13.63	14.67	−0.59
9	14.65	13.30	1.54
10(최저)	11.60	10.95	0.86
1−10	**2.54**	**2.02**	**0.51**

나는 2017년 이후 새로 배운 것을 총동원해 '강환국 슈퍼 퀄리티 전략 살리기'에 나섰다. 기존 팩터는 신F-스코어와 GP/A이고, 새로운 퀄리티 팩터 중 투자(자산성장률), 영업이익/차입금비율, 주가 변동성을 사용하면 초과수익을 내는 데 도움이 된다고 배웠다. 그래서 이 팩터들을 동원해서 강환국 슈퍼 퀄리티 전략을 새로 만들었다.

▲ 영상 503

분류	퀄리티
매수 전략	전체 주식에서 아래 지표들을 계산해서 각각의 순위 매김
	• GP/A(내림차순)
	• 영업이익/차입금 증가율(내림차순)
	• 자산성장률(오름차순)
	• 주가 변동성(오름차순)
	• GP/A와 영업이익/차입금은 최신 분기 실적 사용, 영업이익/차입금 증가율과 자산성장률은 4분기 전과 비교, 주가 변동성은 최근 12개월의 월간 수익 변동성
	• 필터: 신F-스코어 3점 주식에만 투자
	4개 지표의 평균 순위가 가장 높은 주식 매수
매수 종목	20개 권장(30, 50개도 무난)
매도 전략	4월, 10월 마지막 거래일(연 2회) 리밸런싱

이 전략으로 2000~2020년 백테스트해보니 다음과 같은 결과가 나왔다.

강환국 슈퍼 퀄리티 전략 십분위수 연복리수익률(2000/10~2020/12)

강환국 슈퍼 퀄리티	연중(%)	11~4월(%)	5~10월(%)
1(최고)	21.20	15.95	5.03
2	18.75	15.00	3.70
3	18.04	13.41	4.52
4	17.02	15.49	1.72
5	16.70	15.06	1.82
6	13.93	12.91	1.23
7	15.26	15.02	0.56
8	11.82	13.70	−1.38
9	9.95	13.51	−2.91
10(최저)	4.97	11.22	−5.51
1-10	16.23	4.73	10.54

연복리수익률이 20% 넘으니 내 이름을 걸 만하다!

이 전략도 소형주, 즉 시가총액 하위 20%에서 수익이 더 높을 것이라고 가정할 수 있다. 신F-스코어 3점 조건을 충족하는 소형주가 의외로 적어서 이번엔 오분위수 수익률을 보여준다.

강환국 슈퍼 퀄리티 전략 소형주 오분위수 연복리수익률(2000/10~2020/12)

강환국 슈퍼 퀄리티(소형주)	연중(%)	11~4월(%)	5~10월(%)
1(최고)	31.90	24.87	6.36
2	32.94	23.62	8.30
3	26.58	19.08	6.93
4	29.48	24.87	4.36
5(최저)	13.17	12.76	0.68
1-5	18.73	12.11	5.68

연복리 32%로 상당히 멋지다! 그런데 소형주에서는 최하 분위만 빼면 나머지의 수익률이 비슷하다. 신F-스코어 3점인 기업을 사는 것 자체가 중요하다.

강환국 슈퍼 퀄리티 전략 소형주 상위 20% 수익(2000/10~2020/12)

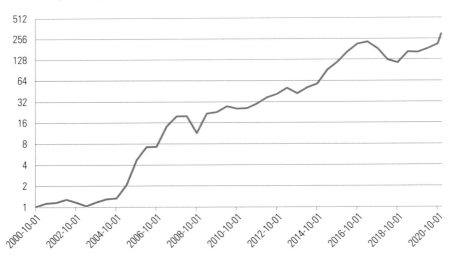

▶ 영상 532

파마의 최종 병기 전략

지금까지 파마 교수에게 배운 것이 상당히 많다.

- 시장은 효율적이다: 그에게 노벨상을 안긴 이론이지만 나는 잘 모르겠다.
- 소형주가 대형주와 주가지수보다 수익률이 높다.
- 저PBR 주식이 고PBR 주식과 주가지수보다 수익률이 높다.
- 수익성 지표가 높은 주식이 수익성 지표가 낮은 주식과 주가지수보다 수익률이 높다.
- 투자 지출(자산성장률)이 적은 주식이 투자 지출(자산성장률)이 많은 주식과 주가지수보다 수익률이 높다.

▲ 영상 532

그렇다면 이 모든 것을 종합해서 '파마의 최종 병기' 전략을 만들어볼 수 있겠다.

투자 전략 16: 파마의 최종 병기 전략

분류	밸류+퀄리티
매수 전략	전체 주식에서 아래 지표들을 계산해서 각각의 순위 매김 • 1/PBR(내림차순), GP/A(내림차순), 자산성장률(오름차순) • PBR과 GP/A는 최신 분기 실적으로 계산하고 자산성장률은 4분기 전과 비교 • 제외: 시가총액 상위 80%, PBR 0.25 이하, GP/A 0 이하, 자산성장률 −20% 이하 가중 평균 순위가 가장 높은 기업 매수(PBR 50%, GP/A와 자산성장률 각 25%)
매수 종목	20개
매도 전략	4월, 10월 마지막 거래일(연 2회) 리밸런싱

일단 '제외 기업'들을 살펴보겠다.

- 소형주에만 투자하기 위해 시가총액 상위 80%까지를 제외했다.
- PBR이 지나치게 낮은 기업은 심각한 문제가 있을 가능성이 높아서 0.25 이하를 제외한다.
- GP/A 0 이하는 매출액보다 매출원가가 높다는 것이므로 기업에 심각하게 문제가 있다는 의미다.

- 앞에서 설명한 것처럼 자산이 급격히 사라지는 기업은 위험하니 자산성장
  률이 −20% 이하인 기업을 제외했다.

이렇게 투자하니 결과가 이랬다.

파마의 최종 병기 전략 십분위수 연복리수익률(2000/10~2020/12)

파마의 최종 병기	연중(%)	11~4월(%)	5~10월(%)
1(최고)	32.43	23.23	7.10
2	29.37	25.34	2.71
3	31.75	21.40	8.22
4	27.45	23.14	3.05
5	24.22	18.77	4.26
6	28.98	23.74	3.79
7	29.44	26.09	2.14
8	29.52	21.82	5.96
9	19.97	19.96	−0.45
10(최저)	2.36	6.58	−4.21
1−10	30.07	16.75	11.31

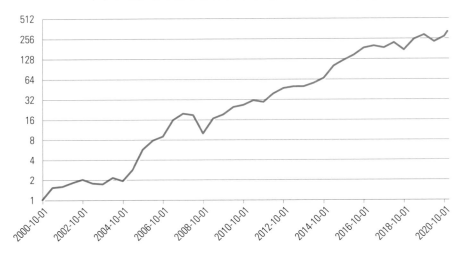

파마의 최종 병기 전략 상위 10% 수익(2000/10~2020/12)

　나는 효율적 시장 가설로 노벨상을 받은 파마 교수의 아이디어를 통해 이런 멋진 전략을 만들었다는 것이 고맙기도 하지만 큰 아이러니라고 생각한다. 어쨌든 그의 전략을 한국에서 적용했다면 2000~2020년 구간에 연복리 32% 정도를 벌 수 있었다.

▶ 영상 458

44

배당 전략

한국에서도 배당주를 좋아하는 사람이 많다. 나도 100% 이해한다! 한국 상장기업들은 보통 3~4월에 배당을 지급하는데 그때 "따르릉!" 하며 배당금 수십만 원이 들어왔다는 핸드폰 문자가 오면 가슴이 따뜻하고 영혼이 행복해진다. 직장에서 일하고 있을 때 배당 문자가 오면 나도 모르게 "야호! 돈이다!"를 외친 적이 많았는데 그때 동료들이 쳐다보면 민망했다.

중요한 것은 2000/10~2020/12의 20년간 수익을 분석해보면 배당을 주는 기업의 주식 수익률이 주지 않는 기업보다 월등히 높다는 점이다.

▲ 영상 458

구분	연복리수익률(%)
배당 있음	11.33
배당 없음	5.81

그럼 배당수익률이 높은 기업의 주식 수익률이 더 높다고 생각해볼 수 있겠다.

배당수익률 = 최근 12개월 1주당 배당금/주가

예를 들면 10,000원짜리 주식을 샀는데 이 주식이 최근 12개월간 배당금을 500원 지급했다면 배당수익률은 500/10,000 = 5%다. 배당금이 변하지 않는다고 가정하면 매년 5%의 수익을 배당을 통해 얻는 것이다. 한국에는 2021년 8월 현재 배당수익률이 2~3%인 기업이 수두룩하고 5% 이상인 기업도 40곳이 넘는다. 예금 이자가 1%도 안 되니 이 정도 배당을 주는 기업의 주식은 매우 매력적으로 보인다.

그런데 배당수익률만 보는 것은 문제가 있다. 첫째, 기업 상황이 악화되면 배당금을 줄이거나 없앨 수도 있다. 둘째, 배당을 계속 주더라도 주가가 배당금보다 더 많이 떨어지면 투자자는 큰 손실을 입을 수도 있다.

그럼 배당을 많이 주는 기업의 주식 수익률을 살펴볼 필요가 있다.

배당수익률	연중(%)	11~4월(%)	5~10월(%)
1(최고)	15.50	10.82	4.60
2	16.27	13.69	2.66
3	14.21	12.95	1.45
4	14.64	14.85	0.16
5	14.42	16.30	−1.28
6	9.71	13.26	−2.91
7	11.63	13.39	−1.28
8	6.62	12.60	−5.16
9	5.70	10.67	−4.36
10(최저)	2.47	8.33	−5.35
1−10	**12.03**	**2.49**	**9.95**

위 통계에는 배당을 주는 기업만 포함되어 있다. 전반적으로 배당수익률이 높은 기업의 주식 수익률이 배당수익률이 낮은 기업의 주식 수익률보다 높다.

배당 전략을 만들 때 중요한 지표로 '배당성향'이 있다.

배당성향 = 배당/순이익

예를 들어 A사의 순이익이 100억 원이다. 그런데 배당금을 200억 원 지급했다. 이 경우 배당성향은 200억/100억=200%인데, A사가 향후 순이익을 대폭 늘리지 못한다면 이 정도 배당은 유지하기가 불가능하다. 장기적으로 벌어들인 돈 이상을 주주들에게 나눠줄 수는 없으니까.

그런데 A사의 배당이 20억 원이라면? 배당성향은 20억/100억=20%이고 이익의 20%를 배당하는 것이다. 순이익이 다소 줄어들어도 배당을 유지하는 데 별다른 문제가 없다. 따라서 '배당성향이 적절한' 기업이 배당을 유지할 가능성이 높다.

배당성향이 너무 낮은 기업은 이익의 일부만 배당하고 나머지는 내부에 유보하는 셈이니 '배당주'라고 부르기 어렵다. 따라서 '배당성향이 30~75%인 기업 중 배당수익률이 높은 기업'을 찾으려고 백테스트를 해봤다.

우리 배당 전략의 공식은 아래와 같다.

투자 전략 17: 배당 전략	
분류	**밸류+퀄리티**
매수 전략	**전체 주식 중 배당수익률이 가장 높은 주식 매수** • 단, 배당성향이 30~75%인 기업만 매수
매수 종목	**20개 권장**(30, 50개도 무난)
매도 전략	**4월, 10월 마지막 거래일**(연 2회) 리밸런싱

배당성향 30~75% 기업 배당수익률 오분위수 연복리수익률(2000/10~2020/12)

배당수익률	연중(%)	11~4월(%)	5~10월(%)
1(최고)	18.39	12.27	5.28
2	13.82	9.87	3.44
3	11.51	10.14	1.03
4	9.73	12.37	−2.69
5(최저)	5.36	10.12	−4.66
1−5	13.03	2.15	9.94

배당성향이 30~75%인 기업은 한국 상장기업 2,000개 중 10~15%에 불과하고, 이 기업들을 배당수익률로 5등분하면 배당수익률이 가장 높은 상위 20% 기업의 주식 수익률이 가장 높다.

그런데 왜 하필 30~75%냐고? 과최적화 아니냐고? 아래에서 보여주겠지만 다른 지표를 써도 결과는 대동소이하다. 그러나 배당성향 하단을 20%나 30%로 하는 것이 다소 좋아 보인다.

배당성향 하단(%)	배당성향 상단(%)	배당수익률 상위 20% 기업 수익률(%)
20	50	18.00
	65	17.66
	80	18.21
30	50	19.61
	65	18.39
	80	17.13
40	60	15.14
	80	16.00
	100	14.67

45

강환국 슈퍼 가치 +퀄리티 전략

지금까지 강환국 슈퍼 가치 전략을 배웠고 강환국 슈퍼 퀄리티 전략도 배웠다. 그럼 두 전략을 합치면 성과가 어느 정도인지 궁금할 것이다.

투자 전략 18: 강환국 슈퍼 가치+퀄리티 전략	
분류	밸류+퀄리티
매수 전략	전체 주식에 대해 아래 8개 지표를 계산해서 각각의 순위 매김 • 1/PER, 1/PBR, 1/PCR, 1/PSR(내림차순) • GP/A(내림차순), 영업이익/차입금 증가율(내림차순), 자산성장률(오름차순), 주가 변동성(오름차순) • 필터: 신F-스코어 3점 주식에만 투자 8개 지표의 평균 순위가 가장 높은 주식 매수
매수 종목	20개 권장(30, 50개도 무난)
매도 전략	4월, 10월 마지막 거래일(연 2회) 리밸런싱

이 전략으로 2000~2020년 백테스트를 해보니 아래와 같은 결과가 나왔다.

강환국 슈퍼 가치+퀄리티 전략 십분위수 연복리수익률(2001/04~2020/12)

밸류+퀄리티	연중(%)	11~4월(%)	5~10월(%)
1(최고)	28.20	19.65	8.55
2	23.96	18.93	5.42
3	19.40	15.98	3.91
4	15.96	13.35	3.10
5	16.76	15.69	1.75
6	14.83	13.40	2.00
7	10.04	12.16	−1.40
8	8.68	11.10	−1.75
9	5.07	11.33	−5.38
10(최저)	−0.35	8.32	−8.02
1−10	28.55	11.33	16.57

강환국 슈퍼 가치 전략은 연복리수익률 22%대, 강환국 슈퍼 퀄리티 전략은 21%대였는데 콤보 전략은 28%대니까 두 전략의 시너지가 상당하다!

소형주 전략은 더 높은 수익률을 기대할 수 있겠다.

강환국 슈퍼 가치+퀄리티 전략 소형주 오분위수 수익률(2001/04~2020/12)

밸류+퀄리티(소형주)	연중(%)	11~4월(%)	5~10월(%)
1(최고)	38.68	27.04	11.06
2	25.18	19.12	6.34
3	30.60	23.35	7.38
4	22.27	20.16	2.83
5(최고)	2.74	8.41	−5.09
1−5	35.94	18.63	16.15

엄청난 수익이다! 강환국 슈퍼 가치 소형주는 연복리수익률이 33%, 슈퍼 퀄리티 소형주는 31% 정도인데 두 전략을 합쳐 38%대가 나오니 시너지가 상당하다.

강환국 슈퍼 가치+퀄리티 전략 소형주 상위 20% 기업 수익(2001/04~2020/12)

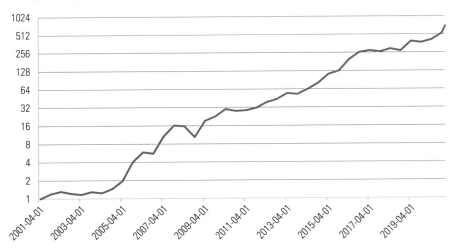

46 우량주는 왜 수익률이 높은가?

가치주(밸류)와 모멘텀 주식의 수익률이 높은 이유를 분석해보았다. 투자자의 심리적 편향이 주요 이유였는데, 우량주는 왜 주가지수보다 수익률이 훨씬 높을까? 여기에도 여러 이론이 있어서 정리해보았다.

- **저변동 주식의 우위**: 짧은 시간에 엄청난 돈을 벌려면 어떤 주식을 사야 할까? 아마 지금 핫한, 변동성이 어마어마한 주식이나 암호화폐를 사야 할 것이다. 운이 좋으면 한 달 만에 몇 배, 몇십 배의 '복권'과 비슷한 수익을 낼 수 있겠지? 반대로 변동성이 적은 주식은 당연히 크게 움직이지 않으니 짧은 시간에 엄청난 수익을 내기는 어려울 것이다. 여러분이 아는 개미 투자자들을 떠올려보라. 거의 다 핫한 주식에 투자할 것이다. 따라서 '복권'식 투자를 원하는 이들이 변동성이 높은 주식의 가격을 필요 이상으로 올리고 (고평가), 반대로 '재미없는' 변동성이 낮은 주식을 평가절하(저평가)한다는

이론이 있다. 시간이 지나면서 고평가 주식은 복권과 유사하게 가끔 수십 배 수익을 가져다주지만 대부분 비참한 성과를 보이고, 저평가 주식은 평균적으로 높은 수익을 달성하는 것이 투자의 정석이다.

- **재무 건전성이 높은 기업의 우위:** 부채나 차입금이 별로 없는 무난한 기업의 주식은 재미(?)가 없다. 망할 가능성은 없지만, 다른 이슈가 없으면 짧은 시간에 높은 수익을 내긴 어려울 것이다. 반대로 부채와 차입금이 높고 영업이익도 그저 그래서 파산 가능성이 높은 기업은 매우 불안하지만, 반대로 파산 위기에 놓였던 기업이 화려한 컴백에 성공하면 여기 투자했던 용감한 사람은 수십 배 수익을 낼 수도 있다. 물론 투자자들은 과잉 확신이 강하기 때문에, 자신이 이런 화려한 컴백을 이룰 기업을 찾아낼 수 있다고 굳게 믿는다. 그래서 이런 안정성이 낮은 기업의 주가가 복권 심리를 기대하는 투자자들 때문에 적정가보다 높아지고(고평가), 안정성이 뛰어나서 재미가 없는 기업의 주식이 기업의 탄탄함에 비해 저평가되는 경우가 많다.

- **고수익성 기업의 우위:** 좋은 기업이 무엇이냐고 워런 버핏에게 물어보면 '자본 대비 수익성이 높은 기업'이라고 답할 것이다. 그런데 투자자들은 의외로 수익성에 관심이 별로 없다. 투자자 대부분은 '최근 편향' 때문에 시야가 매우 좁아서 기업의 장기적 수익성보다는 시황, 회사 소문, 핫한 테마 및 산업 뉴스, 거시경제 또는 정치 이슈 등에 더 집착하는 경우가 많다. 그래서 핫 이슈가 없는 기업은 우수한 수익성이 가격에 제대로 반영되지 않아 저평가되는 경우가 많다.

Quantitative Investment

16장 펀더멘털 모멘텀 관련 전략

내가 백테스트를 통해 알아낸 가장 중요한 사실은 한국 주식시장에서 '분기 영업이익 성장'과 '분기 순이익 성장'이 매우 막강한 팩터라는 점이다. 이를 '이익 모멘텀'으로 명명하겠다.

- 이익 모멘텀은 11~4월에서도, 소형주에도 잘 먹힌다.
- 놀랍게도 이익 모멘텀은 밸류 지표와 시너지가 매우 높다. 저평가되어 있는데 분기 영업이익 또는 순이익이 급성장하기 시작한 기업들의 수익이 매우 높다.

11번째 전략인 이익 모멘텀 전략을 잠시 복습해볼까? 영업이익, 순이익이 전 분기 대비, 전년 동기 대비 가파르게 성장하는 기업의 주식을 매수하는 전략이다.

이 전략을 소형주에서만 돌려도 수익이 매우 증가할 것이라는 강한 예감이 든다.

투자 전략 19: 이익 모멘텀 전략+소형주

분류	모멘텀
매수 전략	시가총액 하위 20% 기업에서 아래 지표들을 계산해서 각각의 순위 매김(내림차순) • 전 분기 대비 영업이익 성장률 • 전년 동기 대비 영업이익 성장률

	• 전 분기 대비 순이익 성장률
	• 전년 동기 대비 순이익 성장률
	4개 지표의 평균 순위가 가장 높은 주식 매수
매수 종목	20개
매도 전략	4월, 10월 마지막 거래일(연 2회) 리밸런싱

이익 모멘텀 소형주 전략(2007/06~2021/05)

항목	결괏값
누적 수익률(원금 100)	29778.7%
연평균 수익률	50.2%
MDD	56.6%
거래 개월 수	168
상승 개월 수	107
승률(상승 개월 수/거래 개월 수)	63.7%
전체 거래 종목 수	540
거래 정지 종목 수	2
월평균 수익률(단리 적용)	3.8%
월간 변동성(표준편차)	9.0%

누적 수익률(%)

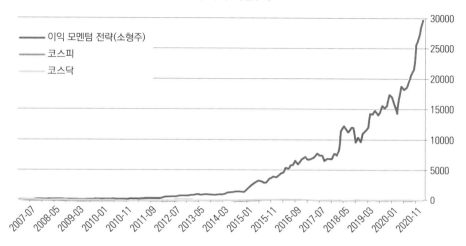

역시! 연복리수익률이 50%를 가볍게 넘긴다.

11~4월 소형 성장주 수익은 어떨까?

이익 모멘텀 소형주 전략, 11~4월(2007/06~2021/05)

항목	결괏값
누적 수익률(원금 100)	4500.7%
연평균 수익률	31.2%
MDD	21.7%
거래 개월 수	84
상승 개월 수	62
승률(상승 개월 수/거래 개월 수)	73.8%
전체 거래 종목 수	300
거래 정지 종목 수	1
월평균 수익률(단리 적용)	4.9%
월간 변동성(표준편차)	8.1%

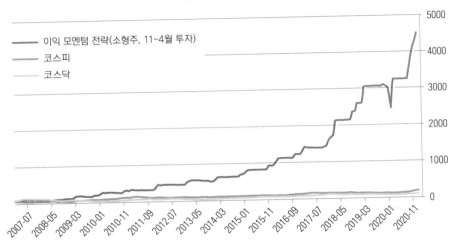

누적 수익률(%)

이익 모멘텀 전략(소형주, 11~4월 투자)
코스피
코스닥

늘 그랬듯이 연복리수익률은 30%대로 줄었지만 대신 MDD도 21.7%로 크게 줄었다. 소형주 기준을 시가총액 하위 10%로 낮추면 어떻게 될까?

이익 모멘텀 초소형주(시가총액 하위 10%) 전략(2007/06~2021/05)

항목	결괏값
누적 수익률(원금 100)	69107.5%
연평균 수익률	59.5%
MDD	41.1%
거래 개월 수	168
상승 개월 수	117
승률(상승 개월 수/거래 개월 수)	69.6%
전체 거래 종목 수	525
거래 정지 종목 수	7
월평균 수익률(단리 적용)	4.3%
월간 변동성(표준편차)	8.9%

누적 수익률(%)

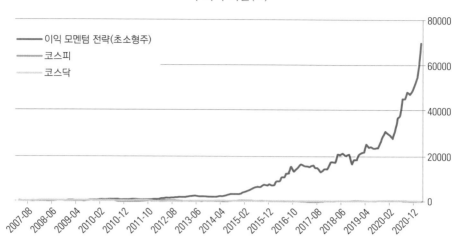

연복리수익률이 60%에 근접하는 것을 볼 수 있다! 그러나 시가총액 하위 10% 초소형주는 거래량이 너무 적어서 실제로는 수백만 원도 투자하거나 회수하기 어려운 경우가 종종 있으므로 백테스트 수익률과 실제 수익률의 괴리가 꽤 클 수 있다.

그래서 앞으로는 계속 소형주를 '시가총액 하위 20%'로 정의하겠다.

48

밸류+모멘텀 전략

이쯤 읽으면 이익 모멘텀에 밸류 지표를 붙이면 시너지가 날지 궁금할 만도 한다. 그러니까 이익이 크게 성장하는데 아직 저평가된 기업의 주식을 매수하는 것이다.

일단 이익 모멘텀 전략의 2007/06~2021/05 수익은 다음과 같이 복리 28.1%로, 내가 2000~2020년 엑셀로 백테스트한 결과와 큰 차이가 없다.

영상 504 ▲

이익 모멘텀 전략(2007/06~2021/05)

항목	결괏값
누적 수익률(원금 100)	3197.3%
연평균 수익률	28.1%
MDD	57.2%
거래 개월 수	168
상승 개월 수	110
승률(상승 개월 수/거래 개월 수)	65.5%
전체 거래 종목 수	565
거래 정지 종목 수	2
월평균 수익률(단리 적용)	2.4%
월간 변동성(표준편차)	7.9%

누적 수익률(%)

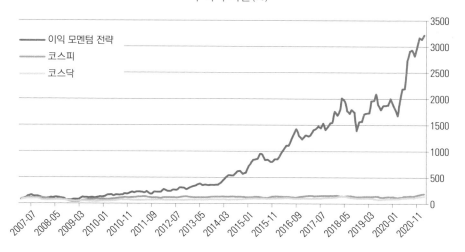

아래는 267쪽에 나왔던, PFCR을 사용한 강환국 슈퍼 가치 전략이다.

강환국 슈퍼 가치 전략(2007/06~2021/05)

항목	결괏값
누적 수익률(원금 100)	9342.3%
연평균 수익률	38.3%
MDD	43.8%
거래 개월 수	168
상승 개월 수	111
승률(상승 개월 수/거래 개월 수)	66.1%
전체 거래 종목 수	524
거래 정지 종목 수	1
월평균 수익률(단리 적용)	3.0%
월간 변동성(표준편차)	7.9%

누적 수익률(%)

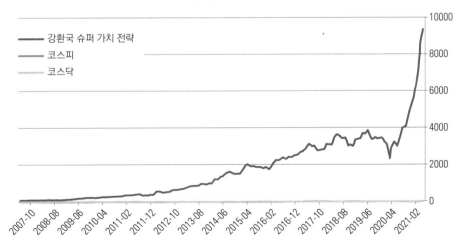

이 두 전략을 섞으면 어떤 결과가 나올까?

<table>
<tr><td colspan="2">투자 전략 20: 밸류+모멘텀 전략</td></tr>
<tr><td>분류</td><td>밸류+모멘텀</td></tr>
<tr><td>매수 전략</td><td>전체 주식에서 아래 8개 지표를 계산해서 각각의 순위 매김(내림차순)

• 전 분기 대비 영업이익 성장률

• 전년 동기 대비 영업이익 성장률

• 전 분기 대비 순이익 성장률

• 전년 동기 대비 순이익 성장률

• 분기 1/PER

• 분기 1/PFCR

• 1/PBR

• 분기 1/PSR

8개 지표의 평균 순위가 가장 높은 주식 매수</td></tr>
<tr><td>매수 종목</td><td>20개 권장(30, 50개도 무난)</td></tr>
<tr><td>매도 전략</td><td>4월, 10월 마지막 거래일(연 2회) 리밸런싱</td></tr>
</table>

밸류+모멘텀 전략(2007/06~2021/05)

항목	결괏값
누적 수익률(원금 100)	16561.2%
연평균 수익률	44.0%
MDD	45.0%
거래 개월 수	168
상승 개월 수	113
승률(상승 개월 수/거래 개월 수)	67.3%
전체 거래 종목 수	530
거래 정지 종목 수	1
월평균 수익률(단리 적용)	3.4%
월간 변동성(표준편차)	7.8%

누적 수익률(%)

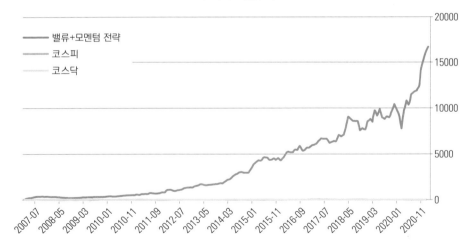

이익 모멘텀 전략(303쪽)이 연복리수익률 28.1%이고 강환국 슈퍼 가치 전략(304쪽)이 38.3%인데 둘을 섞은 전략이 44%이면 시너지가 상당해 보인다.

그럼 또다시 11~4월 전략과 소형주 전략을 살펴봐야겠지.

밸류+모멘텀 전략, 11~4월 투자(2007/06~2021/05)

항목	결괏값
누적 수익률(원금 100)	1735.8%
연평균 수익률	22.6%
MDD	31.1%
거래 개월 수	84
상승 개월 수	58
승률(상승 개월 수/거래 개월 수)	69.0%
전체 거래 종목 수	300
거래 정지 종목 수	4
월평균 수익률(단리 적용)	3.8%
월간 변동성(표준편차)	8.1%

누적 수익률(%)

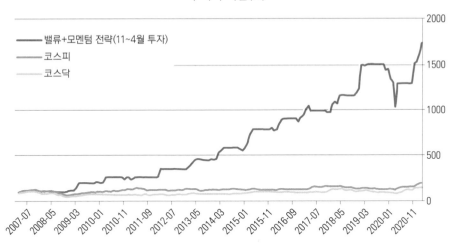

처음으로 11~4월 전략에서 만족스럽지 않은 성과가 나왔다. 1년 투자했을 때에는 연복리수익률 44%에 MDD 45%인데, 11~4월 투자했을 때에는 연복리수익률 22.6%에 MDD 31.1%다. MDD가 낮아진 것에 비해 연복리수익률이 너무 줄었다.

밸류+모멘텀 전략 소형주(2007/06~2021/05)

항목	결괏값
누적 수익률(원금 100)	53544.3%
연평균 수익률	56.6%
MDD	50.3%
거래 개월 수	168
상승 개월 수	119
승률(상승 개월 수/거래 개월 수)	70.8%
전체 거래 종목 수	505
거래 정지 종목 수	5
월평균 수익률(단리 적용)	4.2%
월간 변동성(표준편차)	8.6%

누적 수익률(%)

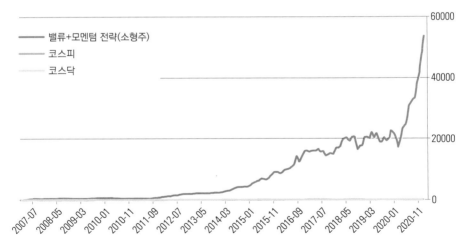

연복리 56%! 꽤 좋은 결과가 나왔다. 다른 전략과 비교할 수 있도록 20년 엑셀 백테스트 지표도 같이 제공한다.

강환국 슈퍼 밸류+모멘텀 전략 십분위수 연복리수익률(2001/04~2020/12)

밸류+모멘텀	연중(%)	11~4월(%)	5~10월(%)
1(최고)	28.03	21.86	6.44
2	17.51	18.63	−0.10
3	14.83	15.50	0.15
4	10.74	13.58	−1.97
5	10.21	12.54	−1.57
6	7.78	12.19	−3.55
7	3.12	10.01	−6.12
8	0.58	8.34	−7.13
9	−3.53	6.42	−9.51
10(최저)	−14.79	−0.74	−14.87
1−10	42.82	22.60	21.31

여기에서도 강환국 슈퍼 가치 전략(257쪽)이 연복리수익률 23%, 이익 모멘텀 전략(248쪽)이 21%였는데 둘을 합치면 28%로 높아진다.

소형주 수익도 볼만해서 상위 10% 주식은 20년간 연복리 40%를 넘겼다.

강환국 슈퍼 밸류+모멘텀 전략 소형주 십분위수 연복리수익률(2001/04~2020/12)

밸류+모멘텀(소형주)	연중(%)	11~4월(%)	5~10월(%)
1(최고)	40.06	25.42	13.67
2	35.70	29.20	6.74
3	22.50	21.95	1.53
4	22.75	19.97	3.43
5	19.74	18.23	2.24
6	19.48	17.59	2.57
7	14.30	18.45	−2.83
8	5.74	10.16	−3.73
9	3.67	12.08	−7.33
10(최저)	−20.93	−5.16	−17.65
1-10	60.99	30.58	31.32

49 퀄리티+모멘텀 전략

지금까지 밸류와 퀄리티, 밸류와 모멘텀 지표를 붙이는 작업을 진행했다. 그럼 퀄리티와 모멘텀 지표를 붙이면 어떤 일이 벌어질지 궁금하겠지? 우량주 조건을 충족하면서 영업이익과 순이익도 급성장하는 기업? 확인해보자!

투자 전략 21: 강환국 슈퍼 퀄리티+모멘텀 전략

분류	퀄리티+모멘텀
매수 전략	전체 주식에서 아래 8개 지표를 계산해서 각각의 순위 매김
	• GP/A(내림차순)
	• 자산성장률(오름차순)
	• 영업이익/차입금 증가율(내림차순)
	• 주가 변동성(오름차순)
	• 전 분기 대비 영업이익 성장률(내림차순)

	• 전년 동기 대비 영업이익 성장률(내림차순)
	• 전 분기 대비 순이익 성장률(내림차순)
	• 전년 동기 대비 순이익 성장률(내림차순)
	• 필터: 신F−스코어 3점 주식에만 투자
	8개 지표의 평균 순위가 가장 높은 주식 매수
매수 종목	20개 권장(30, 50개도 무난)
매도 전략	4월, 10월 마지막 거래일(연 2회) 리밸런싱

강환국 슈퍼 퀄리티+모멘텀 전략 십분위수 연복리수익률(2001/04~2020/12)

퀄리티+모멘텀	연중(%)	11~4월(%)	5~10월(%)
1(최고)	26.52	21.78	5.19
2	23.17	17.96	5.57
3	19.55	15.95	4.08
4	16.15	13.56	3.09
5	16.85	15.57	1.95
6	11.17	11.67	0.12
7	10.52	12.17	−0.95
8	10.02	11.69	−0.99
9	7.83	11.47	−2.88
10(최저)	2.38	8.57	−5.58
1−10	28.90	30.35	10.77

강환국 슈퍼 퀄리티와 이익 모멘텀 상위 10% 주식의 연복리수익률이 21%대였는데 둘을 합치니 26.5%로 시너지가 발생했다.

강환국 슈퍼 퀄리티+모멘텀 전략 소형주 오분위수 연복리수익률(2001/04~2020/12)

퀄리티+모멘텀	연중(%)	11~4월(%)	5~10월(%)
1(최고)	36.13	28.08	8.03
2	34.34	23.31	10.66
3	31.82	23.02	8.72
4	18.37	16.12	2.84
5(최저)	7.12	11.47	−3.56
1–5	29.01	16.51	11.59

소형주 전략이 늘 그랬듯이 수익률이 꽤 좋아서, 퀄리티+모멘텀 소형주 상위 20% 주식의 연복리수익률은 36%로 준수했다. 단순히 영업이익과 순이익이 성장하는 주식보다는 영업이익과 순이익이 성장하는 우량주가 성과가 좋았다.

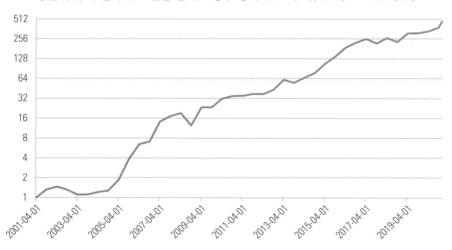

강환국 슈퍼 퀄리티+모멘텀 전략 소형주 상위 20% 수익(2001/04~2020/12)

50 강환국 울트라 전략

지금까지 분석한 밸류, 퀄리티, 모멘텀 전략들을 종합해볼까? 밸류, 퀄리티, 모멘텀 내에서 팩터들을 찾아내고 4개 팩터의 평균 순위를 통해 강환국 슈퍼가치 전략, 강환국 슈퍼 퀄리티 전략, 이익 모멘텀 전략을 만들어냈다. 이 전략들의 연복리수익률은 전체 주식에 적용할 경우 20%대 초반, 소형주에 적용할 경우 30%대 초반 정도 나온다.

▲ 영상 520

▲ 영상 521

밸류, 퀄리티, 이익 모멘텀 전략의 상위 10% 주식 연복리수익률(2001/04~2020/12)

전략	전체 주식(%)	소형주(%)
강환국 슈퍼 가치 전략	23.5	29.5
강환국 슈퍼 퀄리티 전략	21.2	31.9
이익 모멘텀 전략	21.0	36.1

그런데 이 밸류 전략, 퀄리티 전략, 이익 모멘텀 전략 중 두 가지를 합치면 시너지가 발생해서 연복리수익률이 전체 주식에서는 20%대 후반, 소형주에서는 30%대 후반~40%대 초반으로 높아진다.

밸류, 퀄리티, 이익 모멘텀 혼합 전략의 상위 10% 주식 연복리수익률(2001/04~2020/12)

전략	전체 주식(%)	소형주(%)
밸류+퀄리티	28.2	44.0
밸류+모멘텀	28.0	40.1
퀄리티+모멘텀	26.5	36.1

그렇다면 밸류, 퀄리티, 이익 모멘텀을 통합한 전략을 개발해볼 수 있다. 이를 '강환국 울트라 전략'이라 명명한다.

투자 전략 22: 강환국 울트라 전략

분류	밸류+퀄리티+이익 모멘텀
매수 전략	한국 전체 주식에서 아래 12개 지표를 계산해서 각각의 순위 매김 • 분기 1/PER, 분기 1/PFCR, 1/PBR, 분기 1/PSR(내림차순) • GP/A(내림차순), 자산성장률(오름차순), 영업이익/차입금 증가율(내림차순), 주가 변동성(오름차순) • 최신 분기 영업이익 성장률(전 분기 대비, 전년 동기 대비), 최신 분기 순이익 성장률(전 분기 대비, 전년 동기 대비)(내림차순) • 필터: 신F-스코어 3점 주식에만 투자 12개 지표의 평균 순위가 가장 높은 주식 매수
매수 주식	20개 권장(30, 50개도 무난)
매도 전략	4월, 10월 마지막 거래일(연 2회) 리밸런싱

수익을 개선하는 강력한 팩터를 12개 조합했을 뿐만 아니라 밸류, 퀄리티, 이익 모멘텀 영역을 아울렀기 때문에 논리적으로 가장 강력한 전략이다. 가치, 퀄리티, 이익 모멘텀을 각각 국어, 수학, 영어라고 보면 강환국 슈퍼 가치 전략은 국어 만점을 받고 수학과 영어는 그저 그런 학생인데, 울트라 전략은 국어, 수학, 영어 각각 80~90점 맞는 학생이라고 보면 되겠다.

서론이 길었으니 실적으로 넘어가자.

강환국 울트라 전략 십분위수 연복리수익률(2001/04~2020/12)

울트라 전략	연중(%)	11~4월(%)	5~10월(%)
1(최고)	34.15	22.73	11.01
2	25.09	20.25	5.26
3	19.45	17.33	2.77
4	16.18	15.07	1.76
5	13.42	13.19	0.87
6	12.30	12.23	0.68
7	10.48	12.86	−1.60
8	6.80	8.68	−1.39
9	4.44	8.68	−3.68
10(최저)	1.26	8.54	−6.65
1−10	32.89	14.19	17.66

    각각 연복리수익률 20%대 초반을 내던 전략 셋이 합치니 30%대 초반까지 상승했다! 게다가 십분위수 수익률을 보면 1분위가 2분위보다 높고, 2분위가 3분위보다 높고, 9분위가 10분위보다 높아서, 전략 순위가 높을수록 수익률이 더 높은 아름다운(?) 분포도가 보인다.

강환국 울트라 전략 십분위수 연복리수익률 분포도(2001/04~2020/12)

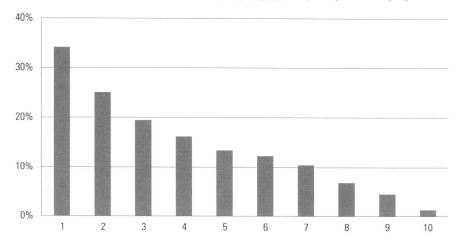

강환국 울트라 전략 상위 10% 수익(2001/04~2020/12)

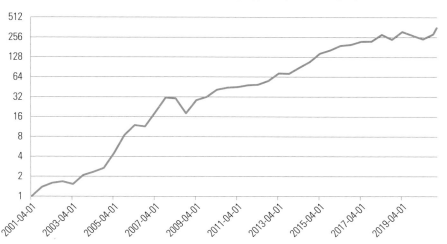

시가총액 하위 20%인 소형주에서는 수익이 어떻게 나왔을까?

강환국 울트라 전략 소형주 오분위수 연복리수익률(2001/04~2020/12)

울트라 전략(소형주)	연중(%)	11~4월(%)	5~10월(%)
1(최고)	42.73	27.21	14.32
2	35.36	27.12	8.20
3	25.28	19.62	5.98
4	13.05	12.95	0.74
5(최저)	4.62	10.74	−5.30
1−5	38.09	16.47	19.62

강환국 울트라 전략 소형주 오분위수 연복리수익률 분포도(2001/04~2020/12)

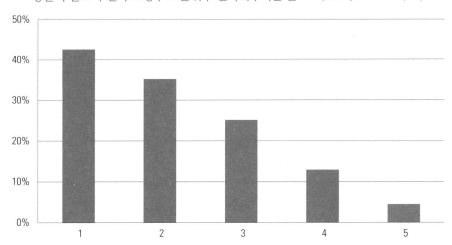

역시 울트라 소형주도 수익이 꽤 높은 편이다. 여기도 분위별로 수익률이 계단을 이룬다. 울트라 전략과 울트라 소형주 전략 상위 주식은 5~10월에도 수익을 기대할 수 있다는 큰 장점도 있다. 어느 정도 저평가되고 우량주의 요소도 보유하고 최근 분기 실적이 성장하는 주식의 위력은 대단하다!

원금이 19년 반 만에 1,231배(퍼센트가 아니다!) 성장하는 전략을 그림으로 감상해보자.

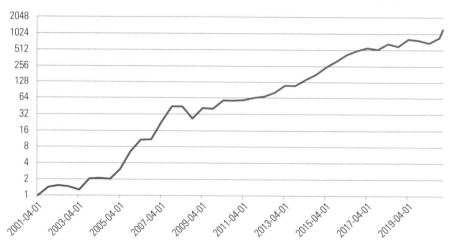

강환국 울트라 전략 소형주 상위 20% 기업의 수익(2001/04~2020/12)

지금까지 한국 전체 주식과 소형주 전략을 분석했고, 대형주(시가총액 상위 20%) 전략은 아직 한 번도 분석하지 않았다. 한국에서는 소형주 자체의 수익이 월등하게 높았고, 각 퀀트 전략의 초과수익도 소형주에서 월등히 높았다. 그럼 굳이 대형주 전략을 배울 필요가 있을까?

145쪽에 설명한 것처럼 한국 시장에서 소형주가 2000~2020년 전체 구간에 대형주 수익률을 압도한 것은 사실이지만 반대로 수년간 대형주 수익률이 더 높은 경우도 있었다. 2017년이 그에 해당해서 주가지수와 몇몇 대형주는 매우 잘나갔지만 소형주, 특히 소형 가치주는 매우 부진했다. 이럴 때 대형주를 보유하고 있지 않으면 매우 큰 소외감을 느낄 수 있다. 따라서 나는 저 소외감을 피하기 위해 주식 포트폴리오에 대형주를 일부 포함할 것을 추천한다. 물론 간단하게 KODEX200 등 주가지수 ETF에 투자하는 방법도 있지만, 그보다는 좀 더 높은 수익을 낼 수 있도록 노력해보자.

이런저런 백테스트를 해보니 대형주에서도 전체 주식에서처럼 강환국 울트라 전략이 꽤 잘 먹히는 편이어서 연복리수익률 20%를 넘겼다. 상위 10% 주식은 5~10월 수익률도 양호한 편이었다.

강환국 울트라 전략 대형주 십분위수 연복리수익률(2001/04~2020/12)

울트라 전략(대형주)	연중(%)	11~4월(%)	5~10월(%)
1(최고)	22.45	12.96	9.57
2	18.99	13.04	6.24
3	9.02	9.81	−0.27
4	7.42	8.82	−0.91
5	7.92	8.98	−0.57
6	7.30	8.30	−0.56
7	8.66	7.09	1.91
8	8.86	7.52	1.70
9	0.66	3.34	−2.56
10(최저)	2.46	7.10	−4.21
1−10	**19.99**	**5.86**	**13.78**

4개월 주식 초짜가 수익률 200%를 낸 사연

2021년 1~4월 시가총액 30~60% 중위 구간에서 45% 수익률(연평균 200%)을 올리는 전략을 찾아낸 엄청난 인물이 있습니다. 이 고수는 과연 얼마나 많은 수련으로 주식 투자의 구루가 되었을까요? 우연한 고수익이 아니라 꾸준한 승률로 우상향하는 전략을 개발할 정도면 온갖 주식 심리의 머리 꼭대기에 앉아 있는 고수가 분명합니다!

놀랍게도 이 사람은 2021년에 주식 투자를 시작해 3~4월에 월평균 6.5% 수익률(연평균 100%)을 올립니다. 2020년까지는 어떤 사람이었을까요? 대한민국에 다시 오기 힘든 2020년 주식 불장에서 저는 전무후무한 기회의 장인지도 모른 채 MTS를 매우 불경한 것으로 취급하던 금융 문맹이었습니다. 전문직으로 성실히 번 노동소득으로 부를 축적하는 것이 가장 정직하다 생각하며 적금과 예금 혹은 끽해야 미국 주가지수 추종 펀드를 최고의 투자로 여겼습니다. 도대체 2021년에 무슨 일이 일어난 걸까요?

저는 부의 사다리가 무너졌다고 아우성치는 한복판에 있는 세대, 30대 초반 직장인입니다. 마음속으로는 투자에 대해 스스로 모순되게 내뱉는 말이 틀린 걸 알면서도 겉으로는 투자를 불경하게 여겼는데, 연초에 아내의 강권으로 《할 수 있다! 퀀트 투자》를 읽으면서 억눌려 있던 투자 본능이 깨어납니다. 주식 용어부터 퀀트에 대한 모든 것을 이 책에서 가장 먼저 배웠습니다. 보수적인 마음가짐이 뇌동 매매로 망하는 것도 막아주었지만 동시에 현명한 투자자로의 길도 철저하게 누르고 있었던 불쌍한 사람입니다. 놀랍게도 강환국 님은 확신에 차고 일관된 투로, 주식이 눈 감고 하는 도박이 아니라 철저하게 통제된 실행으로 알파를 발굴해내는 일이라는 사실을 설득하며 마음속으로 침범해왔습니다. 짐짓 구려 보일 수도 있는 '할 수 있다'라는 책의 제목이 정말 '할 수 있다'라는 마음을 불러왔습니다.

두 번 세 번 n번 정독하며 "내 뇌는 원숭이다"를 외치게 될 무렵 젠포트라는 백테스팅 및 자동 트레이딩 툴을 알게 되었고, 단번에 강환국 님이 가르쳐준 모든 것을 완벽하게 실행할 수 있는 도구라는 것을 깨달았습니다. 젠포트를 배우기 위해 들은 닥터퀀트 님 강의의 '하락장 피하는 기법(Market Timing)'과 결합하자, 제 생애 첫 소형주 퀀트는 날개를 달고 날아 첫 투자로는 경이로운, 두 달간 연평균 100%에 육박하는 수익률을 안겨주었습니다.

정작 《할 수 있다! 퀀트 투자》를 권했던 아내는 제가 시가총액 하위 20% 소형주로 구성된 포트폴리오를 4개나 만들어서 운용하는 것을 보고 상당히 경악했지만, 매일매일 꾸준히 수익을 올리고 코스닥이 하락할 때도 수익을 내는 것을 보며 제 결정을 납득하게 되었습니다. 근래에는 강환국 님 유튜브를 통해서 배운 울트라 전략을 구현했는데, 백테스트를 해보니 시가총액 하위 30%를 대상으로 2017~2021년 4월 연평균 수익률 70.19%, MDD 9.51%, 시가총액 30~60%로는 연평균 수익률 48.61%, MDD 11.68%의 결과를 얻었습니다. 아무리 발버둥쳐도 대형주만 못한 성과를 내는 중형 그룹에서 주식 배운 지 4개월 된 초짜가 이 정도 백테스트 성과가 나는 전략을 얻게 된 것입니다! 더 놀랍게도 2021년 한정으로는 소형 그룹보다도 중형 그룹이 5%p 더 높은 45% 수익률을 내는 것으로 나타났습니다. 시총 규모가 4자리 숫자 이상인 중형주에 이 전략을 적용해 5월이 되자마자 투입했고, 5월 초 하락이 시작된 코스닥시장에서 매일 수익을 내고 있습니다. 앞으로 펼쳐질 주식시장의 여러 계절에 여러 시련이 닥치겠지만 첫 투자의 스승에게 제대로 된 마음가짐을 훈련받았기 때문에 잘 헤쳐나가리라 확신합니다. 백테스트, 실전 수익 성적을 자랑했지만 여전히 4개월밖에 안 된 주식 초짜입니다. 《할 수 있다! 퀀트 투자》를 통해 얻은 가장 큰 보물은 이런 단기간의 성과가 아니라 백테스트로 수없이 검증하고 그 후에는 자신을 원숭이로 여기라는 교훈입니다. 투자의 여정에 큰 시련이 오더라도 손익의 주름이 아니라 전략에 대한 신뢰와 큰 그림을 보며 우직하게 나아갈 힘이 생긴 것이 가장 큰 소득이고 자산입니다. 더불어 강환국 님을 통해 한국에 펼쳐진 퀀트의 토양이 투자의 길을 외롭지 않게 할 것입니다. 저와 같이 환국 님을 통해 퀀트를 시작한 인연들과 함께 행복한 투자 생활을 하겠습니다. 무엇보다도 '좋은 투자 나쁜 투자 철학'이 아니라 '투자해서 돈 버는 법'을 가르쳐주신 것에 무한 감사를 드립니다.

아내의 에필로그
"여보, 주식이 미쳤어. 조만간 코스피지수와 달러 환율이 크로스할 것 같아. 우리나라 망하는 거 아닐까?"
결혼 0.75년 차, 부부로 처음 맞은 어느 봄날 남편이 이런 말을 했습니다. 신혼집 거실에서 한가롭게 뒹굴거리던 저는 그 이야기를 듣고 정신이 번쩍 들면서 '지금 주식을 사야겠다!' 생각했습니다. 주식 투자라고는 대학생 때 과외 해서 번 쌈짓돈으로 큰맘 먹고 투자했다가 2011년 3월 일본에 쓰나미가 덮치면서 말아먹고 손 뗀 게 전부지만, 생전 주식에 관심이 없는 남편조차 지켜보는 것만으로 공포를 느끼는 시장이 왔으니 '지금은 사야 할 때겠구나' 생각이 들었습니다. 그런데 오랫동안 사용하지 않아 정지된 증권사 계좌를 다시 열고 해외 주식 거래 가능 계좌를 개설하는 내내 남편은 안절부절못했습니다. 주식을 들고 있던 사람도 파는 시기에 주식을 새로 사면 어떡하느냐면서요. 그랬던 남편이 이렇게 바뀌었습니다.

남편은 강환국 님을 스승님이라 생각한다는데 저는 아닌 것 같습니다. 강환국 님은 5월 15일이 아니라 5월 8일에 저희 부부의 인사를 받으셔야 합니다. 세상에 존재하지 않던 '투자하는 남편'을 낳아주셔서 감사합니다.

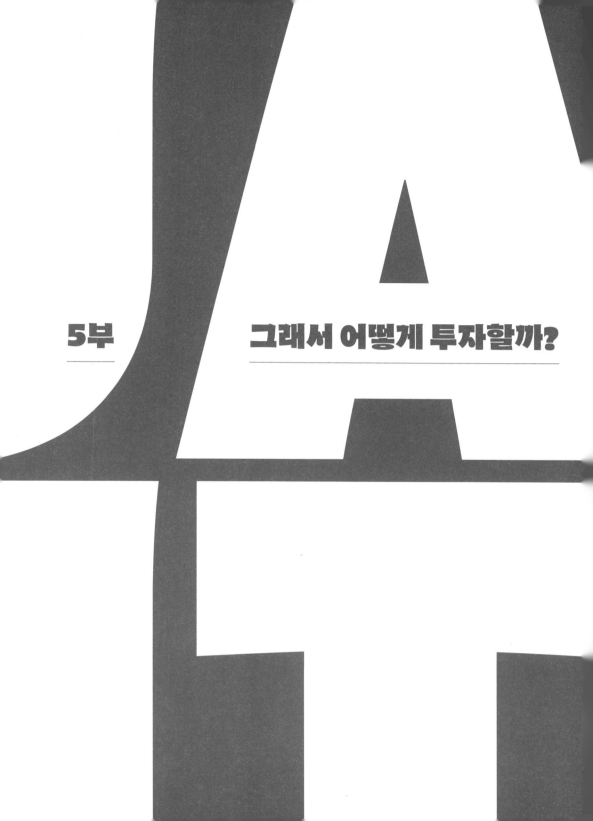

5부

그래서 어떻게 투자할까?

Quantitative Investment

17장 어떤 전략에 투자해야 하는가?

52 취향대로 투자하기

여기까지 수십 개 전략을 연구하고 백테스트 수익을 감상했다. 그레잇! 그런데 오히려 전략이 너무 많아서 혼란에 빠질 수 있다. "아니, 왜 그린블라트의 《주식시장을 이기는 작은 책》처럼 한 개 전략을 제공하는 게 아니라 헷갈리게 이렇게 많아?"라고 한탄하는 독자도 있을 것이다. '그래서 도대체 구체적으로 어떻게 투자해야 하는가?'라고 생각할지도 모른다.

나는 투자자가 100명이라면 취향이 100개 있을 거라고 생각해서 일부러 여러 전략을 제공했다. 투자자에 따라 그레이엄처럼 초저평가된 주식을 선호할 수도 있고, 버핏처럼 우량 가치주, 피터 린치처럼 성장주, 조지 소로스처럼 모멘텀 주식을 선호할 수도 있다. 꼬박꼬박 들어오는 배당이 매력적이라고 보는 투자자도 있다. 초저평가된 주식을 선호하는 사람은 성장주에 투자하면 안 된다고 생각한다. 백테스트 수익률이 아무리 화려하더라도, 저PBR과 NCAV를 따지던 사람이 영업이익 성장률이 좀 높다고 해서 PER이 50, PBR이 6인 기업에 투자할 수 있을까? 또는 대형주를 선호하는 투자자가 갑자기 듣도 보도 못한 소형주에 전 재산을 베팅할 수 있을까? 심리적으로 매우 힘들 것이다.

그러니 저 많은 전략 중에서 한 개 또는 몇 개를 선택해야 한다. 사실 정답이 없는 문제지만 정답에 근접한 조언을 이제 할 텐데 결론부터 말하면 이렇다.

- 자기 취향에 맞는 전략을 선택하는 심플한 방법
- 전략 분산 투자 효과를 노리는 방법
- 최근 트렌디한 '팩터 모멘텀'을 따르는 방법

백테스트 수익은 과거 수익일 뿐이다. 미래에 얼마든지 뒤집힐 수 있다. 백테스트 수익 자체로 투자 결정을 하기보다는 '시장보다 많이 좋다 - 좀 좋다 - 비슷하다 - 별로다 - 매우 안 좋다' 정도로만 평가하는 데 활용하고 '시장보다 많이 좋다'라는 평가가 섰으면 취향대로 투자하는 것도 한 방법이다. 나는 과거에 '시장보다 많이 좋은' 전략은 초과수익을 미래에도 가져갈 가능성이 높다고 생각하는데 그건 19장에서 다룬다.

내 취향은 무엇이냐고? 퀀트 투자를 시작한 초창기(2006년)에는 버핏의 영향을 많이 받아서 우량 가치주(예: 저PBR+고F-스코어)에 많이 투자했다. 그 후에는 그레이엄의 초저평가 주식에 매력을 많이 느껴서 NCAV 전략을 꽤 많이 사용했고, 이 두 전략에 자산의 50%씩을 투자한 적도 있다. 요즘은 그런 선호가 많이 없어져서 밸류, 퀄리티, 이익 모멘텀을 아우르는 투자를 하려고 한다. 그래서 그런지 2021년 8월 기준으로 울트라 전략이 제일 마음에 든다. 그러나 이것은 내 취향일 뿐이고, 곧 다시 변할 수도 있다. 이렇게 해서 자연스럽게 다음 내용으로 넘어간다.

53 전략 분산 투자

자신의 취향대로 투자하는 것이 좋다고 말했지만, 나처럼 취향이 없는 경우는 전략 내에서 최대한 분산 투자를 하는 것을 추천한다. 여기서 말하는 분산 투자는 이 책에 나온 수십 개 전략에 전부 투자하라는 것이 아니다. **밸류, 퀄리티, 모멘텀 그리고 대형주, 소형주에 골고루 분산 투자를 하라는 제안이다.**

주식시장의 성격에 따라 저평가 주식이 재평가되어 밸류 주식의 수익률이 높은 시기가 있고, 이익이 급격하게 증가하는 주식이 관심을 받을 때가 있다. 예를 들면 전 세계적으로 1990년대에는 성장과 모멘텀이 강한(또는 미래에 성장이 높을 것이라고 보였던) 기술주들의 수익이 매우 높았고, PER이나 PBR이 낮은 밸류 주식들은 상대적으로 저조했다. 이렇게 모멘텀 주식의 가격이 천정부지로 올라갔다가 2000년대에 버블이 터지면서 모멘텀 주식의 수익률이 급락했고, 반대로 1990년대 소외되었던 밸류 주식의 수익률이 양호한 편이었다. 2010년대에 와보니 또 정반대, 특히 2010년대 후반에 가치주가 극도로 소외되었고, 대신 이익이 급격히 늘어나는 기술주 위주로 시장이 움직였다. 또 2017년처럼 몇몇 대장주와 주가지수는 오르는데 소형주는 소외되는 시기가 있는가 하면, 반대로 지수는 횡보하는데 소형주들은 소리 없이 오르는 경우도 있다.

문제는 미래에 어떤 테마의 주식이, 어떤 팩터가, 소형주 또는 대형주가 잘나갈지 절대로 예측할 수 없다는 것이다. 그래서 그냥 모든 팩터, 모든 시가총액에 분산 투자하는 것을 추천한다. 예를 들어 선택한 2개 전략이 NCAV 전략과 강환국 슈퍼 가치 전략이라면 모두 '밸류'에 투자하는 것이므로 분산 투자가 잘되었다고 볼 수는 없다. 3개 전략으로 강환국 슈퍼 가치 전략, 강환국 슈퍼 퀄리티 전략, 이익 모멘텀 전략에 각각 33% 투자한다면? 밸류, 퀄리티, 모멘텀 세 팩터를 다 커버하니 팩터 분산이 잘되어 있다고 볼 수 있다.

또는 3개 전략으로 밸류 모멘텀 대형주 전략, 강환국 슈퍼 퀄리티 소형주 전략, 밸류 모멘텀 소형주 전략을 고르는 방식 등으로 투자할 수도 있다. 그럼 밸류, 퀄리티, 모멘텀 팩터가 커버되고, 대형주, 소형주도 커버된다. 아무래도 대형주보다는 소형주의 수익률이 훨씬 높았으니 비중은 소형주에 조금 더 싣겠다고 생각할 수 있다.

여러 전략을 쓸 때 한 전략에 매수하는 종목 수는? 나는 20개 정도가 적합하다고 생각한다. 그래서 퀀트킹으로는 늘 '20개 종목 포트폴리오'를 백테스트한 것이다.

유의할 점은 여러 팩터, 여러 시가총액에 투자하는 각종 전략에 분산 투자를 해도 MDD를 획기적으로 낮출 수는 없다는 점이다. 주식이라는 자산군에 투자하는 전략은 급락장이 오면 상관성이 높아져서 다 같이 사이좋게 나락으로 가기 때문이다. 주가지수가 반토막 나면 모든 전략이 최소한 반토막이 난다. MDD를 크게 낮출 수 있는 방법은 다음 장에 설명한다.

54 팩터 모멘텀이라는 미지의 영역

조금 전 "미래에 어떤 테마의 주식이, 어떤 팩터가, 소형주 또는 대형주가 잘나갈지 절대로 예측할 수 없다"라고 했는데, 물론 맞는 말이지만 미래에 잘나갈 팩터를 어느 정도 맞힐 방법이 있다. 요즘 활발히 연구되는 '팩터 모멘텀(factor momentum)'인데, 모멘텀이 주가지수나 종목에만 적용되는 것이 아니라 투자 팩터 또는 투자 전략에도 적용된다는 이론이다. 즉 최근 잘나가는 투자 팩터 또는 전략이 당분간 계속 잘나간다는 것이다.

상당히 일리 있는 것이, 보통 시장에서 각광받는 팩터 또는 전략이 하루아침에 바뀌는 경우는 흔하지 않다. 이번 주는 밸류 주식이 인기 있다가 다음 주는 모멘텀 주식이 강세이고, 이번 달은 대형주가 초강세였는데 다음 달은 대형주

영상 49

가 죽을 쑤고 소형주가 화려하게 컴백하는 등 주기가 짧지는 않다는 것이다. 인기 있는 팩터 또는 전략의 강세는 짧으면 수개월, 길면 수년간 지속되는 경우가 많다. 예를 들면 나스닥 성장주·모멘텀 주식은 2010년부터 2021년까지 계속 초강세를 보이고 있다.

세계 최대 퀀트 헤지펀드인 AQR의 직원 타룬 굽타Tarun Gupta와 브라이언 켈리Bryan Kelly는 2019년 'Factor Momentum Everywhere(팩터 모멘텀은 어디에나 있다)'라는 기억하기 쉬운 제목의 논문을 써서, 미국과 글로벌 선진국에서 65개 팩터를 분석했다. 우리가 분석한 밸류, 퀄리티, 모멘텀 팩터도 포함된다. 그들은 '최근 1개월, 3개월, 6개월, 12개월 동안 가장 수익이 좋았던 팩터들이 다음 한 달 동안에도 수익이 높은 편이다'라는 결론을 내렸다.

따라서 어떤 투자 전략에 투자할지 잘 모르겠으면 퀀트킹 등으로 이 책에 있는 전략들의 최근 1개월, 3개월, 6개월, 1년 수익률을 계산하고 각각의 순위를 매기고 평균 순위를 계산해서 가장 우수한 전략들에 투자하는 방법도 고려할 수 있다.

단, 이 팩터 모멘텀이 한국에서도 통하는지는 아직 모른다. 연구가 시작된 지 얼마 되지 않아서, 미국과 선진국에서는 통하는 것 같은데 개발도상국 또는 한국 시장에서 유효한지 연구한 논문은 아직 없는 것으로 파악된다.

그리고 이 많은 전략의 최근 수익을 계산하고 시간이 흐르면 업데이트하는 것도 상당한 일이다. 나는 그래서 투자에는 활용하지 않고 '전략 분산 투자' 정도만 하고 있다. 그러나 요즘 학계에서 핫한 최신 트렌드를 여러분과 공유하고 싶었다.

Quantitative Investment

18장 MDD를 줄이는 방법

55 투자에서 가장 중요한 원칙

▶ 영상 63, 191, 192, 393

수익률이 높은 투자 전략을 많이 배웠다. 당장 투자하고 싶을 것이다. 연복리 40%로 20년간 벌어서 원금이 1,000배 이상 되는 아름다운 시나리오를 꿈꿀 것이다. 그런데 아직은 이 책이 끝나지 않았다. 투자에서 가장 중요한 원칙을 짚고 넘어가야 한다. 매우 지루하게 보일 수 있으나 이 책에서 가장 중요한 내용 중 하나이기 때문에 완벽하게 이해해야 한다.

바로 '손실 최소화'다.

세상에서 투자를 가장 잘하는 사람이 누구냐고 물으면 '워런 버핏'이라는 답변이 가장 많을 것이다. 그런데 그 워런 버핏이 투자에서 가장 중요하다고 강조한 원칙이 두 개 있다.

영상 63
▲

첫 번째 원칙: 돈을 잃지 말라(Don't lose money)

두 번째 원칙: 첫 번째 원칙을 잊지 말라(Don't forget rule no.1)

버핏의 원칙은 초보 투자자 대부분의 원칙(?)인 '수익을 극대화하자!'와 다르다. 왜 수익보다 손실 최소화를 강조했을까?

손익 비대칭성의 원리 - 손실 최소화가 가장 중요한 이유

퀴즈 1: 보유한 주식에 50% 손실이 발생했을 경우, 원금을 회복하려면 몇 % 수익이 필요할까?

답: "뭘 이딴 걸 물어봐? 50% 깨졌으니 50% 이익 보면 되는 거지!"라고 답했다면 틀렸다. 1만 원 주식이 50% 하락해서 5,000원이 되면 그 주식이 2배 올라야만, 즉 100% 수익을 내야만 다시 1만 원이 된다.

즉, 손실을 복구해 원금으로 돌아가기 위한 이익의 수준은 손실의 수준보다 크다. 손실 규모가 커질수록 본전 만회 이익의 수준이 더욱 커지는 현상을 '손익 비대칭성의 원리'라고 한다.

▲ 영상 191

▲ 영상 192

▲ 영상 393

포트폴리오 손실과 본전 만회에 필요한 수익

손실률(%)	본전 만회에 필요한 수익률(%)
5	5
10	11
20	25
25	33
33	50
50	100
66.7	200
75	300
90	900
95	1,900

　위 표를 보면 5%, 10% 손실이 나면 각각 5%, 11% 정도의 수익만 내도 본전 만회가 가능한데, 손실이 커질수록 만회하기가 점점 더 어려워진다. 손실이 33%만 나도 50% 수익을 내야 본전을 회복하고, 손실 50%는 100% 수익을, 손실 90%는 900%(!)의 수익을 달성해야 본전을 회복한다. 물론 투자 천재가 아닌 이상 900%라는 수익을 내기까지는 오랜 시간이 걸린다. 그런데 자산의 90%를 까먹은 사람이 갑자기 득도해서 900%라는 높은 수익을 내고 화려하게 컴백할 가능성이 높을까? 사실상 손실 50% 후 100% 수익을 내는 것도 동화의 영역이라고 봐도 된다.

　이렇게 손실이 커지면 본전 만회가 사실상 불가능하다는 현상을 버핏은 누구보다도 잘 알기 때문에, 가장 중요한 투자 원칙으로 "돈을 잃지 말라"를 강조한 것이다.

어떤 경우에도 MDD가 20%를 넘으면 안 된다!

손실 최소화가 성공 투자의 가장 핵심 원칙인 수학적 이유를 살펴봤다. 손실이 커지면 그보다 훨씬 더 높은 수익, 현실적으로 내기가 불가능한 수익을 달성해야만 겨우 본전을 만회할 수 있다.

나는 큰 손실이 투자자에게 주는 심리적 대미지도 강조하고 싶다. 워런 버핏은 "주식 사서 50% 잃을 각오가 되어 있지 않으면 주식을 사지 말라"라는 명언을 남겼다. 장기적으로 투자하면 주식시장이 반토막 나는 것을 피할 수 없고 그 경우 우리가 보유한 주식도 같이 반토막 난다는 사실을 매우 잘 알기 때문이다. 실제로 그는 60여 년 동안 가치투자를 하면서, 일시적인 큰 손실을 버틸 수 있는 강철 같은 정신력이 있음을 여러 번 증명했다(▶ 영상 130, 157)

아쉽게도 나를 비롯한 투자자 대부분은 그런 강한 정신력이 없다. 고점에서 5~10%만 깨져도 기분이 상한다. 심지어 100만 원을 투자해서 7천 원 손실(0.7%)을 보고 분노를 못 이겨서 씩씩거리는 사람도 본 적 있다. 의미 있는 금액을 투자하고 포트폴리오가 20% 이상 깨지면, 즉 손실이 20%를 넘어서면 편하게 잠을 잘 수 있는 사람이 거의 없다. 많은 투자자는 손실이 이 선을 넘어가면 일상생활이 손에 안 잡히는 것은 물론이며 우울증, 불면증, 극심한 스트레스 등 심리적인 고통을 호소하기도 한다. 투자에서 받은 스트레스가 두통, 복통 등 물리적인 고통으로 번지는 경우도 자주 보았다.

우리는 2장에서 두뇌의 편향을 살펴보았고, 편향에 못 이겨서 투자자가 전략에 임의로 개입하면 수익을 망칠 가능성이 높다고 배웠다. 그런데 투자자가 언

▲ 영상 130

▲ 영상 157

제 전략에 개입할 유혹이 가장 클까? 맞다. 손실이 커지고 투자가 안 풀릴 때다. 전략이 알아서 돈을 잘 벌어주면 개입할 이유가 없다. 물론 전략이 안 풀릴 때 수정한다고 해서 내 자산이 갑자기 부활할 가능성은 매우 적고 더 크게 망할 가능성이 높다.

투자자가 큰 손실을 보면 어떤 행동이 나오는지, 어떤 대미지를 입을 수 있는지 가슴 아픈 사례를 보면서 설명하겠다.

강환국이 직접 경험한 가슴 아픈 투자 사례(▶ 영상 197)

나는 돈이 별로 없던 2010년, 부채까지 끌어와서 서울 아파트를 매수했다. 서울 아파트는 사면 무조건 오를 줄 알았는데 웬걸! 2013년까지 가격이 쭉쭉 빠졌다. 정확히 기억은 안 나지만 손실이 순자산의 20~30%가 넘어간 것 같다. 매일매일 이 '망할' 놈의 아파트를 욕했다.

'당연히' 수천만 원의 손해를 볼 수 없었기 때문에 버텼다. 버티고 버티다 드디어 2014년이 왔다. 아파트 가격이 조금씩 올라 본전을 회복한 후에도 조금 더 올랐다! "옳거니! 이제 팔아야지! 본전 챙겼다!" 하고 팔았다. 이런저런 부대비용을 제외하고 4년 만에 판 점을 감안하면 수익이 매우 저조했다. 그러나 그때는 손해를 보지 않았다는 사실이 너무 기뻐서 그런 건 신경도 쓰지 않았다.

2014년 이후 지금까지 서울 아파트 가격이 얼마나 폭등했는지는 여러분이 나보다 훨씬 잘 알 것이다. 내가 판 아파트의 지금 전세가가 당시 내가 판 가격보다 더 높다. 그러나 나는 이 아파트 때문에 마음고생이 너무 심해서 그 후에는 다른 아파트에 투자하지 않았다.

심리 부분을 유심히 읽었다면 내가 '손실 회피 편향'과 '처분 효과'에 사로잡혔던 것이 보일 것이다. 나도 심리적 편향에서 전혀 자유롭지 않다.

이 사례를 보면 손실이 커지면 투자자들이 어떤 심리적인 반응을 보이는지, 특히 재산을 몰빵했는데 그 자산의 가격이 계속 하락하면 어떤 패턴을 보이는지 분석할 수 있다.

누구든지 최선을 다해 투자해도 필연적으로 손실을 보는 종목을 사게 된다. 위에서 보아서 알겠지만 나도 당연히 예외가 아니다. 원숭이도 나무에서 떨어지는 날이 있듯이 버핏도 주식을 사서 큰 손실을 보는 경우가 가끔 있다. 이 책에 나오는 어떤 전략을 쓰더라도 손해를 보는 종목이 있을 것이며, 포트폴리오 전체가 수개월, 아니 수년간 부진한 수익을 보이는 경우도 있을 것이다. 이와 상관없이 투자자가 선택한 투자 전략을 수년간, 수십 년간 기계적으로 실행하면, 그 전략이 괜찮다는 전제하에 장기적으로 돈을 벌 수 있다. 기계적으로 투자 전략을 실행하면 손실이 발생한 자산을 매도하는 경우도 있을 것이다.

그런데 투자 심리상 투자 전략은 손실이 적을 경우, 구체적으로 말하면 10~20% 내외일 경우에만 지속 가능하다. 손실이 이보다 커지면 커질수록 투자자가 본전 만회 생각에 사로잡혀서, 수십 퍼센트, 수천만 또는 수억 원의 손해를 본다고 생각하면 너무 아까워서 도저히 매도할 수 없다. '주식시장의 히틀러'인 손실 회피 편향이 너무 강하기 때문이다. 이래서 좋은 투자 전략은 '개나 줘버리게' 되고 비자발적 장기 투자(?)가 시작된다.

그럼 두 가지 시나리오가 예상된다.

▲ 영상 197

시나리오 1: 나처럼 몇 년 걸려서 겨우겨우 본전을 회복한다. 그럼 대부분 "와! 정말 감격스러워! 이거 몇 년 만에 본전이냐!" 하고 잽싸게 팔고 나온다. 산 금액에 팔았으니 수익률은 0%다.

냉정하게 생각해보면 내 서울 아파트 사례에서도 그랬듯이 추락했던 자산이 올라서 매수 가격에 도달한 것은 그럴 만한 이유가 있을 가능성이 높다. 추가로 오를 가능성도 상당히 높다. 그런데 나는 수년간 마음고생하면서 투자하고 본전 회복 후에도 계속 보유하면서 그 후에 오는 열매를 맛본 투자자를 거의 본 적이 없다. '이 망할 놈' 때문에 겪은 손해를 만회했다는 기쁨에 사로잡히고, 이 '망할 놈'을 다시 보기 싫다는 마음이 너무 커서 본전을 회복하는 즉시 매도하기 때문이다.

물론 그렇지 않은 사람도 많겠지만, 나처럼 진이 빠져서 그 투자 대상, 아니 그 자산군을 아예 거들떠보지도 않는 경우도 생긴다. 투자하는데 부동산에 투자하지 않는 것이 얼마나 멍청한지, 최근 몇 년간 투자하지 않은 것은 얼마나 특별히 멍청한지 굳이 설명할 필요 없겠다. 나는 자금이 있었는데도 불구하고 2014~2021년 서울 아파트 대세 상승장을 고스란히 놓쳤다! 더 나아가서 이런 손실을 본 후 "투자는 나와 맞지 않아"라고 외치면서 투자를 아예 포기해버리는 불상사가 생기기도 한다. 경제적 목표 부분에서 설명했지만 100세 시대에 투자를 포기하면 경제적 자유에 도달하거나 편한 노후를 누릴 가능성은 매우 매우 낮아진다.

문제는 이게 그나마 운이 좋은 시나리오라는 것이다!

시나리오 2: 가격이 몇 년, 아니 10년이 훌쩍 넘어가도 영영 회복되지 않고 계속 하락하거나 개별 종목이 상장폐지되는 경우다. 그럼 자산의 상당 부분을 날리고 재기 불가능한 최악의 상태에 빠질 수도 있다.

나는 그나마 운이 좋아서 시나리오 1처럼 본전을 회복한 덕분에, 돈을 벌지는 못했지만 손실은 면했다. 그런데 손실을 확정하기 싫어서 비자발적 장기 투자를 하다 보면 처음 몇 번은 운이 좋아서 본전을 건지고 퇴장할 수 있겠지만, 언젠가는 2번 시나리오에 걸려서 크게 다치게 된다.

한번 생각해보자. 시나리오 1에 걸리면 본전에 팔아서 0%를 번다. 시나리오 2번에 걸리면 50%, 70%, 아니 100%도 잃을 수 있다. 이것이 손실이 20% 이상으로 커져서 투자 전략을 지속하지 못하고 본전 만회 심리 때문에 엉뚱한 짓을 해서 생기는 비극이다.

MDD가 20% 이상인 전략으로는 절대 투자하지 말자!

지금까지 소개한 전략들, 문제가 많다!

자, 여기서 큰 문제가 발생한다. 지금까지 내가 소개한 개별주 전략은 기대수익률이 상당히 높다. 백테스트 연복리수익률이 50%를 넘어서는 전략도 있는데, 이 전략이 미래에 백테스트 수익률의 반만 벌어도 만족할 수 있겠다. 그런데 내가 MDD를 명시한 전략도 있고 아닌 전략도 있는데 **개별 종목에 1년 내내 투자하는 전략의 MDD는 50~60%대라고 보면 된다.**

아무리 분산 투자를 해도, 퀀트 투자를 하든, 가치투자를 하든, 차트 투자를 하든, 이 정도의 엄청난 MDD는 피할 수 없다. 5~10년에 주가지수가 반토막이 되는 시기는 분명히 오고, 이때는 모든 주식이 폭락하기 때문이다. 이론적으로 연복리 40~50%를 버는 전략이라고 해도 중간에 포트폴리오가 −50%를 기록하는 참사를 경험하면 마음의 고통이 커서 투자를 아예 포기하는 불상사가 생길 수 있다. 그럼 우리가 이 책에서 배운 전략이 아무짝에도 소용이 없게 된다.

그래서 우리의 과제는 이것이다. 어떻게 이 책에 나오는 초과수익을 일부라도 유지하면서 MDD를 20% 이하로 유지할 수 있느냐? 일단 11~4월에만 투자해서 MDD를 많이 줄일 수 있는 건 자주 봤으니 생략하겠다. 그런데 11~4 전략만 사용하면 대부분 MDD가 20%를 초과한다. 그래서 다음과 같이 준비했다.

56

자산 배분 내 주식 비중만 퀀트 전략으로

개별 종목 퀀트 전략을 분석하다 보면 백테스트 수익률이지만 꽤 높은 것을 보았을 것이다. 그중에서 취향으로 찾았든, 전략 분산을 했든, 팩터 모멘텀을 썼든, 실전 투자에 사용할 전략을 찾았다. 그럼 이제 '실전 투자 시작!' 하면 될까?

잠깐! 우리 투자의 목표가 뭐라고 했지? **MDD를 20% 이하로 유지하는 것이다.** 그런데 이 목표를 만족하는 개별 종목 전략은 지금까지 단 한 개도 없다. 원래 주식시장은 굉장히 위험한 곳이라서 최근 25년 동안 반토막이 난 경우가 3번이나 있었다. 그리고 시장이 반토막 나면 어떤 주식 전략을 써도 40~60% 이상의 손실을 피할 수 없다.

'연복리 30% 이상을 버는 전략인데 일시적으로 포트폴리오가 40~60% 떨어

영상 505 ▲

지는 것이 대수인가?'라고 생각할 수 있는데, 이런 사람들에게 나는 마이크 타이슨Mike Tyson의 말을 인용해서 "누구나 한 대 처맞기 전에는 그럴싸한 전략이 있다"라고 친절하게 알려준다.

이렇게 일시적인 50% 손실을 버틸 수 있다는 사람들이 포트폴리오가 5%만 하락해도 "이제 이 전략은 통하지 않나 봐요", "너무 초조해서 잠이 안 와요", "마음고생이 너무 심해서 투자 이제 못 하겠어요" 등 죽는 소리를 하는 것을 나는 너무 많이 들었다. 투자자가 버틸 수 있다고 생각하는 MDD를 5나 10으로 나눠야 실제 감당할 수 있는 MDD가 나온다. 그래서 'MDD를 20% 이하로 유지하기'도 어떻게 보면 너무 낙관적인지 모르겠다.

어쨌든 개별 종목의 MDD 40~60%는 너무 높으니 확실히 줄여야 한다. 수익을 희생하더라도 말이다. 11~4월에만 투자하고 5~10월에는 주식 전략에서 손을 떼고 현금과 채권 등 저위험 자산을 보유하는 전략은 이미 많이 소개했으니 생략하겠다. 다음으로 유력한 MDD 감소 전략은 '자산 배분 내 주식 비중만 퀀트 전략으로'이다.

대표적인 자산 배분 전략의 하나인 '영구 포트폴리오'를 소개하겠다(▶영상 348).

투자 전략 23: 영구 포트폴리오

분류	자산 배분
매수 전략	미국 주식(SPY), 미국 장기 국채(TLT), 금(GLD), 미국 초단기 채권(BIL)의 4개 ETF에 자산을 4등분
매도 전략	연 1회 리밸런싱

매우 간단한 자산 배분 전략이다. 자산을 미국 주식, 미국 장기 국채, 금, 달러화 현금(초단기 채권)에 4등분하고 1년 동안 가만있다가 비중만 조정하면 된다. 최근 50년간 이렇게 투자했다면 어떤 결과가 있었는지 보자.

연복리수익률은 8.7%로 우리가 지금까지 본 전략보다 훨씬 낮다. 그런데 MDD가 12.7%! 50년 투자해서 최악의 순간에 잃는 금액이 12.7%밖에 안 된다는 것이다. 그래프로 보면 이런 결과가 나온다.

영구 포트폴리오 주요 지표(1970/01~2021/05)

포트폴리오	초기 자산 (달러)	최종 자산 (달러)	연복리 수익률(%)	표준편차 (%)	수익 난 월 (%)	MDD (%)	샤프지수
영구 포트폴리오	10,000	733,440	8.7	7.2	65	12.7	0.55

영구 포트폴리오의 수익(1970/01~2021/05)

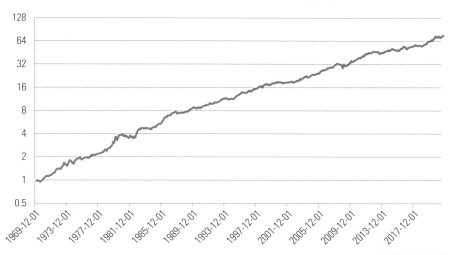

▲ 영상 348

4개 자산군에 분산 투자만 해도 이렇게 위력적인 결과가 나오는 것에 적잖이 놀랐을 것이다. 더 놀랍게도 영구 포트폴리오에 포함된 각 자산을 연구하면 가끔 크게 폭락해서 MDD가 매우 높다. 정확히 말하면 미국 주식의 MDD는 50.89%이고, 미국 채권도 23.12%를 기록한 적 있고, 금은 자그마치 61.78%나 된다!

그런데 어떻게 이런 위험천만한 자산들을 섞은 포트폴리오의 MDD가 12.7% 밖에 안 되는 걸까? 바로 **"장기적으로 우상향하는 자산군 보유"**와 **"상관성이 낮은 자산군 보유"**라는 두 개 원칙을 잘 지켰기 때문이다! 4개 자산의 상관성을 한번 볼까?

영구 포트폴리오 구성 자산 상관성 분석(1970/01~2021/05)

자산군	미국 주식	미국 채권	금	달러화 현금
미국 주식	X	0.02	0.05	0.01
미국 채권	0.02	X	0.07	0.04
금	0.05	0.07	X	−0.03
달러화 현금	0.01	0.04	−0.03	X

영구 포트폴리오를 구성하는 4개 자산의 상관성은 0에 가까워서 주식, 채권, 금, 현금이 따로 움직인다. 이 말은 자산 하나가 크게 망해도 나머지 자산이 같이 하락할 가능성은 적다는 것을 의미한다.

또한 4개 자산은 장기적으로 우상향한다. 따라서 자산 하나가 하락해도 나머지 자산 3개의 상승 폭이 문제 자산의 하락 폭보다 더 큰 경우가 대부분이다. 그래서 자금이 꾸준히 우상향하는 동시에 그 과정에서 큰 손실을 입지 않는다.

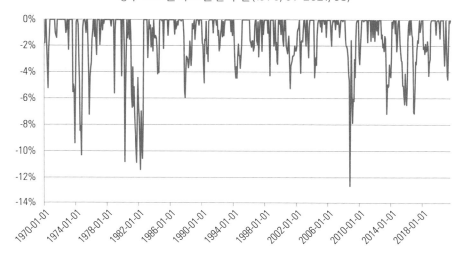

영구 포트폴리오 손실 구간(1970/01~2021/05)

영구 포트폴리오를 구성하는 주식, 채권, 금은 각각의 MDD가 상당한데 영구 포트폴리오는 손실이 10%를 넘긴 사례가 거의 없다는 점이 매우 신기하다.

자, 그러면 여기서 주식 비중을 예를 들면 밸류+모멘텀 전략으로 바꾸면 어떨까? 즉, 자산의 75%는 그대로 미국 국채, 금, 달러화에 투자하고, 주식 비중의 25%는 20번째 전략인 밸류+모멘텀 전략을 적용한 한국 주식에 투자하는 것이다. 그렇다면 어떤 결과가 나올까?

분류	자산 배분
매수 전략	한국 주식(밸류+모멘텀 전략), 미국 장기 국채(TLT), 금(GLD), 미국 초단기 채권(BIL) ETF
	• 밸류 모멘텀 전략 20개 종목과 3개 ETF에 자산을 4등분
매도 전략	4월, 10월 마지막 거래일(연 2회) 리밸런싱

영구 포트폴리오, 주식 비중은 밸류+모멘텀(2007/01~2021/05)

포트폴리오	초기 자산 (달러)	최종 자산 (달러)	연복리 수익률(%)	표준편차 (%)	MDD (%)	샤프지수
영구 포트폴리오, 주식 비중은 밸류+모멘텀	10,000	78,362	15.64	9.18	16.2	1.55
영구 포트폴리오	10,000	24,876	6.77	6.77	13.7	0.86

영구 포트폴리오, 주식 비중은 밸류+모멘텀(2007/01~2021/05)

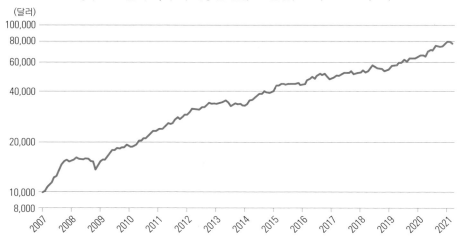

주식 비중만 퀀트 전략으로 대체하니 영구 포트폴리오보다 MDD와 표준편차가 다소 증가했지만 수익률이 압도적으로 높아져서 샤프지수가 크게 증가했다. 절대적인 MDD 수치도 20% 이하로 유지했다.

여기 좀 살짝 아쉬운 사람도 있을 것이다. 퀀트 전략은 연복리 44%를 벌었는데 겨우(?) 15% 정도에 만족하라고?

57 부지런한 투자자라면 마켓 타이밍 전략

지금까지 소개한 전략은 대부분 1년에 1~2회 리밸런싱을 했다. 10월 말과 4월 말에 종목을 교체하거나, 11~4월만 투자하는 경우에는 주식을 다 팔고 채권이나 현금 등 저위험 자산으로 갈아타는 것이 대부분이었다.

이보다 더 부지런한 투자자는 마켓 타이밍을 통해서 MDD를 획기적으로 줄일 수 있다. 사실 주식 투자는 '장이 좋지 않은' 하락장만 피해도 수익률을 드라마틱하게 개선할 수 있다. 오를 때에는 천천히 오르다가 빠질 때에는 매우 빨리 빠져서, 며칠 동안 이룬 수익이 하루 이틀 만에 날아가는 경우가 비일비재하다. 그런 큰 하락장만 피해도 수익률이 높아지고 MDD가 크게 감소할 것이다.

물론 "그걸 누가 모르나? 근데 내가 지금이 장이 좋은지 안 좋은지 어떻게 알아?"라고 반박하는 것이 정상이다. 《할 수 있다! 퀀트 투자》에서는 주가지수가 특정 이동평균선보다 높으면 상승장, 낮으면 하락장으로 정의하거나, 현재 가격이 과거 특정 가격보다 높으면 상승장, 그렇지 않으면 하락장으로 정의했다.

《현명한 퀸트 주식투자》(2021, 닥터퀸트, systrader79, 뉴지스탁 알고리즘 리서치 팀 지음, 이레미디어 펴냄)로 널리 알려졌고 뉴지스탁 젠포트 유저들 사이에서 대세인 마켓 타이밍 전략이 있다. 바로 코스닥지수의 3, 5, 10일 이동평균을 계산한 후, 코스닥지수가 이 3개 이동평균보다 낮을 경우 투자를 중단하는 것이다. 하나라도 높으면 그날은 투자한다. 시장이 안 좋을 때는 주식을 피하는 전략이다.

《현명한 퀸트 주식투자》의 마켓 타이밍

A나 B나 C일 때에만 주식 매수, 그렇지 않을 경우 다음 날 전량 매도
A: 코스닥지수 종가 − 코스닥지수 종가 3일 이동평균 > 0
B: 코스닥지수 종가 − 코스닥지수 종가 5일 이동평균 > 0
C: 코스닥지수 종가 − 코스닥지수 종가 10일 이동평균 > 0

가격이 3개 이동평균보다 모두 낮아야 투자를 중단한다.

구체적인 사례로 설명하겠다. 우리가 특정 퀸트 전략을 통해서 투자한다고 가정하자.

356쪽 표를 보면 2월 1일 코스닥 종가인 956.92는 5일과 10일 이동평균보다 낮지만 3일 이동평균보다 높기 때문에 전체 주식을 매도할 타이밍은 아니었다.

첫 번째 매도 타이밍은 2월 8일이다. 이날 코스닥 종가인 960.78은 3일 (964.26), 5일(965.46), 10일(965.41)보다 낮아서 그다음 날 모든 주식을 매도한다.

▲ 영상 505

코스닥 3, 5, 10일 이동평균 마켓 타이밍(2021년 2월)

일시	코스닥 종가	3일 이동평균	5일 이동평균	10일 이동평균	매도 타이밍
2021/02/01	956.92	948.96	965.36	972.29	
2021/02/02	963.81	949.82	959.32	972.90	
2021/02/03	970.69	963.81	956.28	972.20	
2021/02/04	964.58	966.36	956.95	970.52	
2021/02/05	967.42	967.56	964.68	969.26	
2021/02/08	960.78	964.26	965.46	965.41	매도
2021/02/09	957.85	962.02	964.26	961.79	매도
2021/02/10	964.31	960.98	962.99	959.63	
2021/02/15	981.97	968.04	966.47	961.71	
2021/02/16	977.74	974.67	968.53	966.61	
2021/02/17	979.77	979.83	972.33	968.89	
2021/02/18	967.42	974.98	974.24	969.25	매도
2021/02/19	965.11	970.77	974.40	968.70	매도
2021/02/22	954.29	962.27	968.87	967.67	매도
2021/02/23	936.60	952.00	960.64	964.58	매도
2021/02/24	906.31	932.40	945.95	959.14	매도
2021/02/25	936.21	926.37	939.70	956.97	
2021/02/26	913.94	918.82	929.47	951.94	매도

2월 10일 종가(964.31)를 보니 3, 5, 10일 이동평균을 능가한다. 그럼 다음 거래일인 15일에 우리 전략에 맞는 모든 주식을 다시 매수한다.

며칠 주식을 보유하면서 보니 2월 18일 종가(967.42)가 다시 3, 5, 10일 이동평균을 하회한다. 그럼 그다음 거래일인 2월 19일 아침에 주식 전체를 매도한다. 한동안 매도 포지션을 유지하다가 2월 25일 종가(936.21)가 3일 이동평균을 상회하니 2월 26일 진입하고, 2월 26일 종가(913.94)가 고꾸라지는 것을 확인해서 다음 거래일인 3월 2일에 전량 매도한다.

이걸 보면 '며칠에 한 번씩 주식을 전부 팔고 되사는 작업을 하는 거야?'라고 어이없어할 가능성이 높다. 그런데 《현명한 퀀트 주식투자》에 소개된 8개 전략을 비교해보니 아래와 같은 결과가 나왔다.

《현명한 퀀트 주식투자》 투자 전략의 MDD, 마켓 타이밍 적용 vs. 미적용
(2007/01~2020/04)

전략명	마켓 타이밍 미적용 MDD(%)	마켓 타이밍 적용 MDD(%)
조엘 그린블라트의 마법공식	66.0	13.5
조셉 피오트로스키의 F-스코어	55.8	7.9
벤저민 그레이엄의 NCAV	54.0	15.4
피터 린치의 PEG	60.8	16.8
데이비드 드레먼의 역발상 투자	65.0	15.2
월터 슐로스	45.1	13.2
존 네프의 GYP 비율	39.3	18.4
켄 피셔의 PSR 전략	49.0	16.8

마켓 타이밍을 사용하지 않은 전략들의 MDD는 우리가 아는 바와 같이 상당히 높았다. 마켓 타이밍을 사용하니 모든 전략의 MDD가 20% 이하로 감소했고, 마켓 타이밍 미적용 전략보다 최소 53%(존 네프), 최대 85%(피오트로스키)나 감소했다!

여기서 주의할 점은 이것이다.

■ 《현명한 퀀트 주식투자》에 나온 전략은 이 책에 나온 전략과 유사한 것도

있으나 논리가 조금씩 다르다.

- 매도 타이밍이 전략마다 조금씩 다른데, 코스닥 이동평균에 기반한 마켓 타이밍만 보지는 않고 손절매 규칙이나 타임컷 규칙(예: 최대 20일 보유)도 적용했다. 단, MDD 축소에는 마켓 타이밍의 기여도가 압도적으로 컸다.

- 위에서 보았지만 코스닥지수가 3, 5, 10일 이동평균보다 낮은 경우가 비일비재해서 거래가 매우 잦았다. 평균 보유 기간은 3~4일이다.

- 이렇게 자주 거래하는데도 불구하고 백테스트 연복리수익률이 30~50%대로 엄청났다. 상세한 전략 룰은 《현명한 퀀트 주식투자》에 공개되어 있다.

사실상 전업 투자자가 아니라 본업이 있는 일반 투자자가 3~4일에 한 번 포트폴리오 전체를 팔았다가 되사는 것은 불가능하다. 자동 매매 시스템이 없으면 이 마켓 타이밍 룰을 절대 따라 할 수 없는데, 다행히 뉴지스탁의 젠트레이더라는 툴을 사용하면 자동 매매가 가능하다.

나는 11~4월 투자와 '자산 배분의 주식 비중을 퀀트 전략으로' 방법을 사용하고 있는데, 이렇게 MDD를 획기적으로 줄일 수 있는 방법을 알고 깜짝 놀랐다. 나도 2021년 말부터 젠트레이더를 활용해 마켓 타이밍 전략을 적용할 계획이다.

단, 《현명한 퀀트 주식투자》 저자는 전략별 투자 가능 금액이 최대 2천만 원 정도라고 밝혔다.

58

거래량이 수익률과 MDD에 미치는 영향

지금까지 소개한 전략은 각 종목의 거래량을 전혀 고려하지 않았다. 거래량이 작은 주식을 빼면 투자 전략의 수익률에 어느 정도 영향을 미칠까? 특히 소형주 전략에는 차이가 있을 것으로 추정된다.

구체적인 숫자를 언급하기 전에 내 경험을 이야기하겠다. 나는 퀀트 전략으로 투자하기 때문에 소형주, 그중 거래량이 적은 소형주가 매수 종목에 포함되는 경우가 많다. 여러 개 전략에 동시에 투자하고 전략당 보통 20개 종목을 매수하기 때문에 특정 종목에 투자하는 금액은 보통 500~1,000만 원이다. 오전 9~10시에 최근 체결 가격 근처에 지정가 매수를 걸어놓고 HTS를 끄면 그날 종가까지 매수에 성공하는 경우가 대부분이었다. 처음부터 거래량이 너무 없어

▲ 영상 441

보여서 슬리피지가 크게 예상되는 종목들은 포기하고 다른 종목으로 대체했는데 100개 종목 중 3~4개 정도 있었던 것으로 기억한다.

따라서 경험상 데이 트레이딩이 아니라 6개월에 한 번 매수, 매도 및 리밸런싱을 하는 전략들은 소형주라도 슬리피지가 생각보다 크지 않다는 결론에 도달했다. 그래도 점검을 위해 밸류+모멘텀 소형주 전략을 분석해봤다.

밸류+모멘텀 소형주 전략의 슬리피지와 거래량 분석(2007/06~2021/05)

슬리피지(%)	5일 평균 최소 거래 대금 (억 원)	연복리수익률(%)	MDD(%)
0	0	56.6	50.3
0.5	0	55.3	50.8
1	0	54.0	51.3
	0.3	55.1	55.7
	0.5	50.9	57.7
	1	51.1	56.1
	2	40.9	53.1

보다시피 거래를 자주 하지 않으니 슬리피지는 연복리수익률에 큰 타격을 미치지 않는다. 거래량의 경우, 5일 평균 거래 대금이 1억 원 이하인 주식을 제거하면 연복리수익률에 큰 영향을 미치지 않는데, 거래 대금 조건을 2억 원으로 강화하면 연복리수익률이 급격히 떨어진다. 그런데 위에서 강조했지만 평균 거래 대금이 하루 5천만 원에서 1억 원 정도인 주식에 1,000만 원 정도를 투자하는 것은 별로 어렵지 않다. 참고로 몇 가지 다른 전략도 실험해보니 결과가 매우 비슷했다. 거래 대금 5일 평균 1억 원 이하 기업들을 제거하면 별문제가 없었고, 필터를 2억 원으로 강화할 경우 연복리수익률이 눈에 띄게 하락했다.

59 퀀트 전략에 맞는 종목은 무조건 사면 되나?

지금까지 이런저런 전략을 보고 몇 개 전략을 선택했을 것이다. 이제 MDD를 줄이는 방법도 알게 되었다. 밸류+모멘텀 전략에 적합한 종목을 퀀트킹을 통해서 뽑아보았다(362쪽 위).

이런 종목이 2021년 3월 18일 현재 이 전략에 적합하다고 뜬다. 처음 보는 기업이 매우 많을 것이다. 게다가 가장 위에 있는 인팩이라는 기업을 찾아보니 362쪽 아래와 같다.

최근 매출이 좀 늘긴 했지만 2017년과 2019년에는 손실을 기록했고 2013년부터 순이익도 계속 내려가는 것 같고, 2020년 흑자 전환한 것은 좋지만 몇 푼 못 버는 것 같고, 도대체 왜 이런 기업을 매수해야 하는지 전혀 모르겠다. 특히 가치투자를 하는 투자자는 이해가 잘 안 될 것이다. 그런데 이걸 알아야 한다.

- 이 책에서 수익률이 매우 높았던 14년, 20년의 백테스트 결과는 대부분

밸류+모멘텀 소형주 전략에 적합한 종목(2021/03/18 기준)

보유종목	코드번호	종목명	주가	업종(소)	순위
종목보기	023810	인팩	7,220	기타 자동차부품	1
종목보기	038110	에코플라스틱	2,145	차량 내장재	2
종목보기	154040	솔루에타	4,280	스마트폰 부품	3
종목보기	212560	네오오토	7,330	변속기부품	4
종목보기	177830	파버나인	5,420	알루미늄	5
종목보기	010280	쌍용정보통신	1,270	시스템서비스	6
종목보기	126660	피제이메탈	2,560	철강소재	7
종목보기	004100	태양금속	1,595	선재(볼트)	8
종목보기	017480	삼현철강	4,930	강관	9
종목보기	023350	한국종합기술	7,060	중견건설사	10
종목보기	090150	광진윈텍	4,190	차량 시트	11
종목보기	071090	하이스틸	25,150	강관	12
종목보기	042110	에스씨디	1,500	가전제품	13
종목보기	014440	영보화학	4,035	건축자재	14
종목보기	048470	대동스틸	5,390	강관	15
종목보기	039240	경남스틸	2,700	강관	16
종목보기	050120	라이브플렉스	4,505	레저	17
종목보기	031310	아이즈비전	4,280	통신장비	18
종목보기	079170	한창산업	7,550	아연	19
종목보기	032280	삼일	2,195	육상운송	20

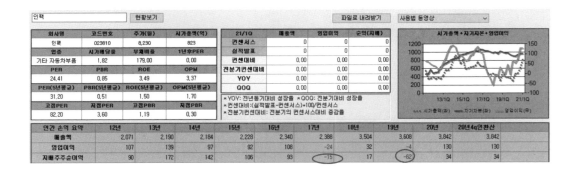

저렇게 생소한, 투자자의 관심을 전혀 받지 못하는 기업을 사고팔아서 이뤄진 것이다.

- 퀀트뿐만 아니라 투자의 중요한 포인트는, 누구나 잘 알고 각광받고 과거 실적도 완벽하며 미래 비전도 뚜렷한 기업을 통해 돈을 벌기는 쉽지 않다는 것이다. 이런 기업들은 이미 시가총액이 기업 가치를 능가해도 한참 능가해서, 매우 좋은 실적을 보여주지 않으면 투자자들이 실망해서 가격이

떨어질 가능성이 높다.

- 반대로 생소한 기업은 투자자의 관심을 전혀 못 받으니까 터무니없이 저평가되거나, 실적은 꽤 괜찮은데 투자자들이 핫하게 봐주지 않아서 무시당하거나, 갑자기 실적이 개선되었는데 그게 주가에 매우 늦게 반영되거나, 호재가 생겼는데 천천히 반영될 가능성이 꽤 높다.

물론 "아무리 그래도 저 산업·기업은 비전이 전혀 없는데 저거 사서 어떻게 돈을 벌어?"라고 반박할 수 있다. 그러나 여기서 중요한 포인트는 **지금 각광받는 산업과 기업이 몇 달 후에도 계속 투자자의 사랑을 받으리라는 보장이 없고, 반대로 지금 투자자들이 철저히 무시하는 산업과 기업이 몇 달 후 갑자기 각광받을 수도 있다는 것이다.** 실제로 15년 넘게 투자해보니 투자자들이 그때그때 중요하게 여기는 테마가 바뀌고, 핫하던 테마가 몇 달 만에 싸늘하게 냉각되는 등, 최소한 내 수준에서는 전혀 예측이 불가능했다.

따라서 결론은 "눈 딱 감고 사용하는 전략에 맞는 계량 지표를 지닌 주식들을 그냥 사세요!"이다.

예외 1: 거래량이 너무 적어서 도저히 목표만큼의 주식을 살 수 없는 경우, 20개 종목 사는 것이 목표라면 21위 기업을 대신 사면 된다.

예외 2: 가끔 특정 전략의 종목들이 한 산업에 몰려 있는 경우가 있다. 20개 종목을 사는데 건설주가 18개면 좀 불안하겠지? 그때는 한 산업에 몰빵하지 않도록 예외를 적용해서 건설주는 6개 종목 정도만 담고 나머지는 전략 21~34위 기업으로 채우는 것을 추천한다.

Quantitative Investment

19장 마지막 한마디

60 과거에 유효했던 전략들이 미래에도 먹힐까?

우리는 지금까지 비슷한 방법으로 투자 전략을 만들어왔다. 초과수익을 벌어주는 팩터를 찾고, 그 팩터들을 적절히 조합해서 전략을 만들고, 그 전략을 백테스트한 후 실적이 좋으면 전략 포트폴리오에 추가했다. 밸류, 퀄리티, 모멘텀 팩터가 초과수익을 내는 이유도 나름대로 설명했다.

문제는 과거 수익으로 자산을 불릴 수 없다는 것이다. 과거에 수익이 아무리 높고 훌륭했더라도 미래에, 즉 내가 자금을 투자한 후 잘 먹히는 것이 중요하다.

물론 나는 이 책에 소개한 전략의 미래 수익이 주가지수를 지속적으로 능가한다고 장담하지 못한다. 또한 이런 우수한 투자 팩터와 전략이 공개되면 누구

영상 41

나 이 전략을 따라 해서 전략의 초과수익이 상당히 줄어들 것이라고 우려할 수 있다. 그러나 과거에 우수한 실적을 보인 전략들이 초과수익을 미래에 유지할 가능성이 매우 높다고 본다.

과거의 영광(초과수익)이 미래에도 지속할 것이라고 믿는 이유는 이것이다. 야콥스Heiko Jacobs와 뮐러Sebastian Müller라는 독일 교수 두 명이 논문을 썼는데[1] 자그마치 39개국에서 투자 팩터 241개(!!)의 투자 수익률을 분석했다. 특히 투자 팩터가 논문 등을 통해 널리 알려지기 전과 후의 수익을 분석했다.

이 금융 오타쿠들은 도대체 누구인가?

이 241개 팩터를 연구한 야콥스와 뮐러 교수에 대해 알려진 정보는 적다. 야콥스 교수는 1982년생이며 2006년 잘란트대학에서 경영학 석사 학위를 받고 독일 최고 경영학과 과정을 보유한 만하임대학에서 2011년 박사학위를 받은 후 2017년까지 만하임대학에서 비정규직으로 일하다가 2017년 드디어 두이스부르크-에센대학에서 교수가 되어서 금융을 가르치고 있다.

뮐러 교수도 만하임대학에서 2011년 박사학위를 받았는데 이즈음 야콥스 교수를 만난 것 같다. 그는 버클리대학에서 2012~13년 강의한 후 독일로 돌아가 2016년 하일브론대학의 교수가 되어 기업금융을 가르치고 있다.

나라와 투자 팩터별 월별 초과수익률(%), 전략 발표 전 vs. 전략 발표 후(1980~2015)

국가	발표 전		발표 후	
	동일비중 포트폴리오	시가총액가중 포트폴리오	동일비중 포트폴리오	시가총액가중 포트폴리오
그리스	0.46***	0.57***	0.35	0.77***
남아공	0.73***	0.57***	−0.01	−0.15
네덜란드	0.56***	0.27***	0.09	−0.11
노르웨이	0.52***	0.41***	0.24	−0.03
뉴질랜드	0.53***	0.34***	0.09	0.00
대만	0.29***	0.18**	0.33**	0.33**
덴마크	0.55***	0.46***	0.16	0.14
독일	0.51***	0.41***	0.25***	0.04
말레이시아	0.42***	0.35***	0.47***	0.23
멕시코	0.42***	0.39***	0.07	−0.06
미국	0.56***	0.36***	−0.45***	−0.31***
벨기에	0.48***	0.30***	−0.07	−0.10
브라질	0.43***	0.26**	0.55**	0.21
스웨덴	0.64***	0.44***	−0.04	−0.08
스위스	0.43***	0.30***	0.04	−0.08
스페인	0.37***	0.38***	0.09	0.13
싱가포르	0.48***	0.36***	0.44**	0.29*
아일랜드	0.49***	0.39***	0.64**	0.18
영국	0.55***	0.37***	0.11	0.04
오스트리아	0.41***	0.26***	0.00	−0.08

국가	발표 전		발표 후	
	동일비중 포트폴리오	시가총액가중 포트폴리오	동일비중 포트폴리오	시가총액가중 포트폴리오
이스라엘	0.50***	0.45***	0.06	0.19
이탈리아	0.43***	0.29***	0.08	0.07
인도	0.58***	0.43***	0.17	−0.01
인도네시아	0.41***	0.39***	0.07	0.01
일본	0.22***	0.19***	0.04	−0.01
중국	0.22***	0.17**	−0.16	−0.28*
칠레	0.32***	0.29***	0.05	0.00
캐나다	0.56***	0.43***	0.05	−0.08
태국	0.37***	0.38***	0.24	0.03
터키	0.23***	0.12	0.20	0.12
파키스탄	0.41***	0.46***	0.19	0.36
포르투갈	0.53***	0.38***	0.28	0.25
폴란드	0.53***	0.37***	0.06	0.05
프랑스	0.51***	0.34***	0.00	−0.14
핀란드	0.44***	0.35***	0.06	−0.24
필리핀	0.34***	0.29**	0.23	0.16
한국	0.55***	0.40***	0.22	0.17
호주	0.74***	0.59***	0.05	0.05
홍콩	0.46***	0.57***	−0.22	−0.19

이 표를 읽는 방법을 알려주겠다. 두 교수는 데이터가 허용하는 한 최대한 많은 팩터의 수익률을 각국에서 계산했다. 한국에서는 205개 팩터의 수익률을 계산했다. 여기서 팩터의 수익률은 그 팩터 상위 30% 주식을 매수하고 하위 30% 주식을 공매도한 것이다. 예를 들어 한국에 주식이 2,000개 있고 '저PBR 팩터'의 수익률을 계산한다면, 한국에서 PBR이 가장 낮은 600개 기업을 매수하고 PBR이 가장 높은 600개 기업을 공매도한 수익률이다.

도표에 있는 숫자는 각국에서 계산한 팩터들의 수익률을 평균 낸 것이다. 발표 전 포트폴리오는 그 팩터가 논문 등으로 세상에 알려지기 전 수익률이고, 이를 다시 동일비중과 시가총액가중 포트폴리오로 구분했다. 한국에서는 205개 팩터의 월 평균 수익률이 0.55%(동일가중)와 0.40%(시가총액가중)였다. 별이 1개, 2개, 3개 붙어 있으면 수치가 각각 10%, 5%, 1% 수준에서 통계적으로 유의미하다는 뜻이다. 보다시피 거의 모든 주식시장에서 팩터 투자는 유의미한 수익을 창출했다.

발표 후 포트폴리오는 논문이 발표되어 팩터가 전 세계에 알려진 후 수익률이 어떻게 변했는지 분석한 것이다. 결과를 보면 미국에서는 팩터 투자로 인해 벌 수 있는 수익률이 눈에 띄게 낮아져서 1% 수준에서 통계적으로 유의미하다. 재미있게도 나머지 38개국에서 팩터 투자의 수익률이 유의미하게 낮아진 것은 중국 시가총액가중 포트폴리오뿐이었다. 상당히 많은 나라에서는 비법(?)이 논문을 통해 공개된 후 수익률이 더 높아졌다. 한국도 논문 발표 전 팩터 수익률이 0.55%(동일가중)와 0.40%(시가총액가중)였는데 논문 발표 후 각각 0.22%, 0.17% 증가했다.

투자 팩터의 공개 여부는 미국을 제외한 다른 국가에서는 수익률에 거의 영향을 미치지 않았다. 이것이 바로 내가 이 책과 유튜브를 통해 투자 팩터와 전략을 아낌없이 공개하는 이유다.

그런데 왜 논문 발표 후 미국에서는 수익이 높았던 팩터들이 더 이상 안 먹히고 미국을 제외한 다른 국가에서는 잘 통하는지 생각해볼 필요가 있다. 일단 미국 투자자들의 투자 지식과 경험이 세계에서 가장 많다. 이 책에 나온 논문과 전략들도 거의 다 미국에서 최초로 개발했고, 직접 수백억 달러를 들고 투자하는 헤지펀드가 전략을 만들어내기도 하고, 실제로 이런저런 투자 팩터들이 논문을 통해 공개되면 그것을 읽고 전략을 실전에 적용해보기도 한다. 공개된 팩터가 많이 알려지고 실제로 많은 자본이 그 팩터를 추종해서 투자하면 자연스럽게 그 팩터의 수익률이 감소할 것이다.

한국을 비롯한 다른 나라들은 어떨까?

- 논문 뒤지면서 투자하는 사람 보았나? 나는 퀀트 투자를 하기 때문에 이런 사람을 몇 명 아는데, 이 책의 독자들은 거의 못 보았을 것이다. 아무리 좋은 전략이라도 투자자들이 존재 자체를 모르면 초과수익이 지속될 수 있다.
- 설사 안다 하더라도 퀀트 전략에 따라 투자하는 사람은 극소수에 불과하다. 《할 수 있다! 퀀트 투자》는 3만 부 정도 팔렸는데, 책만 읽고 퀀트 투자를 시작하지 않은 사람이 아마 90%가 넘을 것이다. 2017년에 퀀트 전략 몇 개를 선택해서 지금까지 기계적으로 투자하는 투자자는 독자 중 2% 이하라고 장담할 수 있다. 전략이 알려져도 자본이 투입되지 않으면 초과수익은 지속 가능하다.
- 자금은 어느 나라나 개인 투자자가 아니라 기관투자가가 보유한다. 여기서 중요한 것은 기관투자가는 돈을 잘 굴려서 높은 수익률을 낼 인센티브가 높지 않다는 것이다. 대부분은 보유 자산에 비례한 운용보수를 받지, 수

익률에 대한 수수료를 받지는 않으니까. 단, 헤지펀드는 예외다. 보수가 통상 관리 자산의 2%, 투자 수익률의 20%이기 때문에 헤지펀드는 수익률을 높이기 위해 많이 노력한다. 그래서 논문도 읽으면서 투자 팩터를 연구하고 이를 이용해 전략도 만든다. 덕분에 미국은 '논문 발표 후' 수익률이 줄었다. 헤지펀드가 대규모 자금, 구체적으로 수조 달러를 투자하는 나라는 미국이 유일하다.

- 금융기관에서 자금을 운용하는 펀드매니저는 그냥 직장인이다. 높은 수익률을 낼 인센티브가 없는 펀드매니저가 일자리를 유지하는 무난한 방법은 누구나 다 사는 삼성전자 등 대형주나 최근 핫한 산업이나 기업을 사는 것이다. 만약 잃어도 다른 펀드매니저들도 다 같이 잃는 것이니 크게 상관 없다.

- 현재 국내 자산운용사 또는 금융기관 임원 중에서는 퀀트 투자에 대한 개념이 전혀 없는 사람도 많다. 펀드매니저가 와서 "PCR, PBR 지표가 낮고 GP/A가 높은 주식을 골랐는데 거기서 이런 듣보잡 중소형주를 사는 것이 좋습니다"라고 하면 임원은 이해를 못 할뿐더러 나중에 돈을 잃으면 우리 불쌍한 펀드매니저를 작살 낼 것이다. 펀드매니저는 깨지면서 '에잇, 다음번엔 그냥 삼성전자 사자'라고 생각할 것이다.

- 설사 향후 한국 금융기관들이 퀀트 투자 방식의 투자를 확대한다고 가정해도 기관의 특성상 중소형주, 특히 시가총액 하위 20% 기업에 진입하는 것은 거의 불가능한다. 평균 1일 거래량이 1억 원 정도밖에 안 되는 종목에 투자하고 싶은 만큼의 자금을 투자한다면 주가가 천정부지로 상승할 것이기 때문이다. 따라서 소형주 내에서는 우리가 배운 퀀트 전략이 계속 유효할 가능성이 높다.

61 퀀트계의 끝없는 논란인 전략 과최적화 여부

퀀트계에는 "내가 만들면 투자 전략, 남이 만들면 과최적화"라는 뼈가 있는 우스갯소리가 있다. 당연히 전략을 공개할 때는 과거 수익률이 높고 MDD가 작은 전략이 좋다. 그래야 사람들의 눈길을 끌 수 있지 않겠나. 물론 이 중에는 일부러 과거 수치에 최적화해서, 과거 수치는 매우 그럴듯하게 나오지만 그날부터 안 먹히는 과최적화 전략들도 있다. 전략을 만들거나 남이 만든 전략을 감상할 때 과최적화를 어느 정도 피할 수 있는 방법은 아래와 같다.

어느 정도 검증된 전략인가?

동일한 전략이 다른 주식시장에서, 다른 구간에서도 통하는지 검증하는 것이 매우 중요하다. 그런데 시간이 많고 코딩 스킬이 뛰어나지 않다면 일반 투자자가 수십 개 시장의 수십 년 데이터를 끌어와서 분석하기에는 무리가 있다.

퀀트 투자는 갑자기 기발한 아이디어가 떠올라서 세계 최초로 지표나 팩터,

전략을 개발하는 경우는 극히 드물다. 어떤 학자가 이 지표, 팩터 및 전략의 유효성을 검증해봤을 가능성이 상당히 높다. 미국에서(데이터가 가장 많고 잘 정리되어 있으니) 전략의 유효성을 검증하고 글로벌 시장에서 백테스트하는 경우가 대부분인데, 이런 논문이 많고 유효성 여부에 대한 의견이 동일하면 이 전략은 전 세계적으로 통한다고(정확히 말하면 과거에 통했다고) 가정할 수 있다. 앞에서 우리는 과거 수익이 높았던 전략이 초과수익을 유지할 가능성이 높다고 배웠다. 이 책에 주로 나오는 밸류, 퀄리티, 모멘텀 전략은 관련 논문이 매우 많고, 수십 개 국가의 수백 년 백테스트 결과가 존재한다.

논리적으로 말이 되는가?

2007년 '방글라데시 버터 생산량과 S&P500 주식 수익률의 상관성이 매우 높다'라는 결론을 담은 개그성 논문이 나왔다.[2] 물론 주식 수익률과 별 상관이 없는 방글라데시 버터 생산량 지표로 미래 미국 주식 수익률을 예측하는 것은 말이 안 된다. 그러나 밸류, 퀄리티, 모멘텀은? 숨겨진 전략들이 아닌데 수십 년, 아니 수백 년 동안 통하는 것을 보면 인간 심리와 편향과 밀접한 논리가 있다고 본다. 그래서 책 초반에 투자 심리에 꽤 많은 내용을 할애하고, 밸류, 퀄리티, 모멘텀이 통하는 이유를 꽤 자세하게 설명한 것이다. 물론 내 설명이 설득력이 부족할 수는 있으나, 나는 왜 이 세 전략이 통할까 고민하고 관련 기사와 논문도 찾아보면서 밸류, 퀄리티, 모멘텀은 단기적이고 우연한 현상이 아니고 인간이 존재하는 이상 지속될 수 있다고 확신하게 되었다.

비슷한 팩터로 직접 백테스트를 해보라!

강환국 울트라 전략은 밸류 4개, 퀄리티 4개, 이익 모멘텀 4개 지표를 활용한다. 이때 '왜 하필 이 12개 지표인가? 수치를 잘 뽑기 위해 최적화된 지표를 일부러 선택한 것은 아닌가?'라는 의문을 가질 수 있다.

사실 이 책에 소개된 팩터만 수십 개이고 이 책에 언급하지 않은 팩터까지 포함하면 전 세계 학계와 투자계에서 개발한 팩터는 최소 452개다.[3] 또한 울트라 전략은 12개 지표의 순위를 동일하게 취급했는데 비중도 바꿀 수 있다. 또는 전략을 완성한 후 리밸런싱 구간을 바꾸거나, 마켓 타이밍 전략을 넣거나, 손절과 익절 조건 등을 포함할 수도 있다. 이런 식으로 하면 사실 수천, 수만 개의 전략을 찍어낼 수 있다. 그중 분명 백테스트 수익률이 강환국 울트라 전략을 압도하는 전략도 있을 것이다. 내가 코딩 스킬이 없으므로 강환국 울트라 전략은 그 수만 개 전략 중 최고가 아니고 개선 가능성이 많다고 강조하고 싶다. 실제로 내가 《할 수 있다! 퀀트 투자》를 펴낸 후 뉴지스탁 젠포트 유저들이 그 전략에 마켓 타이밍과 보조 지표를 추가해서 수익률을 크게 개선한 사례가 자주 있었다.

여기서 중요한 것은 나무, 즉 특정 12개 팩터를 보는 것이 아니라 숲, 즉 '강환국 울트라 전략은 밸류, 퀄리티, 모멘텀의 조합'을 보는 것이 중요하다. 그렇다면 저 지표가 아니라 다른 지표로 변경해도 좋은 성과가 나오는지 백테스트해볼 필요가 있다. PSR을 EV/EBITDA로 바꿔본다거나, GP/A를 ROE로 바꿔보거나, 아니면 아예 직접 만든 지표를 사용해볼 수도 있다(예: 왜 수익성을 GP/A로 계산하는가? 영업이익을 매출액으로 나눈 지표는 어떨까? 잉여현금흐름을 자본총계로 나눠볼까?). 이런 전략들도 다 수익률이 높다면 '밸류+퀄리티+모멘텀 조합'의 위력을 믿게 되지 않을까 싶다. 울트라 전략을 능가하는 전략을 만들 가능성도 있다.

또한 강환국 울트라 전략을 백테스트한 논문은 당연히 없지만 비슷한 전략(밸류+퀄리티+모멘텀 전략)을 테스트한 논문들이 있다. '비슷한 전략들이 미국이나 글로벌 시장에서 먹혔는가?'를 찾아보는 것도 도움이 많이 된다. 이렇게 비슷한 전략을 직접 백테스트하고 관련 논문을 찾아볼 때 투자 실력이 가장 개선되는 듯하다. 따라서 이 '검증'은 독자들께 맡기겠다.

사실 데이터를 확보하고 엑셀이나 파이썬, R을 사용해서 백테스트하는 것은 진입장벽이 상당하지만, 퀀트킹과 젠포트를 통해 백테스트하는 것은 별로 어렵지 않다.

누구나 자신만의 퀀트 전략을 만들 수 있는 세상이 온 것이다!

62 왜 장기적으로 돈을 버는 투자자가 거의 없는가?

여기까지 읽었으면 종목 선정을 통해 돈을 벌 수 있는 방법을 상당히 체계적으로 배웠다. 주가지수보다 훨씬 높은 수익을 내는 방법을 수십 가지 배우고, MDD를 20% 이하로 제한하는 전략도 알게 되었다. 그다지 어려운 기법이 필요 없고 누구나 손쉽게 따라 할 수 있다는 점에도 꽤 놀랐을 것이다. 나도 "여러분, 이 책에 나오는 전략 중 괜찮다고 보이는 전략 선택해서 따라 하고 부자 되세요!"라며 책을 마치고 싶다.

그런데 실제로 이렇게 꾸준히 퀀트 전략을 장기적으로 실천해서 원금을 10배, 100배로 불린 사람이 많을까? 아마 거의 못 보았을 것이다. 나도 마찬가지다. 투자자 대부분은 중도 하차한다. 왜 그럴까? 그 이유를 설명해야 야심 차게 이 책의 전략을 시작했다가 심리적인 문제로 중도 포기할 확률을 조금이나마 낮출 수 있을 것이다.

사람은 기본적으로 의심이 많은 동물이다. 특정 투자 전략의 과거 수익이 화려해 보여도 우리는 과거 수익을 먹을 수 없다. 미래 수익이 나와야 돈을 버는 것이다. 그렇다고 해서 미래에 과거 수익이 되풀이된다는 보장은 누구도 할 수 없다. 그래서 투자자는 불안할 수밖에 없다. 문제는 어떤 전략을 쓰든 상관없이 단기 수익이 삐끗하면 투자자 대부분은 갈팡질팡하다가 전략을 포기하게 되는 경우가 많다는 점이다.

아래 보이는 전략은 1970~2020년 50년 동안 연복리수익률 17.8%, MDD 16.1%를 달성한 동적 자산 배분 전략인 VAA 전략이다(▶영상 374). 이 전략을 50년 동안 꾸준히 유지했다면 원금이 자그마치 4,359배(!) 늘어났다. 복리의 위력이 어마어마하다.

VAA 전략(1970~2020)

▲ 영상 374

반대로 아래의 '쓰레기 같은' 전략 2개를 한번 보자.

쓰레기 같은 전략들

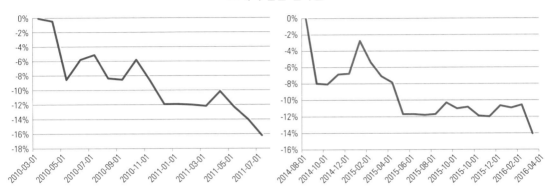

왼쪽 전략은 1년 넘는 동안 16% 이상 잃었고, 오른쪽 전략도 1년 6개월에 걸쳐서 비슷한 손실을 겪었다. '이따위 전략에 왜 투자하나?'라고 생각하는 것이 당연해 보인다. 나도 저런 전략은 사양한다. 그럼 이제 저 쓰레기 전략이 무엇인지 공개하겠다.

조금 전에 보여준 쓰레기 전략은 바로 앞에서 보여준 VAA 전략의 일부분이었다! 이 책에 나온 아름다운 투자 전략을 보고 꿈에 부풀어 있을 테지만, 그 아름다운 전략 안에서도 '쓰레기 같은', 돈을 잃어서 참기 힘든 구간이 필연적으로 있을 것이다. 장기적으로 MDD가 적고 안전하게 우상향하는 것처럼 보이는 전략도 중간에 필연적으로 손실 구간이 발생하고, 재수 없으면 손실 구간이 1년, 2년, 3년 계속될 수도 있다.

이 책에 나온 어떤 전략을 사용해도 손실을 완전히 피할 수는 없다. MDD가 10%인 비교적 안전한 전략이라도 언젠가는 포트폴리오의 10%를 까먹는 순간이 있었다는 것이고, 그런 순간은 언제든지 다시 찾아올 수 있다. 심지어 그 순간

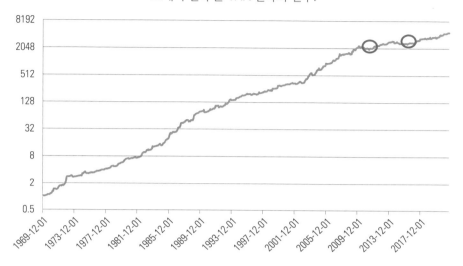

‘쓰레기 전략’은 VAA 전략의 일부!

의 우리가 경험하는 손실은 최근 50년 MDD보다 더 클 수도 있다! 심지어 어떤 투자 고수는 **"퀀트 전략의 실전 연복리수익률은 백테스트의 절반, MDD는 백테스트의 2~3배 정도가 올 수 있다는 것을 염두에 두라"**라고 했다.

투자자 대부분은 시련이 오면 ‘의심 마귀’가 붙어서 전략을 포기하게 된다. "과거에 50년 동안 잘나갔는데 1~2년 정도 실적이 별로라고 해서 전략을 포기한다고? 그렇게 하면 내가 사람이 아니다!"라고 호언장담하는 사람들도 있으나, 전략이 2~3개월 부진하면 사람이기를 포기하는 경우를 자주 봤다. 우리는 이론적으로는 중장기적 투자를 기획할 수 있지만 실제로 체험하는 구간은 하루, 일주일, 한 달 등 짧은 구간이다. 그런데 내가 소개한 전략 중 ‘수익이 난 달’ 비율이 70%가 넘는 전략은 거의 없었다. 즉 아무리 훌륭한 전략이라도 평균적으로 석 달에 한 번 정도는 손실을 경험할 것이다. 그렇다고 해서 그 손실이 나는 달이 규칙적으로 오는 것도 아니다. 어떨 때는 1년 연속으로 돈을 벌다가,

갑자기 손실이 나는 달이 몰려와서 1년에 8개월 연속으로 손실을 경험할 수도 있다.

우리는 시스템 2를 통해 '장기적'으로 투자할 수는 있으나, 우리가 살고 있는 시스템 1의 지배를 받는 한 순간 한 순간은 늘 '단기적'이다. 선택한 투자 전략의 장기적 수익은 대부분 지속되지만, '쓰레기 구간'이 한동안 지속되어 단기적인 실망이 쌓이면 투자자 대부분이 지친다. **1개월, 3개월, 6개월 정도를 계속 잃고 포트폴리오의 10% 이상을 잃은 상황에서 이성의 끈을 놓지 않고 자신이 선택한 투자 전략을 일관성 있게 유지하는 사람은 생각보다 매우 적다!**

투자를 망치는 것에는 '우리의 투자를 망치는 편향 1~10위'에서 본 편향의 영향이 가장 크다. 내가 제안하는 이 투자 전략들 모두 매우 간단해 보인다. "내가 전략을 조금만 바꾸면 더 잘되겠지?" 또는 "아무리 전략이 주식을 사라고 해도 이런 시국에 주식을 산다는 것이 말이 돼?(전망 망상 편향) 이번 달은 그냥 좀 기다려보자!" 이런 식으로 투자자 대부분은 훌륭한 투자 전략보다 자신이 더 투자를 잘할 수 있다고 착각한다(과잉 확신). 그리고 이렇게 이상한(?) 생각에 꽂히면 절대로 자기가 틀릴 수 있다고 생각하지 않는다. 뉴스와 신문에서도 자신이 보고 싶은 정보만 정확하게 찾아낸다(확증 편향).

이런 경우도 있다. "음, 11월이 되었으니 주식 비중을 높여야 하는데 이번에는 주식이 잘 안 될 거 같아. 에잇, 그래도 전략을 따라야지!" 했는데 실제로 11월에 주가가 하락했다! 이 경우 아무래도 "거봐, 역시 내가 맞았지? 전략은 무슨 전략이야. 나는 다음에도 맞힐 거야" 하는 식으로 비극이 시작될 수 있다(통계 감각 부재, 사후 편향). 게다가 자산 배분을 알뜰살뜰 잘하고 있는데 엄청나게 유명한 투자자가 와서 "여러분! 주식 투자는 우량주 대여섯 개를 사서 10년간 지긋이 보면서 길게 하는 겁니다!" 같은 말을 하면 흔들리는 것이 사람이다(권위 편향).

이 모든 심리적 편향이 우리가 훌륭한 전략을 지속하지 못하게 막는다! 이 편향을 안다고 해서 사라질까? 그렇지 않다. 수만 년을 걸쳐서 인간 두뇌를 지배하게 된 편향이기 때문이다. 그래도 아는 것이 모르는 것보다는 조금 더 낫지 않을까?

나는 《할 수 있다! 퀀트 투자》 끝부분에 "몇 년 동안 이런저런 공부를 해보고 자신의 성향에 맞는 투자 전략을 찾고 그걸 찾았으면 그 전략을 착실히 실천하고 일관성 있게 오랫동안 버티기만 하면 부자가 된다", "그 전략을 종교처럼 믿고 따르라"라고 했다. 이 말이 틀린 말은 아니지만 지금은 생각이 조금 바뀌었다.

투자 연구는 끝이 없어서 '이 정도면 괜찮겠지?' 하는 전략을 만들어도 조금 있으면 또 새로운 기법을 개발하게 된다. 예를 들면 2017년만 해도 강환국 슈퍼 가치 전략이 매우 좋은 줄 알았는데 지금 보니 강환국 울트라 전략이 훨씬 좋아 보인다. 나는 계속 연구하기 때문에 '나에게 맞아서 평생 쓸 수 있는 전략'은 영원히 찾을 수 없을 것 같다. 그래서 요즘은 6개월 단위로만 전략을 세운다. 주로 10월 말과 4월 말이 분기점이 되는데, 9월부터 향후 11~4월에 어떻게 투자할지 깊게 고민한 후 10월에 결정한다. 그리고 10월 말에 실제로 전략을 집행하고, 4월 말까지는 어떤 일이 생겨도 중간에 바꾸지 않는다. 그리고 다시 3월쯤부터 5~10월에 어떻게 투자할지 고민한다. 그리고 4월 말에 전략을 집행한 후 10월 말까지는 절대 중간에 바꾸지 않는다.

이렇게 6개월 단위로 투자하는 동시에 다음 6개월 동안 어떤 전략으로 투자할지 고민하고, 고민이 끝났으면 그 전략을 6개월 동안 기계처럼 집행하고 중간에 수정하지 않는 이 방법이 내게는 최선으로 보인다.

결국 모든 것은 좋은 투자 전략의 실현과 일관성에 달렸다. 꽤 괜찮은 투자 전략은 이 책을 통해 충분히 소개했다고 믿는다. 물론 여러분이 젠포트, 퀀트킹 등을 활용해서 더 좋은 전략을 찾을 수 있다는 것도 의심하지 않는다. 그 전략을 중간에 포기하지 않으면, 또는 임의로 개입하지만 않으면, 전략이 어느 정도만 괜찮아도 여러분은 머지않은 시간에 경제적 자유에 도달할 것이다.

무조건 성공할 수 있다는 자신감이 생겼다

제 나이 또래가 대부분 그렇듯 저 역시 미래가 흐릿하고 답이 잘 안 보인다고 생각했습니다.

그러던 중 정말 우연히 코로나 쇼크가 터지기 전 코스피 선물 인버스 2X를 샀고 순식간에 큰 수익을 얻었습니다. 하지만 요행은 요행일 뿐, 아무런 지식도 신념도 없었던 저는 다시 순식간에 모든 수익을 잃었습니다.

이때 완전히 좌절하고 자포자기할 수도 있었지만 절치부심하며 주식 공부를 제대로 해야겠다고 결심했습니다. 그러다가 강환국 님의 '할 수 있다! 알고 투자'라는 유튜브 채널을 발견했습니다. 완전 신세계를 경험한 기분이었죠. '아니, 세상에 이런 방법이 있었어?'

그 후 강환국 님 덕분에 '퀀트킹'이라는 프로그램도 알게 되고 무지막지한 퀀트 투자 공부를 하기 시작했습니다. 그리고 강환국 님과 퀀트킹에서 받은 은혜를 조금이라도 환원하고자 작은 투자 블로그를 하나 운영하고, 지금까지 습득한 지식을 '퀀트킹' 네이버 카페에서 많은 분에게 공유하고 있습니다.

퀀트 공부를 하다 보니 비록 현재는 부자가 아니지만 미래에는 무조건 성공할 수 있다는 자신감이 생겼습니다. 또한 삶에 동기도 부여되고, 더 나아가 스스로를 완벽하게 발전시킬 수 있었습니다. 일례로 저는 퀀트킹 자료로 한국 퀀트 투자를 하다가 '한국보다 더 합리적인 시장인 미국에도 퀀트가 먹히지 않을까?'라는 의문이 생겼고 독학으로 프로그래밍 언어를 공부해서 미국 퀀트 데이터를 수집했습니다. 현재는 미국 퀀트 투자가 제대로 작동하는지 검증하기 위한 모의 테스트를 진행 중인데 성과가 나쁘지 않습니다. 또한 아무도 예측할 수 없는 미래의 위기를 조금이라도 헤지하기 위해 퀀트로 개별 주식 선물 매도를 이용한 숏 전략도 연구했습니다.

자신감 없고 미래가 불투명했던 저에게 삶의 목적의식과 활기를 되찾아 준 퀀트 투자!

제 마음속의 스승님인 강환국 님에게 이 사연을 바칩니다.

주석

1부. 투자의 큰 그림

1. John Bogle, 《모든 주식을 소유하라(The Little Book of Common Sense Investing)》(2017)
2. https://www.funddoctor.co.kr/
3. 한국예탁결제원, '2020년 12월 결산 상장법인 보유종목수별 보유자 분포 현황'(2021)
4. Philip E. Tetlock, 《Expert Political Judgement: How Good is it? How do we know?》(2005)
5. CXO Advisory Group, "Guru Grades", https://www.cxoadvisory.com/gurus/

2부. 기존 전략+개선책

1. Seasonax, "Sell in May and Go Away - In 9 countries out of 11 countries it makes sense to do so"(2018), https://www.seasonax.com/research/sell-in-may-and-go-away-in-9-out-of-11-countries-it-makes-sense-to-do-so
2. Seasonax, "Sell in May: Which Country is Now Threatened by the Biggest Price Decline?"(2020), https://www.seasonax.com/research/sell-in-may-which-country-is-now-threatened-by-the-biggest-price-decline
3. Ben Jacobsen, Cherry Yi Zhang, "The Halloween Indicator, 'Sell in May and Go Away': Everywhere and All the Time"(2018)
4. 워런 버핏이 《Of Permanent Value》의 저자인 앤드류 킬패트릭에게 보낸 편지
5. Henry R. Oppenheimer, "Benjamin Graham's Net Current Asset Values: A Performance Update", *Financial Analysts Journal*, Vol. 42, No. 6(Nov. - Dec. 1986)
6. Tobias Carlisle, Sunil Mohanty, Jeffrey Oxman, "Ben Graham's Net Nets: Seventy-Five Years Old and Outperforming"(2013)
7. Glen Arnold, Ying Xiao, "Testing Benjamin Graham's Net Current Asset Value Strategy in London"(2007)
8. James Montier, 《Value Investing: Tools and Techniques for the Intelligent Investor》(2009)
9. Rolf Banz, "The relationship between return and market value of common stocks", *Journal*

of Financial Economics, Vol. 9, Issue 1, March 1981, pp. 3~18.

10. Robert Novy Marx, "Quality Investing"(2014)

11. Montier, 《Value Investing》

12. Joseph Piotroski, "Value investing: The use of historical financial statement information to separate winners from losers", *Journal of Accounting Research*, Vol. 38, 2000, pp. 1~41.

13. Christian Waldhäusl, "Piotroski's FSCORE: international evidence", *Journal of Asset Management*, Vol. 21(2), 2020, pp. 106~118.

14. Robert Levy, "Relative Strength As a Criterion for Investment Selection", *Journal of Finance*, 1967, Vol. 22, issue 4, pp. 595~610.

3부. 새로운 투자 팩터

1. Kewei Hou, Chen Xue, Lu Zhang, "Replicating Anomalies", *Review of Financial Studies*, 2020, vol. 33, issue 5, pp. 2019~2133.

2. Stephen Foerster, John Tsagarelis, Grant Wang, "Are Cash Flows Better Stock Return Predictors Than Profits?" *Financial Analysts Journal*, 2017, Vol 73, pp. 73~99.

3. Eugene Fama, Kenneth French, "A Five—Factor Asset Pricing Model", *Journal of Financial Economies*, 2013, Vol. 116, pp. 1~22.

4. Nardin Baker, Robert Haugen, "Low Risk Stocks Outperform within All Observable Markets of the World"(2012)

5부. 그래서 어떻게 투자할까?

1. Heiko Jacobs, Sebastian Müller, "Anomalies Across The Globe: One Public, no Longer Existent?", *Journal of Financial Economics*, 2018, Vol. 135(1), pp. 213~230.

2. David Leinweber, "Stupid Data Miner Tricks: Overfitting the S&P 500", *The Journal of Investing*, Spring, 2007, Vol. 16, Issue 1, pp. 15~22.

3. Kewei Hou, Chen Xue, Lu Zhang, "Replicating Anomalies", *The Review of Financial Studies*, 2020, Vol. 33, Issue 5, pp. 2019~2133. 이 논문에 452개 팩터가 있는데 그들도 다 찾지 못했을 것이다.

이처럼 쉬운 투자법이 없습니다

JTBC 방송국에서 방영하고 있는 〈뭉쳐야 찬다〉라는 프로그램이 인기몰이를 하고 있습니다. 스포츠 각 분야의 전설들이 '축구'라는 생소한 종목에 도전하여 성장하는 스토리를 담았습니다. 아무리 한 분야의 전설일지라도 다른 분야에서는 아마추어에 불과합니다. 하지만 전설이 될 정도로 타고난 운동 신경과 끈기 있는 승부욕 등에 힘입어 급성장하는 모습을 보면서 역시 괜히 전설이 아니라는 생각이 들게 합니다. 그런데 축구를 하면 안정환처럼 잘하고, 농구를 하면 허재처럼 잘하고, 야구를 하면 김병현처럼 잘하고, 수영을 하면 박태환처럼 잘하는 운동선수가 있다면 어떨까요? 즉 축구, 농구, 야구, 수영에서 모두 금메달을 딴 사람이 있다면 말이죠. 퀀트 투자는 각 투자 대상이 가지는 특별한 요소를 추출하여 인공적으로 합성한 무시무시한 사이보그와 같습니다.

예를 들어 저PER과 고ROE라는 두 가지 요소만 추출하여 단순한 퀀트 전략을 구성할 수 있습니다. 저PER 주식에 주목하는 시장에서도 유리하지만, 고

ROE 주식에 주목하는 시장으로 바뀌어도 유리하게 됩니다. 즉 이렇게 구성된 퀀트 전략은 '저PER & 고ROE'라는 보다 강력한 요소를 가진 새로운 종목으로 합성된 셈입니다. 이렇게 단순한 전략도 얼마나 막강한지 조엘 그린블라트는 '마법공식'이라고 부를 정도입니다. 특별한 엣지(edge)를 가지는 요소가 어떤 게 있을까? 이 요소들을 이렇게 저렇게 결합하면 어떤 결과가 나올까? 위험은 낮추고 투자수익은 높이는 퀀트 전략은 어떻게 만들어낼까? 이런 궁금증이 샘솟듯이 마구 솟아난다면 잘 찾아오신 겁니다. 그런 게 너무 궁금해서 자신의 인생 경로를 바꿀 정도로 몰입한 사람이 숨가쁘게 토해낸 결과물이 바로 이 책 《하면 된다! 퀀트 투자》이기 때문입니다.

특별한 엣지를 가지는 요소가 무엇인지 발견하고, 그 요소들을 어떻게 결합하면 효과적인지를 연구하고 실행하는 것이 퀀트 투자자가 하는 일입니다. 그런데 주식에 내재된 모든 요소를 연구하려면 너무 방대해서 하다 보면 끝도 없습니다. 다행히도 학자와 업계 전문가들이 퀀트 전략에 대한 수많은 논문을 수시로 발표하기 때문에 이 논문들을 참조하기만 해도 상당히 도움이 됩니다. 바로 이 지점에서 저자의 특별한 경쟁력이 존재합니다. 저자는 외국에서 학창 시절을 보냈고 최근에도 외국에서 근무하는 등 외국 생활을 오래 했기 때문에 네이티브 수준의 외국어를 구사합니다. CFA 자격증을 취득하는 등 투자에 대한 이론적인 기반도 탄탄합니다. 그리고 공부한 내용을 기반으로 실전을 통해 수많은 시행착오를 거쳤습니다. 그래서 수많은 논문을 섭렵하고 그 내용을 제대로 이해할 수 있었습니다.

저자가 공부하고 실제로 투자한 모든 과정은 저자가 운영하는 유튜브 채널 '할 수 있다! 알고 투자'에 올려놓은 수백 편의 동영상을 통해 투명하게 공개되어 있습니다. 이론은 해박하지만 실전 경험이 부족한 학자나, 단지 강의 수입만을 목적으로 하는 투자 분야 강사나, 투자 외 수입을 추구하는 투자 유투버 또는 방송 출연자들과는 다를 수밖에 없습니다. 저자에게는 독자가 간절하게 원하는 퀀트 투자를 먼저 공부하고 실천한 진정성이 있기 때문입니다.

저자도 밝혔듯이 《할 수 있다! 퀀트 투자》가 저자의 블로그와 페이스북 등에 썼던 글에 기초한 기본서라면, 《하면 된다! 퀀트 투자》는 저자의 유투브 동영상에 올린 내용을 기반으로 한 심화편입니다. 즉, 이번 책은 동영상의 가이드북으로 활용하면 좋습니다. 그냥 책으로 읽는 것도 상상력을 펼치기에는 나쁘지 않지만, 동영상을 함께 본다면 시청각을 모두 활용하기 때문에 학습 효과를 높일 수 있습니다. 초보 투자자는 저자처럼 퀀트 투자를 따라 하기가 가능하고, 수준이 높은 투자자는 저자를 통해 수많은 논문의 핵심 내용을 손쉽게 참조할 수 있어서 도움이 됩니다.

마침내 저자는 자신이 추구하던 퀀트 전략을 통해서 의미 있는 경제적 자유를 얻었다고 합니다. 경제적 자유란 먹고살기 위해서 원하지 않는 일을 하지 않아도 되는 상태를 의미합니다. 저자가 근무하던 직장은 남들이 생각할 때는 '신의 직장'이라고 부를 정도로 좋은 곳이었습니다. 그럼에도 불구하고 저자가 퇴사를 결심한 것은 그만큼 퀀트 투자에 자신의 모든 시간을 쏟아붓고 싶기 때문이겠지요. 이제는 퀀트 전략을 연구하고, 실행하고, 알리는 일에 모든 시간을 사용할 수 있겠네요. 저자의 새로운 인생을 축하하고 응원합니다.

맞지도 않는 수많은 예측이 난무하고 자기 멋대로 소설처럼 만들어낸 투자 스토리에 자신의 인생을, 자신의 노후를, 자신의 소중한 돈을 맡길 수는 없지 않겠습니까. 퀀트 투자는 처음 접할 때는 상당히 복잡해 보이고 전문적인 느낌이 나서 어렵게 느껴집니다. 하지만 공부해보면 이처럼 명확하고 쉬운 방법이 없습니다. 미국 시장을 보느라고 잠도 설치고, 시장이 폭락할까 봐 가족들과 여

행도 못 간다면 바람직한 삶의 모습은 아니지 않습니까. 투자는 퀀트 전략에 맡겨두고 자신은 보다 의미 있는 시간을 보내는 것이 현명한 투자자의 모습이 겠지요. 이 책을 읽는 것만으로도 경제적 자유를 향해 한 걸음 다가선 셈입니다. 그런 의미에서 이 책의 독자 여러분께 미리 축하의 메시지를 전합니다.

신진오
밸류리더스 회장

**파이어족 강환국의
하면 된다! 퀀트 투자**

초판 1쇄 | 2021년 9월 15일
　　10쇄 | 2023년 3월 15일

지은이 | 강환국

펴낸곳 | 에프엔미디어
펴낸이 | 김기호
편집 | 양은희
마케팅 | 박강희
기획·관리 | 문성조
디자인 | 채홍디자인
신고 | 2016년 1월 26일 제2018-000082호
주소 | 서울시 용산구 한강대로 295, 503호
전화 | 02-322-9792
팩스 | 0303-3445-3030
이메일 | fnmedia@fnmedia.co.kr
홈페이지 | http://www.fnmedia.co.kr

ISBN | 979-11-88754-48-9